別府大学文化財研究所企画シリーズ②
「ヒトとモノと環境が語る」

キリシタン大名の考古学

別府大学文化財研究所
九州考古学会・大分県考古学会 編

思文閣出版

はじめに

　本書は、別府大学文化財研究所企画シリーズ①『経筒が語る中世の世界』に続き、シリーズ②として企画した『キリシタン大名の考古学』です。
　わが国が東アジアの歴史に登場するのは、中国の正史によれば弥生時代以降ということになりますが、初めて世界の歴史舞台に登場するのは中世末、近世初頭の「大航海時代」ということができます。まさにわが国の歴史が、グローバルな世界の歴史に組み込まれた大きな画期といえるでしょう。この時代にわが国へ、ヨーロッパから「キリスト教」や「鉄砲」などが伝えられたことは多くの方々がご存知のことと思います。世は戦国時代、多くの大名たちに新来のヨーロッパ文化が取り入れられました。これまで文献史学の立場では、すでに1世紀以上の研究史がありさまざまな研究がなされてきましたが、その実態については十分に解明されているとはいえませんでした。
　ところが、近年、九州のみならず全国各地では、戦国時代の城下町遺跡、城館跡、大航海時代の国際交流を示す遺跡や遺物が発見され、いままで見えていなかった中世末、近世初頭の歴史の様相が具体的に解明され始めています。特に、九州では中世大友府内町跡、肥前大村氏の大村館跡・三城（さんじょう）城下町、天草・島原の乱の舞台となった原城跡などの調査が進んでいます。これらの発掘調査成果をもとに、文献史料、古地図などを加味して検証し、多角的視点で都市計画に基づく町並の成立や都市機能の内容が明らかにされるとともに、出土遺物の理科学的分析をとおして、いわゆるキリシタン大名やキリシタン、大航海時代にかかわる遺物の画期的な研究が推進されています。
　本企画は、近年の新たな研究段階を迎えた成果を取り入れて、別府大学文化財研究所が2007年2月25日に実施した第9回文化財セミナー「メダイに見る国際交流」の成果と、2007年7月21・22日に別府大学文化財研究所・大分県考古学会と共催で開催した九州考古学会大分大会「キリシタン大名の考古学」の成果を合わせて1冊の本として出版するものです。ここで、タイトルを「キリシタン大名の考古学」としていますが、キリシタン大名だけでなく、大名の城館や城下町、キリシタンの墓地、キリシタン遺物、南蛮貿易にかかわる文物などを含めた包括的な意味で使用しています。今回の「キリシタン大名の考古学」はこのような考古学を中心とした成果を踏まえ、モノや遺跡の世界から「キリシタン大名」、「大航海時代」を見直そうという企画です。
　今回の「キリシタン大名の考古学」では、本研究所に設置されている質量分析計や蛍光X線分析装置などの先端分析機器を使用して、平尾良光を中心に中世大友府内町跡や原城跡から出土したメダイや十字架、コンタなどのいわゆるキリシタン遺物、東大寺南大門、田中城

跡、原城跡出土の鉄砲玉の鉛同位体比分析を行い、これらに共通する「N」領域の問題を提起し、東南アジア産の鉛の可能性を指摘しました。この問題を飯沼賢司は歴史学の手法を用い、平尾と共同研究、共同執筆を行い、東南アジアは鉛の一大産地であり、流通地でもあったことを突き止めました。これまで鉛の輸入はあまり注目されてきませんでしたが、共同研究によって東南アジア産の鉛の存在がクローズアップされ、大航海時代のアジア世界のモノの動き、信仰、戦争と人間の問題に鋭く迫る内容になっています。

　本書の編集に当たっては、経糸として論考を、緯糸としてコラムを配置して構成し、新たな切り口で迫ってみました。また、執筆者の方々の多くは中堅・若手研究者であり、今後さらなる研究の進展が期待されます。

　これからも、別府大学文化財研究所は、常に文化財の原点を見すえて、「ヒト・モノ・環境が語る」をテーマに研究所が関係した共同研究企画などをシリーズで公開し、新しい成果を世に問い続けたいと考えています。本書の企画・発行に当たっては、趣旨をご理解いただいた九州考古学会、大分県考古学会、さらにはご執筆いただいた諸先生方、ならびに思文閣出版に対し心より感謝申し上げます。

平成21年6月　下村　智（別府大学文化財研究所長）

目次

はじめに ……………………………………………………………… 下村　智

I　宣教師の活動とキリシタン大名の町

キリシタン遺跡から見たキリシタン宣教 …………………………………五野井隆史　3

　［コラム］　高槻城キリシタン墓地 ……………………………………高橋公一　19

巡察師ヴァリニャーノの見た豊後「府内」………………………………坂本嘉弘　23
　　──1580年の豊後国「府内」の描写──

　［コラム］　豊後府内のキリスト教会墓地 ……………………………田中裕介　40

肥前大村の成立過程 ………………………………………………………大野安生　42

豊後府内の成立過程──府中から府内へ──……………………………上野淳也　58

　［コラム］　肥後八代・麦島城と小西行長 ……………………………鳥津亮二　80

II　キリシタン遺物は語る

豊後府内出土のキリシタン遺物 …………………………………………後藤晃一　85
　　──府内型メダイの再考を中心として──

　［コラム］　博多出土のキリシタン遺物 ………………………………佐藤一郎　100

原城出土のキリシタン遺物 ………………………………………………松本慎二　102

　［コラム］　天草のキリシタン遺物 ……………………………………平田豊弘　116

キリシタン考古学の可能性 ………………………………………………今野春樹　118

　［コラム］　キリシタン生活を支えたメダル …………………………デ・ルカ・レンゾ　129

南蛮貿易と金属材料………………………………魯禔玹・西田京平・平尾良光　131

　［コラム］　石見銀山と灰吹法 …………………………………………仲野義文　142

大航海時代における東アジア世界と日本の鉛流通の意義 …平尾良光・飯沼賢司　144
　　──鉛同位体比をもちいた分析科学と歴史学のコラボレーション──

あとがき　　　　　　　　　　　　　　　　木村幾多郎・清水宗昭・飯沼賢司
執筆者紹介

凡　例

1．本書は別府大学文化財研究所が企画するシリーズ「ヒトとモノと環境が語る」の第2冊目の本である。
2．文化財に関する企画は文系から理系まで幅広い領域の研究者が参加する。そのため、用語など統一のできない場合が多い。統一ができない語については、筆者の原文を尊重する方針をとっている。
3．全体の編集総括は別府大学教授飯沼賢司が行った。

I

宣教師の活動とキリシタン大名の町

キリシタン遺跡から見たキリシタン宣教

五野井隆史

はじめに

　キリスト教の伝来・その宣教の進展と推移および衰退についての研究は、すでに1世紀以上という長い歴史を有している。すなわち1871年12月14日（明治4年11月12日）横浜を出帆した遣欧米特命全権大使岩倉具視の率いる遣欧米使節団が、イタリアのヴェネチア滞在中の1873年（明治6）5月29日に同地の国立文書館を訪れて天正遣欧使節と伊達政宗派遣の支倉六右衛門常長の書状を閲覧したことが契機となった[1]。岩倉は文書館内を案内した市議会議員グリエルモ・ベルシェー Guglielmo Berchet に「日本使臣書翰数葉」を写し取って贈与してくれるよう、そして他の機関にある日本関係文書の調査と蒐集とを依頼した[2]。帰国した岩倉が、外務省から太政官正院を経て賞勲事務局一等秘書官となっていた平井希昌に対して1876年（明治9）支倉使節関係品の保存・調査および研究を命じたことに応じて[3]、平井が同年12月内閣修史局において伊達政宗派遣に関する『欧南遣使考』を上梓したこと、そして2年後の1878年にイエズス会士ジャン・クラッセが著した『日本教会史』が太政官翻訳局より『日本西教史』として出版されたことが、キリシタン史研究の発端となった。このようにして、まず文献史料に基づいてキリシタン史研究が始まった。

　なお、『欧南遣使考』が編纂された動機は、同書が編纂された同じ年に宮城博覧会が民間人によって開催されて、宮城県が支倉使節関係品、所謂「切支丹教法物品」（旧仙台藩切支丹所保管品——支倉常長肖像画、ローマ市民権証書、十字架像、メダイ、鐙等——）を出品したこと、そしてこの博覧会開催時に明治天皇の東北巡幸が布告されて博覧会場が行幸地となり、巡幸に供奉した岩倉具視が支倉使節関係品を東京に送るよう命じて、上述したように調査・研究とそれに関する事績の略述を平井希昌に命じたことであった[4]。

　キリシタン史研究は、上記のように支倉常長等書翰との遭遇、およびその関係品の展観を契機にして、その調査・研究と著述が始まり、ついで文献史料すなわち印刷された欧文の歴史史料の翻訳とその研究という過程を経て進められた。同研究の一段の進展は、ヨーロッパの文書館や図書館に所蔵されるキリシタン関係史料の調査と蒐集に努めた村上直次郎博士に

よって、1909年（明治42）に支倉慶長使節に関する史料集『大日本史料　第十二編之十二』が編纂出版されたことによって促された。文献史料に基づく研究は、1960〜70年代以降ローマ・イエズス会文書館所蔵の原史料が一般研究者にも公開されるようになって、従来の編纂物を中心にした研究から原史料に基づく研究に移行し、研究を多様化させかつ深化させることになった(5)。さらにこれに加えて、近年考古学の分野から豊富な歴史考古学資料が提供されたことによって、これを活用した研究が新たに始まった。すなわちキリシタン遺物が出土ないし発見されたことによって初めて文献史料に確証を与える補完的な資料として用いられるようになったのである。とはいえ、出土・発見されたキリシタン遺物は決して多くはなく断片的な情報であったこともあり、歴史考古学資料が歴史史料との関係において適正かつ十分に活用されてきたとはいえない。

　大規模な建造物建築による整地や道路網整備のための工事などのさいに偶然に出土・発見される遺跡・遺物は多いにもかかわらず、その中にキリシタン関連の遺跡や遺物は決して多くはなく、それらに関する情報がキリシタン史研究者に提供されることも少なく、またキリシタン史研究者の怠慢もあって、これまでは発掘・調査・研究された成果がキリシタン史研究に十分に反映されて来なかったように思われる。しかし、文献史料を検討し活用したうえでの考古学調査も若干見られるようになり、またこれまで出土・発見された数多くの歴史考古学資料が、従来の文献史料のみに基づくキリシタン史研究に貴重な情報を与えてきたことも否定できず、文献史料のみでは判断しかねる問題に対して的確な示唆を与えてきたことも事実である。近年の発掘調査によって、各地において多くのキリシタン遺跡・遺物が見つかり豊かな情報が提供されたことにより、キリシタン史研究はより多角的な視点をもって検証されつつあり、また一方で従来からの文献史料のみによる研究への見直しも必要となってきている。したがって、このような機運が高まるにつれて、キリシタン史研究は自ずからその可能性を大いに広げることができ、歴史事実を再構成・再構築することができるのではないかとの期待がある。

　本稿では、これまでに行われてきた中世都市豊後府内の調査によって得られた歴史考古学資料と文献史料および絵画資料との関わりを中心に言及し、さらに京都の南蛮寺跡調査、摂津高槻や江戸のキリシタン墓地、長崎のドミニコ会教会跡、さらに島原・原城址発掘の成果などに触れながら、キリスト教宣教の歴史を概観する。

1　山口教会の建造と「山口古図」

　日本において最初のキリスト教会がいつ建造されたのか、その教会が和風であったのか、西洋風であったのか、あるいは和洋折衷であったのか詳しく知る手がかりは少ない。教会の建造を示唆する最初の記事は、山口の大内義長（大友義鎮の弟晴英）が、天文21年8月28日（1552年9月16日）付でイエズス会のコスメ・デ・トルレス神父に与えた大道寺寄進状（裁許状・判物）に見られる「従西域来朝之僧為仏法紹隆可創建彼寺家之由」の一節である。そのポ

ルトガル語文には「教えを宣べ伝えるために来た西方のパードレ達に大道寺〈天への大なる道〉を譲渡する。これは大いなる都市山口のうちにある土地であり、同地においては何人も殺されず拘禁され得ない特権を有している」[6]。山口に教会を建造する計画は、フランシスコ・ザビエルが大内義隆から荒れ寺を拝領したのちに構想されたことである。ザビエルは拝領した寺院について「彼（義隆）は私達に学院 colegio のような寺院一宇を与えて、私達がここに住めるようにしてくれました」[7]と述べ、コレジオのごとき大きな寺院であったこと、またそれが広大な敷地であったことを予想させる。そのために、ポルトガル船が豊後・日出（ひじ）に入港した後の1551年9月中旬に同地を訪れたザビエルは、ポルトガル商人フェルナン・メンデス・ピントから山口に修院 casa 建設のために300クルザド（1クルザドは当時400レイス réis、ほぼ1両に相当）のカネを借りた[8]。

　1553年（天文22）12月25日の降誕祭に山口の修院 casa では、コスメ・デ・トルレスとバルタザール・ガーゴのパードレ（神父）2人とジョアン・フェルナンデス、ドゥアルテ・ダ・シルヴァ、ペドロ・デ・アルカソヴァのイルマン（修道士）3人および日本人伝道士ロウレンソが集まって、クリスマスのミサをあげた。住家の修院（カーザ）には礼拝堂が備え付けられて小教会の様相を呈していたと思われ、所謂「大道寺」がこれに当たるかと思われる。新しい教会が建造されたのは1555年（弘治元）であった。イルマンのシルヴァがインドのイエズス会員に送付した1555年9月10日付、豊後発信書翰にはトルレス神父と伝道士ロウレンソの書翰の一節が引用収載されている。すなわちロウレンソによると、新しい教会（修院とも記載）では7月16日に未完成ながらミサがあげられた。その教会（修院に）は、奥行き8.5ブラサ（18.7m、1ブラサ braça は2.2m）、横幅6ブラサ（13.2m）の大きさであった。またトルレスが報じた1554年12月以後の書翰には、「私は修院一軒を建てることを急いでいます。古い修院は完全に腐っており、今や降雨によって私達の上に崩れ落ちてくる恐れがあるからです」[9]とある。古い修院とは、大内義隆から拝領した古寺を改修して修院として用い、これに祭壇を設けて教会として活用していたものかと思われる。新しい教会（修院）が建造されたとのトルレスの知らせは、1555年9月6日頃に府内に届いた。

　大内義長の寄進状に書かれた大道寺は、1555年9月に完成した新しい教会（修院）を指すようである。京都大学総合博物館が所蔵する江戸時代作成の「山口古図」（複製）には「大導寺」の記載が認められる[10]。「導」は「道」の誤記かと思われる。新教会の大道寺は1556年5月には無人となり程なくして焼失した。1573年12月頃に上洛途中で山口に滞在したイエズス会の上長フランシスコ・カブラルが1574年5月31日付で京都から発信した書翰によると、山口に近い宮野村のキリシタン女性カタリーナは、主日の日曜日ごとにザビエル時代の教会と十字架のあった場所を訪れて祈りを捧げていた[11]。大道寺の記載が「山口古図」にあるのは、その存在の特異性のために強く記憶されていたのであろうか。「大道寺」の遺構や跡地について調査がなされていないため、こついての情報は何もない。「大殿御殿」に近い「若御殿」の一角には「ザビエルの井戸」と称する古井戸がある。ザビエルがここで説教をした

所とされる。実際、ザビエルは1552年1月29日付、コーチン発信の書翰において、「私達は通常毎日2回説教をしました」[12]と述べている。

2 豊後府内教会の建造とキリシタン墓地

　豊後国とキリスト教との関わりは、国主大友義鎮が1551年（天文20）に山口滞在中のザビエルを府内に招いたことに始まる。ザビエルは同11月中旬にゴアに去るまでの2か月間同地に滞在した。彼が同地滞在中に日本人に洗礼を授けたかは否か明確でないが、1596年（慶長元年閏7月）に豊後大地震が発生した当時、ブラスという名の古キリシタンが府内の町から1レグア legua（およそ5.5km）離れた沖の浜と称する大きな町 villa で船宿を営み、別府湾で発生した津浪に被災している[13]。

　1552年8月、バルタザール・ガーゴ神父がイルマンのシルヴァとアルカソヴァと共に豊後に到着し、同国における本格的な宣教活動が始まる。彼らは義鎮から居住のための屋敷一軒を与えられた[14]。彼らは同年のクリスマスには上述のごとく山口に赴いてトルレスらと一緒に降誕祭を迎えたが、ガーゴは翌年2月10日にイルマン・フェルナンデスとアルカソヴァと共に府内に戻った。同日、義鎮を訪れたさいに彼からインド副王に対する返書のポルトガル語文の作成を依頼された。その文面において、義鎮は自領内に来るパードレ達の保護を約束して彼らに家屋を与えたことを伝えた[15]。ルイス・フロイスの『日本史』によると、「国王（義鎮）はパードレに対し、彼等がそこに到着した同じ年に彼等のカーザ（修院）を建てるためのある土地を与えました。聖マリア・マグダレナの祝日（7月22日）の前日に、パードレはそこにその新しいキリスト教界の深い信仰と熱意をもったキリスト教徒達と共に非常に高い十字架一基を建てました。この最初の年に府内の市及びその周辺において300人ないしそれ以上の人々が洗礼を受けました」[16]。アルカソヴァの1554年のゴア発信の書翰では、「1553年のマダレーナの祝日の前日である金曜日に、すべてのキリスト教徒達と同地にいたポルトガル人2人と共に、たいへん高い十字架を建てました。［十字架建立は白い祭服を着て行なわれ祭式は］キリスト教界の大きな熱意を示して挙行されました」とあり、また「このカーザは、国王が同年私達に与えたたいへんすばらしい場所にある土地に建てられました」[17]という。

　日本からゴアに戻って来たイルマン・アルカソヴァの情報に基づいて、イエズス会ゴア管区副管区長のメルシオール・ヌーネス・バレトはローマのイエズス会総会長イグナティオ・デ・ロヨラに送付した1554年（天文23）5月付の書翰において、義鎮がガーゴ神父に与えた敷地について言及して、「彼等（宣教師達）が教会、宿舎、菜園及び彼らの望むものをすべて作ることができるように永久に付与するものとして地所 campo を与えました。猊下は豊後及び山口の国王の授与状によって了解されることでしょう」[18]と報じている。

　アルカソヴァの前記書翰は、「彼等（キリスト教徒）はまた、私達のたいへん広大な敷地内の一部にキリスト教徒達が埋葬されるようにパードレと定めました。そして、彼等はたいへ

ん美しい墓石一基を準備し、最も身分の高い者たちがたいへん熱心に死者のために［葬儀に］参列しています」[19]と伝える。この記事が豊後府内のキリシタン達のことについて述べているのか、あるいは山口のことについて言及したものなのか俄に判断できないけれども、ガーゴ神父が山口に赴いて上長トルレスの指図を仰いだ上で府内に戻り義鎮と交渉して教会用地を与えられたこと[20]、そしてその用地の使用に関してもトルレスから助言されていたと思われることから見て、広大な地所を与えられたガーゴはキリシタン達と協議の上でその一部を墓地に充てたであろうと推測される。修院の造築について、ガーゴが、「私達はそこに修院と礼拝堂 huma casa e capella を造り、間もなくそこに大きな十字架一基を建てました」[21]と報じているところからすると、礼拝堂（教会）と修院が1553年7月中にまず完成し、ついで同月21日に大きな十字架一基が立ち、その後引き続いて墓石一基を置いた墓地が造成されたようである。

　1555年（弘治元）になると、この教会と修院の近くに、幼児達の収容と養育のための施設がポルトガル商人ルイス・デ・アルメイダの資金援助を得て、大友義鎮の認可と保護のもとに造られ、イエズス会の名のもとに管理運営された。所謂、育児院ospitallである。育児院ではキリシタンの乳母数名が幼児を世話し、牝牛2頭が飼育されていたから[22]、育児院のあった場所は、野原が近くにあって、新築された修院に近接していたと思われる。義鎮所有の家屋敷が宛てられたのかも知れない。

　府内教会の景観は1556年になって大きく変化した。義鎮が教会の地所に隣接していた木造の家屋数軒をイエズス会に寄進したからである。この年、5月初めにトルレス神父が山口から府内に避難して来たこと、7月初めにヌーネス・バレトがパードレ・ガスパール・ヴィレラとイルマン4人および伝道士3人を伴って豊後に来たことによって、修院が手狭になっていた。義鎮はこれを考慮して「杉材で造った、当地で最良の家数軒を」イエズス会に付与したのであろう[23]。イエズス会は早速義鎮と交渉して寄進された家屋の建つ土地を購入し、さらにこれらの家屋を移動させて土地を整地したのち、そこにそれらの家屋を改造して200人収容可能な教会を造った。同教会には宣教師達が宿泊できる部屋も造られた。これは1556年11月に完成した[24]。このため、1553年に義鎮から寄進された地所にあった旧教会は空き家同前となり、トルレスは使われなくなった「下（またはシモ）の地所」campo debaixo (abaixo) の旧教会と旧修院を、病院と貧者の家として活用することについて義鎮の了承を得ることに成功した。当時の日本にはハンセン病を患う者が多く見られたこと、そして外科医の免許を持つイルマン・アルメイダの技量を活かしたいとのトルレスの意向が働いたのであろう。旧教会を病院に改修する工事は1557年（弘治3）1月中〜下旬、遅くとも2月初旬に始まり、聖週間の聖木曜日（4月15日）までに完成した。

　1557年11月7日付、トルレスの書翰によると、義鎮が1553年にガーゴ神父に寄進した地所は、1557年1月には二分され、「一つは死者のために」墓地として使用され、「もう一つは国王の許可を得て病院に利用され」、ハンセン病患者用と、他の諸々の病気のために当てられ

た⁽²⁵⁾。したがって、1557年1月の時点で病院建設と墓地造成工事の着工が決定され、同時期に二つの工事が始まり聖週間の時期までには両方の工事は完了したようである。1553年にすでに墓石一基が据えられた墓地が1557年4月頃までに整備・拡充された背景については、育児院が1555年に設けられたことと関わりがあるように思われる。育児院に収容され養育された幼児達の死が意外に多かったことを示しているのかも知れない。

貧者を収容するための家は、1557年の早い時期に、義鎮寄進の「下の地所」にあったことが確認される。義鎮が同年9月6日に府内の新修院に招かれてトルレスと会食した折、会食後に彼は家臣を介してトルレスに扶持を与える旨を伝えた。トルレスはそれを辞退して貧者達の家に宛ててくれるよう願い出ている。この貧者の家は、1559年（永禄2）にはミゼリコルディアの家、慈悲院と呼称されていた⁽²⁶⁾。

1559年にはもう一つの大きな病院が「下の地所」にあった病院に向き合う形で新築され、医療事業は拡充された。7月1日に完成した新築の木造病院は中央に祭壇を持ち、廊下を挟んで両側に8室が並び、16人を収容できた。同病院で働く者達の住宅数軒が病院の傍近くに建てられた。病院の職員はトルレスの指導で同年に組織化されたミゼリコルディア（慈悲の組）の会員12名であった⁽²⁷⁾。したがって、1559年の段階で府内の教会の領域には「上（またはカミ）の地所」campo de rriba に教会と修院、「下の地所」には大小二つの病院、慈悲院、職員住宅、十字架と墓地が存在して一大宗教領域を形成していたことが知られる。その周辺に育児院もあったであろう。なお、「上の地所」の敷地の西端は樹木や竹林に接していたことが「府内古図」から知られる。

イエズス会が府内に所有していた教会敷地における諸施設は医療機関も含めて1553年から59年までの7年間に増改築されて存続したが、その教会敷地内に変化が見られるのは、コレジオ（学院）が設立された1581年（天正9）である。これは5室からなる一棟の狭い建物であって、教会と病院に隣接して建てられた⁽²⁸⁾。コレジオは大通りの、所謂「四之大路」（「第4南北街路」）に通じていなかったため、宗麟（義鎮）は1584年に「四之大路」から迂回せずにコレジオに直接通じる道を造らせた。これはキリスト教に距離を置いて改宗に消極的であった府内住民の改宗を促すためであった。コレジオに近接する大通りに面して、以前はなかった通用門をもった玄関も造られた⁽²⁹⁾。

大分市歴史資料館には、江戸時代初期に描かれたとされる「戦国時代の府内図」が寄託されている。1980年代後半に『大分市史』が編集されたさいに、「府内古図」の元図と思われる最古の「府内古図」が確認された。「府内古図」は現在3種類12枚が確認され、成立年代は1636年（寛永13）を遡らず、A類・B類・C類に分類され、その順で新しくなるほど文字情報が増えることが明らかにされている⁽³⁰⁾。「府内古図」の中で最古の一群であるA類の中には、大友館から一区画分離れて、林小路町通りと中町通りが交差するその反対側の一角に、そして大雄院、大智寺などの寺院が配置された第四南北街路の並びに「タイウス堂」と表記された区画が、「中町」参道と門を開く表現で描かれている（本書坂本論文図2参照）。そして「府

内古図」の新しい一群であるC類になると「キリシタンノコト　タイウストウ　ケントク寺」の記載に変化している[31]。田中裕介氏は、本来ダイウス堂、つまりデウス堂＝キリスト教会と伝わっていた伝承にケントク寺という日本名の伝承が付け加わったとされ、「ケントク」には「顕徳」の漢字が宛てられ現在の地名として伝存されているとするが[32]、「顕徳寺」の寺号は日本の慣例にならって「タイウス堂」の創建の頃から用いられたのであろう。江戸時代初期に描かれた「府内古図」の表記は1553年から1587年頃まで35年あまり存続したキリシタン寺の記憶がまだ鮮明に残っていたことを示しているといえる。「古図」に描かれた「堂宇とその敷地」は、上述した教会、修院、病院、慈悲院および墓地のすべてを包み込んでいるといっていいであろう。

　2002年（平成14）2月から8月までに大分県教育委員会が実施した「中世大友府内町跡10次調査Ⅱ区」の調査は、「府内古図」に描かれた林小路町から西進して南北に走る大路に位置する上町と中町の間を抜ける道路とその両側に連なる町屋遺構を確認することであり、また町屋の北側に描かれている「タイウス堂」が道路に接していたかを確認することを目的として行われた[33]。その調査結果によれば、①第4南北街路から西に向かって派生する東西道路が発見され、「府内古図」記載の「タイウス堂」と「祐向寺」との間に描かれた西に抜ける道路を確認し「府内古図」の信憑性を高めた。②「中町」には15世紀後葉から末以降の道路建設から16世紀後半にいたるまで存続した宅地群の遺構が判明し、第4南北街路に面して建物が建ちその背後に井戸が掘られていた。屋敷は道路に入り口を設ける町人特有のものであり、この付近は町人町であったと推定する。③東西道路の北側奥では道路建設当初から16世紀第2四半期までは道路に面した小区画が設定され、16世紀後半になると大区画に合併され、その中に墓地が作られた。④墓地が作られた16世紀後半の大区画の位置を「府内古図」にあてると東西道路北側の屋敷地の描写に一致するが、その区画の発掘調査結果では屋敷地が確認されず、墓地を含むひとつの大区画となっている。したがって、そのような敷地内に墓地を持つ区画としては北隣に描かれた「タイウス堂」以外に施設はなく、「タイウス堂」すなわち「顕徳寺」内の墓地と推定しうる。⑤墓地（墓穴）は比較的短期間に埋葬された集団墓地で3時期に変遷しており、第2期（16世紀第3四半期から1560年代中心）は7～8歳以下の幼児埋葬に限られる8基の墓があって、規則性がなく1か所に集まっており、第3期（1570年代～1587年）は頭位を北にする成人木棺4基が等間隔に規則的に並び、その周りに幼児墓が追葬された。⑥伸展葬・長方形木棺というキリシタン墓に共通する埋葬方式は4基に過ぎず屈葬や座葬という日本固有の埋葬方式もあり、このことからキリシタンの墓地であってもキリシタンのみが埋葬されたのではない。⑦発掘地点には火災が確認されず、同付近は1586～87年に府内に侵攻した島津勢による破壊を免れた[34]。

　17基確認された墓については、第1期の1基を除く16基は1560～80年代であり、このうち幼児埋葬が11基である。そのうちの9基は1560～70年代とされる。府内の教会が存続したのは1553～90年前後までであり、埋葬時期は教会の存続とほぼ同時期に当たる。16基の墓が集

中している場所では埋葬が繰り返されたようであり、このことは同地が当初から墓地として設定されていたことを示している。タイウス堂すなわち教会は中町の西南の一角に当たる町屋の背後に建っていたのであり、墓地は教会敷地の南部分にあったといえよう。幼児埋葬が16基のうち9基までも数えられることは、上述したように育児院に預けられた乳幼児の死が多かったことを指しているようである。また成人埋葬5基については、府内病院に入っていた病人、あるいは慈悲院に寄宿していた者、貧者のキリシタンが府内住民のための公の墓地にではなく教会の敷地内の墓地に埋葬されたか、また病院で職員として働いていた慈悲の組の会員達であった可能性がある。

　府内の病院がどのような規模であったかについては詳細な文字情報はなく、将来本格的な発掘がなされることがあれば、その全体像を知りうるかも知れない。教会敷地の一隅と思われるところから16基の墓地が集中的に発掘された事実は、文献史料に語られている記事を補強してあまりあることである。

　埋葬方法について述べるならば、幼児の人骨に関しては座葬、屈葬、伸展葬の3種類、成人の場合にも屈葬と伸展葬の2種類が確認されている[35]。早逝した幼少児はおそらく死の直前に望みの洗礼を授けられていたと思われ、成人についても死ぬ前に洗礼が授けられたか、あるいはキリシタンであったとすれば終油の秘跡を受けたであろう。キリシタン以外の者が教会の墓地に葬られることはなかったと考えるのが自然であるからである。また第3期になって幼少児の人骨の出土例が少ないのは、育児院の存在が次第に認識された結果、捨て子や孤児が早く収容され養育されて、また素早く治療が施されたために1560年頃からは徐々に幼少児の死亡が減少していったことを示唆しているのではなかろうか。

3　都の南蛮寺について

　京都にキリスト教会すなわち南蛮寺が建造され献堂式がなされたのは、1576年（天正4）8月15日のことである。京都の宣教は1559年秋にガスパール・ヴィレラ神父とイルマンのロウレンソらによって着手された。山口にいた上長トルレスはすでに1556年（弘治2）にロウレンソを比叡山延暦寺に遣わして京都宣教の可能性を探らせたが、ロウレンソが山口に戻った時にはトルレスが同地における争乱勃発を予期して豊後府内に退避していたために京都宣教の機会を逸してしまった。1559年（永禄2）10月末ないし11月初めにヴィレラとロウレンソは延暦寺座主の允許状を入手できないままに京都に入った。同地における宣教は遅々として進まず、法華宗徒が主導権を握っていた町衆の忌避的態度・対応もあって定住できず、住家に落ち着くまでに5回の転居を強いられた。6度目の転居先は仏僧から購入した四条坊門の姥柳（うばやなぎ）町の家であり、これを教会とした。教会というよりは室内に祭壇が設けられたに過ぎなかったと思われ、礼拝堂付属の家というべきものであったであろう。姥柳町の住民は仏僧が彼らに相談なく家を売却したことも原因して、寄合をもってキリスト教への改宗を厳禁し、教会との対決を露わにした。

こうした中、ヴィレラは建仁寺の永源庵の仲介によって1560年に将軍足利義輝の保護状「禁制三カ条」を得て宣教活動の足がかりを作ることができた。1563年には結城山城守進斎や清原外記枝賢などの学者や高山図書ら国人層の改宗があった。しかし1565年、義輝の暗殺を機に出された正親町天皇の綸旨「大うすはらい」によって、ヴィレラとフロイスの両神父は京都から追放され、同地における宣教活動は織田信長が保護を与える1569年4月まで停滞した。信長が二条城の工事場でフロイスを引見して彼にキリスト教保護の朱印状を発給したのは同年4月24日（永禄12年4月8日）のことで、それ以降同地のキリシタン教界は信長の保護下に順調な進展を見た。オルガンティーノ神父とフロイスが姥柳町の住宅兼教会のある地に3階建ての和洋折衷の教会、所謂南蛮寺の建造に着手したのは1575年（天正3）であった。教会建設に関しては都のキリシタン達が積極的に奉仕して資金を集め、高山右近ら近隣のキリシタン領主が労働力や金銀・米などの寄進をして協力した。

　パードレ2人とキリシタン達は教会用地を他所に求めたが得られず、やむを得ず狭い敷地に3階建ての教会を建てた。周辺住民は高い建物の建設を阻止しようとして安土へ赴いて信長に陳情しようとしたが、信長がこの建造を容認していることを知って途中で断念した。教会は評判を取り、狩野永徳の弟元秀（宗秀）は「扇面洛中洛外図六十一面」（神戸市博物館所蔵）のうち、その第五十面に「なんはんとう」（南蛮堂）を描いた。名所図絵の五十番に当たるこの絵図によって3階建ての外観が和風建築であることが知られる。評判となった南蛮寺には連日見物人が多く訪れ、地方からも見物人があった。南蛮寺は異教徒に説教を聴かせるための網の役割を果たしている[36]、とフロイスにいわしめるほどの宣伝効果があった。信長が同教会の建造を高く評価したことは、ジョアン・フランシスコ・ステファーノ神父の1577年7月24日付、三箇発信の書翰から知られる。「新教会はほぼ完成し、はなはだ美しかった。当地の日本人は皆これにたいそう満足している。というのも、今まで彼らは私達のことを浅はかで知力の欠けた人間と見なしていたからである。信長も私達の教会について人と話す際、かように美しく立派な教会を建立したのは大いに重視すべきことであると公言した」[37]。

　南蛮寺跡地の考古学的調査は同志社大学文学部の森浩一教授によって、同大学考古学研究室の事業として1973年（昭和48）2月から1か月にわたって実施された。この調査はタキカ株式会社が木造の社屋を撤去して近代的なビルへと建て替えるさいに、従来その敷地が南蛮寺址の一部であるとの伝承を伝え聞いていた会社側が京都市観光局文化財保護課と相談した結果、森教授に調査を依頼したものであった。調査では、「発掘開始後約20日が経ってから安土・桃山期の遺物や遺構にあたったわけで、もし早く打ち切っていたら、あるいは急いで掘り下げていたら、これらの存在は分からなかったであろう」[38]と森教授は述懐している。

　調査概報によると、遺物の整理中に出てきたのが人物線画の石硯の破片であり、これには、司教らしい人物1人と信者1人が右手に蠟燭消しを持っている図柄が見られる。ミサの祭儀を表しているようである。同時代のものと推定される遺構は、敷地の北半分に集中しており、①礎石または痕石、②炉跡、③部分的な敷石、④捨て穴、の4種類からなる。④の捨て穴は

大量の遺物を包含し、炉跡にも多くの遺物があったという。各遺構からは美濃・瀬戸・唐津の古窯の陶器が多く出土し、特に美濃古窯の陶器が多いとされる。茶碗が多く出土するのは、イエズス会が各住院や修院に茶室を設けることを義務づけていたことによるためであろう。イエズス会東インド管区巡察師アレシャンドロ・ヴァリニャーノが、在日ヨーロッパ人宣教師のために1581年（天正9）10月に豊後において著した「日本の習俗と気質に関する注意と助言」（『イエズス会礼法指針』）の第7章では、「どのカザにおいても、よそから来る人のために、少なくとも階下に周囲に縁側のある二室一組の座敷をもたなければならず、そのうちの一室は茶の湯のための室にあてられることになろうということである」(39)と指示している。

　京都の南蛮寺は、秀吉が伴天連追放令を発令した1587年7月の時点で閉鎖され、翌年秀吉の命令によって破壊された。しかし、秀吉の死後、徳川家康は1600年（慶長5）の関ヶ原役後ほどなくイエズス会に対し長崎・京都・大坂における居住を許したため、以前に南蛮寺があった姥柳町に1601年下京の修院が復興され、同年上京にも新たにレジデンシア（住院）が設立された。出土品の石硯の裏面に線刻された司教帽（ミトラ）と牧杖は司教のシンボルであり、司教が京都を訪れて同教会（修院）に滞在したことを示唆している。上京した司教は、1596年11月に伏見城にインド副王使節の立場で秀吉を訪問したペドロ・マルティンスと、1606年に伏見城に家康を訪れたルイス・デ・セルケイラの2人であるが、下京の教会が再建されたのは1605年のことである。したがって、この硯の線刻画はおそらく上洛した司教セルケイラが新築の下京教会に滞在中にミサ祭儀を執り行った時のことを語っているように思われる。同教会はキリシタン総奉行大久保忠隣の指揮によって1614年（慶長19）2月に破却された。

4　高山氏と高槻のキリシタン墓地

　高山右近の父飛騨守ダリオが大和奈良においてキリスト教に改宗したのは1563年（永禄6）であり、子息右近は翌年大和の沢城においてロウレンソから洗礼を授かって洗礼名をジュストと称した。父ダリオは1569年に和田惟政の居城摂津高槻城の城代家老職を勤め、当時堺に追放されていたフロイスの京都帰還のために惟政に働きかけ、同年3月フロイスらを居城の芥川城に迎えて、彼の京都入りに同行した。1571年（元亀2年8月）、和田惟政が池田勝政・荒木村重と戦って戦死したのち、高山父子は惟政の嫡男惟長を後見補佐していたが、1573年（天正元）4月惟長が彼らの殺害を企てたのを機にこれを逐った。高山父子による高槻支配は1585年（天正13）の明石転封までの12年間続いた。当初、高山氏は惟長放逐にさいして荒木村重の援助を仰いだため、彼との間に主従関係を結んでその配下に属した。1574年、村重が摂津一職（摂津守護）になったことにより右近は正式に高槻城主2万石となり、初めて城持ちの領主となったが、村重の影響力は強く、高山氏本貫の高山以外の地では自らの領主権を強く発揮できなかったように思われる。1578年秋、村重が信長に謀反を起こしたさい、右近はこれに従わずに信長に降ったことによって、彼は信長から芥川郡を加増され、高槻・芥川4万石の知行主として初めて高槻城主として自立することができた。

この間のキリシタン領主としての右近の立場は、父ダリオによる所が大きく、ダリオは和田惟長放逐後の1573年秋に家督を右近に譲ってキリシタン教会のことに一命を捧げた。ダリオはキリスト教の宣教に専念するために家督を右近に譲ったといった方が適切かも知れない。1574年に城の近くに教会を建て、家臣と領民の信仰を深めるために彼らが求めてやまなかったコンタツやメダイ、十字架の製作のために京都から一人の轆轤師（挽物師）torneiro を招き、彼を厚遇して説教を聴かせ、ついに彼をキリシタンに改宗させてしまった。ダリオは家臣達の信仰の度合いに応じて錫製の十字架やヴェロニカを彼らに与えた[40]。これはフロイスが豊後臼杵に下る1577年1月以前のことで、1575、6年のことを指すのであろう。

　ダリオは自らキリシタン達の霊的指導者としての自覚をもち率先してキリストの道を説き、自らが教会の大檀那としてミゼリコルディア（慈悲の組）の惣親となってこれを組織した。彼は組の親（組親）4人を任命して教会の諸事をこれに託し、老夫婦を教会の管理人にして住まわせた。修道士不在の時には自ら教理書「ドチリナ・キリシタン」を説き、霊的書物「イミタティオ・クリスティ」（「コンテンツス・ムンヂ」『キリストに倣いて』）などをキリシタン達に読み聞かせていた。またフォルナッティ神父の山間部（能勢地方）への宣教活動に同行して領民に対する宣教を実践した。こうした父ダリオのキリスト教に対する献身的な行為は、1573年に上洛したイエズス会上長フランシスコ・カブラルが翌年8月末（ないし9月初め）に西下するさいに高槻にカブラル一行を招いて右近のために教理説教の場を設けたことによってその一端をうかがい知ることができる。この時の教理説教が右近のキリシタンへの回心を決定づけたともいわれる。フロイスは、「［彼は］それ以後は卓抜した説教者となり、また大いなる徳操によって都地方の全キリスト教の柱石となった」[41]と指摘する。

　このような状況と背景のもとに、領主から領民にいたるまでキリスト教によって培われた精神に基づき隣人愛実践のための共同体が展開していたようである。右近が明石に転封になったのち、同地には秀吉の右筆でキリシタンであった安威五左衛門（了佐）が代官として任じられたためキリシタン共同体は存続することができた。

　高槻市教育委員会が1998年（平成10）5～6月（A区）、7～8月（B区）の2度にわたって実施した発掘調査によって明らかにされたように[42]、教会と城郭の間に明確に区画された墓域と整然と規則的に埋葬された木棺の配置を見るとき、そこには明らかに領主の強い意図が反映されていたことを読み取ることができる。墓地は教会の領域外に教会関連施設として設定されていたと考えられ、また城郭都市の中に明確に位置づけられていたといえるかも知れない。豊後府内の教会敷地内に1553年に設けられた墓地はあくまでも教会領域内にあり、教会私有のものであったのに対し、高槻のキリシタン墓地は領主の明確な意図をもって造られた公の墓地であって、教会の領域外に設定された点が豊後府内の場合と異なっているといえる。

　調査報告書によれば、発掘された27基の木棺のうち、人骨と歯の遺存したものが22基、人骨が遺っていた木棺は15基、干十字の墨書をもつ蓋板のあるものが1基ある。これらの22基

の人骨（遺体）がいつの時代のものであるかは定かでない。人骨の性別については8体が男性、5体が女性であり、年齢の判明したものには成人が14体、未成年が8体含まれている。木棺墓は墓坑の長軸が常に南北方向に整然と配列されていて、墓坑同士が重複することなく顕著な規則性がうかがえるという[43]。

　墓域は溝によって区画されている。これは1574年頃に教会が建造された時に、掘られた可能性が高いように思われるが、教会建設の時点で教会関連施設として墓地が造られたのであろう。しかし、それは教会領域内に教会の附属施設として作られたのではなく、城郭と教会領域の間に溝で仕切ることによって、キリシタン全体の公共墓地として設定されたもののようである。父ダリオは1578年以降この地を離れて越前に流配となるから、それ以前、おそらく1574〜75年に彼の強い意向に添って墓地が造られたように思われる。同墓域の墓からは、2つの木棺から木製のロザリオの珠（コンタ）が出土した。ひとつの木棺からは小珠約90個、大珠2個、変形珠3個、他の木棺からは珠4個が見つかっている[44]。これらは舶来製でなく、高山ダリオが京都から招いた轆轤師によって製作されたものであろう。

5　江戸の教会とキリシタン墓地

　フランシスコ会のヘロニモ・デ・ヘスース神父によって江戸に教会が造られ、その献堂式が行われたのは、1599年（慶長4）5月30日のことである。フランシスコ会がイエズス会に先駆けて江戸に教会建設を許されたのは、徳川家康がマニラおよびメキシコとの通商貿易とスペイン船の関東（浦賀）寄港を願望していたからである[45]。イエズス会の宣教師が長崎に来航するマカオのポルトガル商船とその積載品の生糸取引に影響力を発揮していたのに対して、家康は自らのイニシアティブのもとに江戸に近い浦賀へスペイン船などの外国船を招致し貿易を取り仕切ろうとしたのであろう。ヘスースは家康の使者としてマニラに渡航するために間もなく帰京したが、彼に随行して京都から来た山城西岡の城主古田重広の旧家臣笹田ミゲルが執事として教会を管理した。同教会は、1602年に江戸の火災で罹災したのちに再建されたが、1612年（慶長17）4月21日に江戸・駿府・京都・肥前有馬を対象に発令された禁教令のために、家康が付与した敷地に建造されていたにもかかわらず、道路の拡張と船寄せ場築造の理由のもとに没収・破棄された。船寄せ場築造の口実の下に教会が撤去破壊されたことは、その地が運河・川に近接していたことを推測させる。

　これより先、フランシスコ会では、1601年にヘスースに同行して来日したペドロ・ブルギィリョス修道士が、翌年江戸に下って刑場に近く最下層民が居住する浅草鳥越に施療院を開設した。1599年造築の教会の所在地については、京橋・日本橋石町あるいは少し離れた八丁堀などの諸説があるが、定かではない。

　2000年（平成12）から翌年にかけて2期にわたって千代田区東京駅八重洲北口遺跡調査会によって発掘調査が行われ、キリシタン墓地（遺構）が確認されたことは、江戸のフランシスコ会教会の所在地を知るための有力な情報を提供したことになる。2003年（平成15）7月に

出された調査報告書『東京駅八重洲北口遺跡』によると、調査区南西部において10基の墓坑が確認された。そのうち4基に木棺が認められ、6基では土坑内に直葬され、人骨すべてが仰臥伸展の状態で埋葬されていること、木棺1基の側板（蓋裏）に墨筆の十字架が見られ、金属メダイとガラス製（49点）および木製ロザリオ木玉（2点）が出土したことなどから、本墓坑群がキリシタン墓地であると判断されている[46]。1998年に発掘・出土した高槻城のキリシタン墓と構造等について比較すると、仰臥伸展葬、木棺の使用、成人と小児用木棺の区別、土坑と木棺の形状および大きさ、木棺の組み立て方法などに多くの共通点が見出される一方で、墓坑の長軸方向、頭位置、墓の配列などにおいては高槻城のような規則性、計画性は見られないという[47]。

外堀にかかる呉服橋の門内にあったキリシタン墓地の遺構の年代は、同報告書によると、1590〜1605年前後の期間とされ、屋敷地成立以前の遺構とされる。呉服橋の近くには家康が江戸に入部して港湾機能をいち早く整備した常盤橋があり、その辺りに江戸城下にもたらされる物資の流通に関わっていた人々が集住していたとされる。呉服橋にはまだ決まった名はなく「町ノもの通ひ橋」（「別本慶長江戸図」〈慶長7年／1602年頃の作図〉に記載）と称され、日本橋方面からの町人が外堀を越えて武家地に入ったことが想像される。同報告書によると、「当該遺跡地はこの銭瓶（銭亀橋）を渡って東に外堀へ掛かる呉服橋をのぞんだ一帯に相当する。この外堀は江戸前島の尾根にあたる部分を開削したものだが、一方尾根西半には遺跡の発掘成果による人骨や板碑の出土から墓地群の存在がうかがえる」[48]という。江戸の人々や海浜の民が、慶長後期頃には武家屋敷地となる以前の呉服橋に近い土地を埋葬地として利用していたために、キリシタン達もまとまった一区画を墓地として確保できたようである。このことは、家康が1599年にヘスース神父に与えた教会敷地がこの墓地からあまり遠くない所にあったこと示唆している。キリシタン達が教会から最も近い墓地に死者を埋葬することはごく自然なことのように思われるからである。

豊後府内では教会の領域内に、高槻では教会と城郭の間に溝が掘られたというように、キリシタンのために明確な意志をもって設けられた前二者の墓地とは異なって、江戸のキリシタン墓地は当時江戸市民の共同墓地となっていた所に一区画が確保され、そこに集中して埋葬されるようになっていたのであろう。キリシタンの死者が埋葬された期間は1599年〜1612年のことである。

6　長崎のドミニコ教会

長崎に最初にキリスト教が宣教されたのは1567年（永禄10）、イルマン・アルメイダによって城主長崎甚左衛門ベルナルドの城下を中心になされた。その2年後にヴィレラ神父が城に隣接する寺院を改修してトードス・オス・サントス（諸聖人）教会を造った。1570年（元亀元）に長崎港が開かれ、翌年、桜尾台地と称せられた丘陵地に6町の新町が造成された。同年、ポルトガル船が初来航し、この台地の尖端部にポルトガル人がサン・パウロ教会を建てた。

これが「岬の教会」である。それから38年後の1609年にドミニコ会のサン・ドミンゴ教会が同じ桜尾台地の勝山町に建った。同会の日本宣教参加は1602年のことで、マニラ貿易に参与していた島津氏を介して甑島（こしき）に5名が来島し、のち京泊（きょうどまり）に進出した。1608年、同会管区長代理モラーレスが島津氏の斡旋で駿府に家康を訪問した。それは、同会が長崎に教会を建てる許可を請願するためであったように思われ、翌年京泊の教会を解体してこれを長崎に移築した。同教会はそれから1614年11月に禁教令によって破壊されるまでの5年間存続した。その教会跡には代官末次平蔵の屋敷が建ち、同氏失脚後には高木作右衛門の代官屋敷があった。

同遺構は勝山小学校建築直後からその存在が知られていたが、少子化に伴う学校統合によって桜町小学校校舎が建設されることになり、その工事に先立って2000年（平成12）に埋蔵文化財発掘調査が長崎市教育委員会によって実施された。サント・ドミンゴ教会の遺構が出土したことにより、この保存について論議され、教会再建を主張する意見も出たが、「教会遺構」を顕在化させる方向が模索され、桜町小学校の1階に遺構を遺すかたちをとり、平成16年3月に「サント・ドミンゴ教会跡資料館」が発足した。発掘された教会遺構と石組の地下室、石畳、排水溝、高木氏代官時代の井戸などが保存・公開され、市内で出土した花十字紋瓦約80点が展示されている。教会遺構と代官屋敷の遺構が教育現場に公開された意味は大きいであろう[49]。

おわりに——原古城発掘について——

キリスト教が島原半島に宣教されたのは1563年（永禄6）であり、有馬氏の外港口之津（くちのつ）が当初からキリシタンの町として進展し、島原半島のキリシタン教会の拠点となった。1637年（寛永14）に島原・天草の一揆が発生した頃には同半島の南筋一帯には70年以上にわたって培われた信仰が二代三代のキリシタンによって守り続けられていたと見なすことできよう。

1992年（平成4）から実施された原城跡の発掘調査はすでに16年に及び、多くの成果をあげてきたことが知られている[50]。特に、城中内における自家製の信心具と遺体の口の中から十字架などが検出されたとの報告は、数代続いた信者の堅い信仰を裏付けるものとして特筆に値する。なお、初期の発掘調査によって、「有馬家譜」などを根拠に通説化されてきた原城の築城年代について見直す調査結果が出されたことは、歴史考古学の大きな成果といえる。原城が近世初期の城郭であるとの説は、建築史家祖谷敏行氏がすでに40年前に『歴史手帖』（2巻3号）において指摘したことであり、28年前に「有馬晴信の新城経営と原城について」の試論も発表され、そこで、イエズス会宣教師の書翰や年度報告によって、新城工事が1599～1604年にかけて継続したことが報告されている[51]。上述の遺構調査の結果、宣教師の報告がほぼ正しいことが確認されたのである。

（1）久米邦武編、田中彰校注『特命全権大使米欧回覧実記（四）』（岩波書店、1980年）、350～352頁。

（２）　佐々木和博「明治政府における慶長遣欧使節の認識過程——明治15年頃までを中心に——」（『蔵王東麓の郷土誌——中橋彰吾先生追悼論文集——』中橋彰吾追悼論文集刊行会、2008年）、268頁。
（３）　同上書、280頁。
（４）　同上書、279〜280頁。
（５）　五野井隆史『日本キリシタン史の研究』（吉川弘文館、2002年）、2〜16頁。
（６）　東京大学史料編纂所『日本海外史料　イエズス会日本書翰集』訳文編之二（下）、207〜208頁。
（７）　フランシスコ・ザビエルのヨーロッパのイエズス会員宛1552年1月25日付、コーチン発信の書翰（同上書、訳文編之一（下）、92頁）。
（８）　ザビエルのポルトガル国王宛1552年1月31日付、コーチン発信の書翰（同上書、138頁）。
（９）　同上書、訳文編之二（下）、40〜41頁。
（10）　「山口古図」の元図は山口県文書館に所蔵されてある。
（11）　『大日本史料』第十編之第十九、139〜141頁。
（12）　注（６）書、訳文編之一（下）、92頁。
（13）　ルイス・フロイス、1596年12月28日付、長崎発信、「1596年度日本年報補遺」（ローマ・イエズス会文書館 Archivum Romanum Societatis Iesu（ARSI）、日本・中国文書 Jap. Sin., 52. f. 242v. フロイスによると、ブラスは豊後で最古のキリシタンの一人であった。
（14）　ペドロ・デ・アルカソヴァの1554年、ゴア発信（前掲注（６）書、訳文編之二（上）、213頁）。
（15）　注（６）書、219頁。
（16）　Luis Frois. S. J., HISTORIA DE JAPAM, anotada por Jose Wicki. S. J., I. Lisbon, 1976, p. 70. 松田毅一・川崎桃太訳『フロイス日本史』6（中央公論社、1978年）、119頁。
（17）　注（６）書、訳文編之二（上）、229頁。
（18）　注（６）書、45頁。
（19）　注（６）書、235頁。
（20）　注（６）書、216〜217頁。
（21）　ガーゴのインド・ポルトガルの会員宛1555年9月23日付、平戸発信（前掲注（６）書、訳文編之二（下）、90頁）。
（22）　ガーゴのポルトガル国王宛1555年9月20日付、平戸発信（前掲注（６）書、72〜73頁）。
（23）　トルレスの1557年11月7日付、府内発信（ARSI. Jap. Sin., 4. f. 72）。
（24）　五野井隆史「豊後府内の教会領域について——絵図、文献史料と考古学資料に基づく府内教会の諸施設とその変遷——」（『東京大学史料編纂所研究紀要』第14号）、36〜37頁。
（25）　ARSI. Jap. Sin., 4. f. 73.
（26）　五野井前掲論文、41頁。
（27）　同上、42、43頁。
（28）　五野井隆史「豊後におけるキリシタン文化」（大分県立歴史博物館『研究紀要』第7号）、102頁。
（29）　同上、101頁。
（30）　木村幾多郎「府内と府内古図」（『大分市歴史資料館年報』1992年度版、1993年）。
（31）　田中裕介「イエズス会豊後府内教会と附属墓地」（鹿毛敏夫編『戦国大名大友氏と豊後府内』高志書院、2008年）、357〜358頁。
（32）　同上、358頁。「タイウス堂」が「顕徳寺」と呼称されたのは教会建設後間もなくのことであった可能性が高い。山口における「大道寺」、1557、8年頃に平戸に建てられた「天門寺」、大友宗麟が津久見に建てた「天徳寺」のごとくである（拙著『日本キリシタン史の研究』、92・118頁）。
（33）　大分県教育委員会・大分市教育委員会編「平成十四年度中世大友府内城下町跡発掘調査指導委員会資料」（平成14年7月31・8月1日）。
（34）　大分県教育庁埋蔵文化センター『豊後府内6　中世大友府内町跡第10次調査区　埋蔵文化財発掘調査報告書（５）』（2007年）、311〜325頁。
（35）　注(31)田中前掲論文、361頁。

(36) フロイスの1577年9月19日付、臼杵発信（Cartas que os Padres e Irmãos da Companhia de Iesus escreverão dos Reynos de Iapão & China ……, Primeiro Tomo (Cartas. I). 1598. f. 389v.)、松田毅一監訳『16・7世紀イエズス会日本報告集』第Ⅲ期第4巻（同朋舎出版、1998年）、387頁。
(37) ジョアン・フランシスコ・ステファーノの1577年7月24日付、三箇発信（Cartas. I. f. 396v.)、注(36)松田前掲書、415頁。
(38) 森浩一「姥柳町遺跡（南蛮寺跡）調査概報」（『同志社大学文学部考古学調査記録』第2号、1973年）、4頁。
(39) 矢沢利彦・筒井砂共訳『日本イエズス会士礼法指針』（キリシタン文化研究シリーズ5、1970年）、111～112頁。
(40) フロイスの1577(76)年8月20日付、臼杵発信（Cartas. I. f. 365v.)、注(36)松田前掲書、369～370頁。
(41) HISTORIA. II. pp. 414～413.『フロイス日本史』4、317、319頁。
(42) 高槻市教育委員会編『高槻城キリシタン墓地』（『高槻市文化財調査報告書』第22冊、2001年）、18頁。
(43) 同上書、91・95～96頁。
(44) 同上書、107頁。
(45) 五野井隆史「坂東・関東・江戸――ヨーロッパ人の見た草創期の江戸――」（『日本歴史』第568号、1991年）、73頁。
(46) 千代田区東京駅八重洲北口遺跡調査会編『東京駅八重洲北口遺跡』第1分冊（2003年）、95～104頁。
(47) 同上書第2分冊、914～915頁。
(48) 同上書第1分冊、19頁。
(49) サント・ドミンゴ教会の遺構の調査結果は、『勝山町遺跡――長崎市桜町小学校新設に伴う埋蔵文化財発掘調査報告書――』（長崎市教育委員会、2003年）に報告されている。
(50) 2006年（平成18）までに『原城発掘』『原城跡Ⅱ』『原城跡Ⅲ』からなる報告書3冊が刊行されている。
(51) 五野井隆史稿（『キリシタン文化研究会会報』第21年2号、1980年）。

【コラム】

高槻城キリシタン墓地

高橋 公一

▶キリシタン墓地の発見◀

　平成10年6月8日、発掘調査の終了時刻も近い夕刻、それは突然目の前に現れた。木棺の蓋に墨ではっきりと描かれた十字架だ。高槻城三ノ丸跡の一画における調査で発見した木棺墓群が、キリシタン墓地であることが史上初めて判明した瞬間である。ここでは、天正年間にキリスト教布教に尽力した高山右近の居城・高槻城で発見されたキリシタン墓地の概略を紹介する。

▶墓地の構造◀

　高槻城は、京・大坂の中間にあって、淀川北岸の要衝に位置する。沖積地のわずかな高まりを利用して築造された平城で、数次にわたる発掘調査によって近世をはじめ、戦国時代の状況も次第に判明しつつある。

　キリシタン墓地は三ノ丸北郭地区に位置する。厚さ2.1～1.8mの大規模な盛り土の下層から、木棺墓27基を検出した。墓地は、西側を南北溝で区画され、内部は東西方向の通路とみられる空閑地を挟んで北群と南群に大別できる（図1右）。墓は木棺を直葬したもので、北群は4列16基、南群は3列11基を数える。墓壙の長軸を南北に揃え、概ね市松状に整然と配置され、墓壙の切り合いも認められないことから、当初から規則的な配置がなされ、墓上には存在を示す土盛りや墓石等が存在したとみられる。内部に遺存する人骨から、頭位や姿勢、性別や年齢などが判明しており、老年から幼児までの埋葬が確認できた（表参照）。

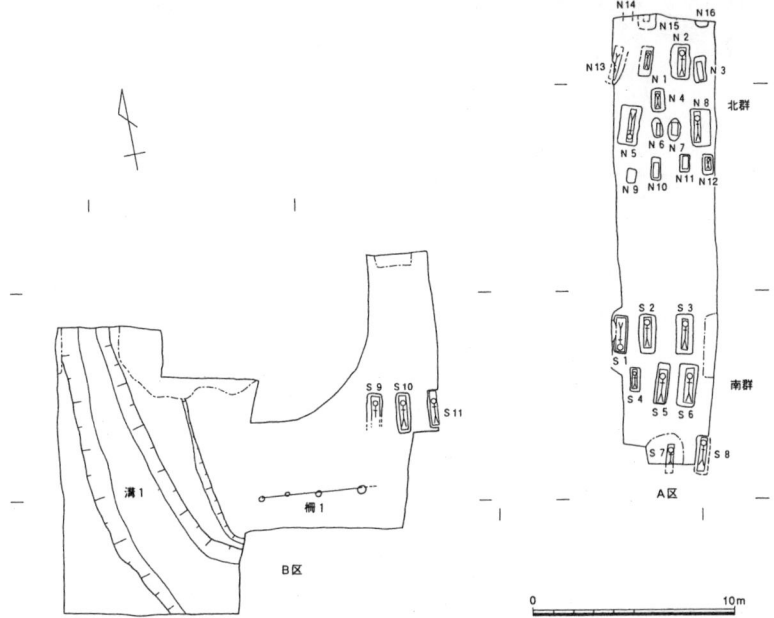

図1　高槻城キリシタン墓地配置図

▶十字架の墨書木棺　S1号木棺◀

出土した木棺のうち、最も注目されるのは蓋の上面に十字架を墨書するS1号木棺である（図2）。

S1号木棺は、南群の西端に位置する長さ1.8m、幅0.6m、深さ0.6mの墓壙に直葬されていた。木棺は長さ1.62m、幅0.46m、高さ0.26mで、棺身各材が鉄釘で固定されている。蓋板が内湾して大きく3つに割れ、棺内に落ち込んでいたが、棺全体として非常に残りが良い。板材が一様に分厚く、他の木棺に比べて重厚な作りである。棺内には仰臥伸展、南頭位の男性骨格が遺存し、がっしりとした骨格のこの被葬者の年齢は老年で、身長は150～160cmと推定された。

十字架は、木棺の蓋板外面、遺体の顔面に正対する位置に、墨で描かれていた。十字架は通常の十字の上部に短い横枝を配する「二支十字」と呼ばれるもので、さらに向かって右下には珠点を加えている。縦枝の長さは10cm、幅1cm、長い横枝の長さは8cm、幅1cm、短い横枝は長さ2.5cm、幅1.0～1.3cmである。

「二支十字」は九州から近畿一円に分布するキリシタン墓碑銘にもみられ、イエズス会との関係性を指摘されている。他の木棺にはこうした「二支十字」が描かれていないことから、この木棺には格別な思惟がうかがえ、棺の作りが重厚で丁寧であることもこれに符合する。このようなS1号木棺の特質が、この木棺の被葬者に起因するということは十分に考えられる。例えば、この老年男性は生前にキリスト教布教にさいして非常に功績があった人物であったと推測することもできよう。

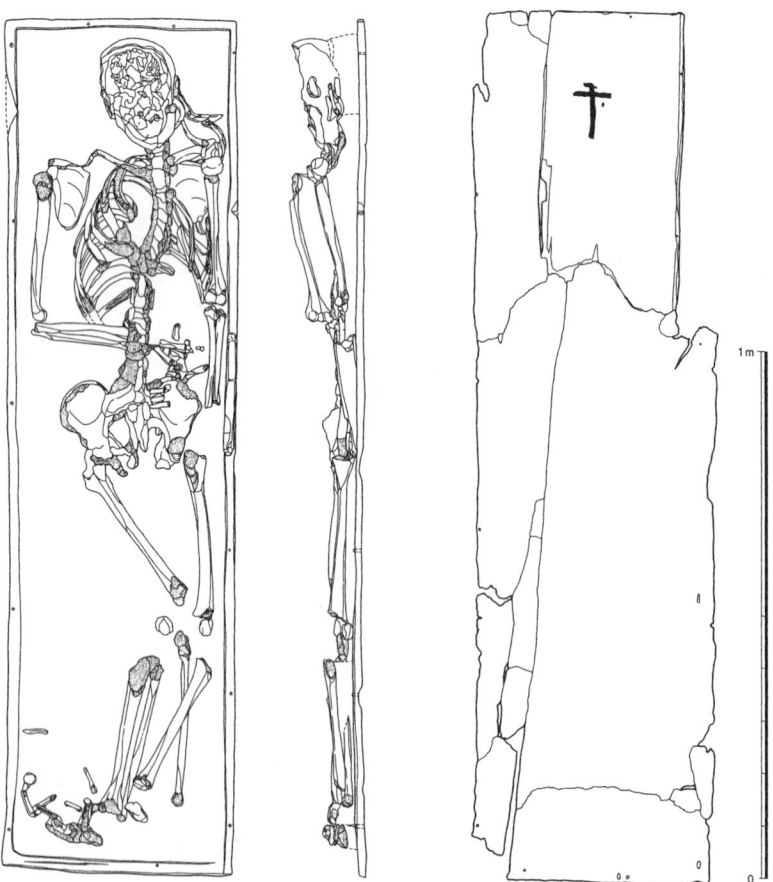

図2　S1号木棺と人骨

▶ロザリオと高山飛騨守◀

一方、この墓地からは遺物がほとんど出土しなかったなかで、木製珠＝ロザリオを発見したことは特筆される（図3）。

木製珠はN8号木棺とS6号木棺の内部から発見された。特にN8号木棺では被葬者の右手首付近に密集して、小珠（直径4～6mm・厚さ3～4mm）が約90個、大珠（直径6.7～7.6mm・厚さ5.3～6.6mm）が2個、さらにひょうたん型の変形珠3個が確認できた。これらはひもで綴られ埋葬時に被葬者の腕に装着されたもので、小珠は円環を、大珠と変形珠は末端で十字架を構成したものと想定し、キリスト教の宗教具であるロザリオと推定された。

我が国におけるロザリオは、ザビエルの布教活動当初から用いられ、その後の宣教師の活動とともに日本各地に広まったと考えられる。フロイス『日本史』には、ロザリオと右近の父・高山飛騨守との関わりが記されており、非常に興味深い。特に、信者に分け与えるため轆轤師を呼び寄せ、高槻に住まわせてロザリオを製作させていたとしている点が重要である。このことからロザリオは飛騨守自身が信者に分け与え、信者個人の愛用品となったことがうかがえ、さらに信者の埋葬時にはロザリオを墓に副葬した背景として理解することができる。また、出土した木製珠に装飾性がなく、簡素であることから、海外からの招来品ではなく、この記述のとおり高槻で作られたものである可能性が極めて高い。

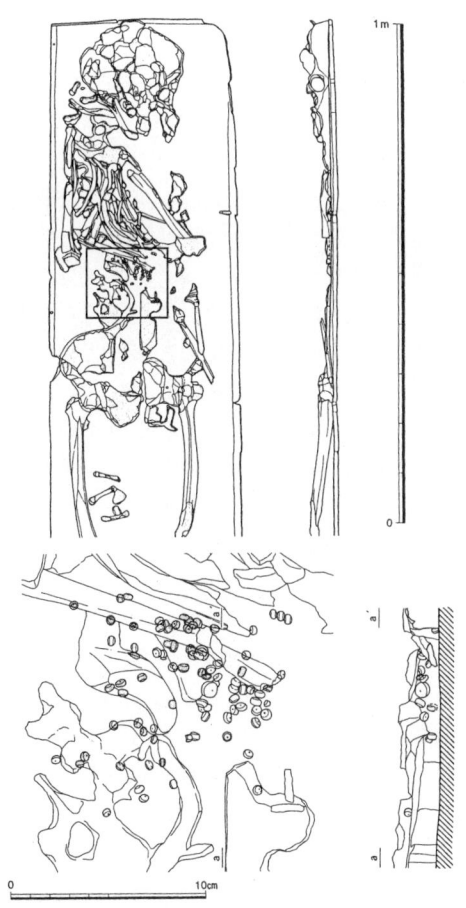

図3-1　N8号墓とロザリオ（下は手首部分の拡大）

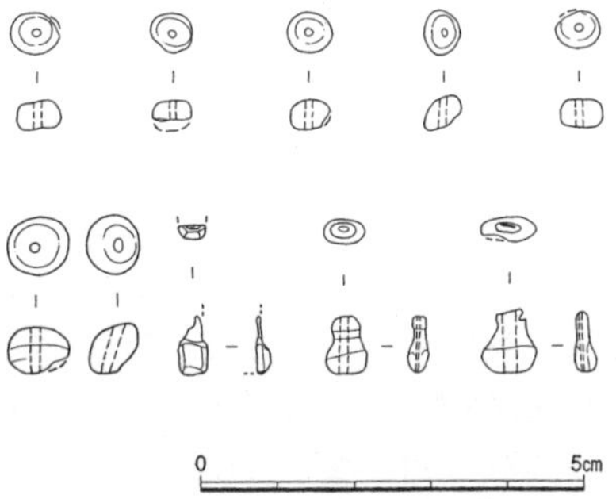

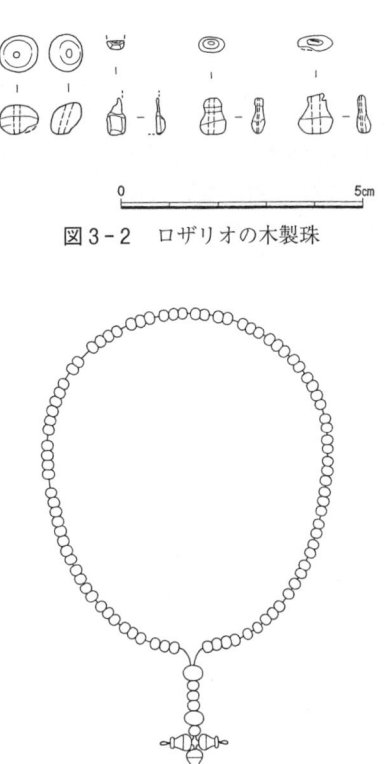

図3-2　ロザリオの木製珠

図3-3　復元されたロザリオ

表　出土人骨一覧表

墓番号	性別	年齢	推定身長	埋葬姿勢	頭位	主な出土部位	備考
N1号墓	不明	幼児	不明	不明	北	永久歯　乳歯	
N2号墓	女	熟年	140cm程度	伏臥伸展	北	ほぼ全身	
N3号墓	不明	幼児	不明	不明	不明	永久歯　乳歯	
N4号墓	不明	幼児	不明	不明	北	永久歯	
N5号墓	男	壮年	155cm程度	仰臥伸展	南	ほぼ全身	
N6号墓	不明	幼児	不明	不明	北	永久歯　乳歯	
N7号墓	不明	幼児	不明	不明	不明	乳歯	
N8号墓	女	老年	145～150cm	仰臥伸展	北	ほぼ全身	ロザリオを右手に装着
N11号墓	不明	幼児	不明	不明	不明	永久歯　乳歯	
N12号墓	不明	幼児	不明	不明	北	乳歯	
N13号墓	不明	熟年	不明	不明	南	大腿骨片　永久歯	
S1号墓	男	老年	155～160cm	仰臥伸展	南	ほぼ全身	木棺蓋に十字架の墨書
S2号墓	女	熟年	不明	伏臥伸展	北	ほぼ全身	
S3号墓	女	壮年	150cm程度	伏臥伸展	北	ほぼ全身	
S4号墓	不明	幼児	80～85cm	伏臥伸展	北	ほぼ全身	足元に木葉痕あり
S5号墓	男	壮年	155～160cm	伏臥伸展	北	ほぼ全身	
S6号墓	男	壮年	165cm程度	伏臥伸展	北	ほぼ全身	棺内からロザリオ出土
S7号墓	男	成人	不明	不明	不明	右下肢破片	
S8号墓	男	熟年	155～160cm	仰臥伸展	北	ほぼ全身	
S9号墓	男	熟年	150cm程度	仰臥伸展	北	ほぼ全身	
S10号墓	男	壮年	155cm程度	仰臥伸展	北	ほぼ全身	
S11号墓	女	壮年	155cm程度	仰臥伸展	北	ほぼ全身	

▶高山父子とキリシタン墓地◀

　墓地は、礫や粘土塊を含む約2mの厚い盛り土の下層で検出した。この盛り土は周辺一帯の地盤をかさ上げしたものと推定され、これは近世高槻城三ノ丸が形成された、元和3年（1617）の修築に伴うものとみて間違いない。このことから墓地が元和3年以前に存在していたことは確実である。

　一方、これまで記してきたように「二支十字」の墨書や木製のロザリオは、キリスト教信仰を背景として考えなければ理解しがたいものである。そしてフロイス『日本史』には木棺を直葬する描写も記され、検出した木棺墓の状況に合致する。これらのことからこの墓地は、高山父子が関わり、キリスト教信者を埋葬したキリシタン墓地であったことに疑う余地はなく、その存続年代は、高山飛騨守が高槻城主になった天正元年（1573）から、城主を継いだ高山右近が明石に転封となる天正13年（1585）までの間と推察される。

　さて、この墓地が高槻城内に位置するとみられることも注目される。右近時代の高槻城は堀と城壁に囲まれ、武士や農民などが居住する総郭型城郭であったと想定されている。城内には飛騨守が教会堂を建てたことが史料からうかがえ、その位置はこの墓地の西側に隣接する現在の野見（のみ）神社周辺に比定されていて、教会堂と墓地との関連が想起される。また、教会堂の周囲には宿泊所や庭園、池などが整備され、その維持管理については飛騨守が率先して従事したことも記されている。こうしたことから、墓地は教会堂付属の施設の一つとみられ、高山父子の手厚い保護があったものと推測される。そこでは、性別や年齢を問わず信者の埋葬が行われ、墓は規則的に配置され、教会堂と一体となって「聖なる空間」として機能し、高槻城のなかでも最も重要な区画であったと考えられる。高山父子の精力的な布教により、高槻はキリスト教布教の拠点であったとされ、当時の状況をうかがううえで、この墓地は重要な位置を占めている。〔図出典：高槻市教育委員会編『高槻城キリシタン墓地――三ノ丸北郭地区発掘調査報告書――』より一部改変〕

巡察師ヴァリニャーノの見た豊後「府内」
── 1580年の豊後国「府内」の描写 ──

坂 本 嘉 弘

はじめに

　1579年7月25日、島原半島の南端近く、口之津の浜に一人のイタリア人が上陸する。その人物の名は、アレシャンドゥロ＝ヴァリニャーノ。彼はイエズス会組織の中では巡察師と呼ばれ、フランシスコ＝ザビエル以来、30年を経た日本でのキリスト教の布教状況や、新たな布教方針を確立するため、アジア全権使節としての来日であった。以後彼は、その目的のため、約二年半、九州から畿内にかけて巡回する。

　この間、ヴァリニャーノは、1580年9月14日に豊後国府内に到着し、戦陣に大友義統を訪

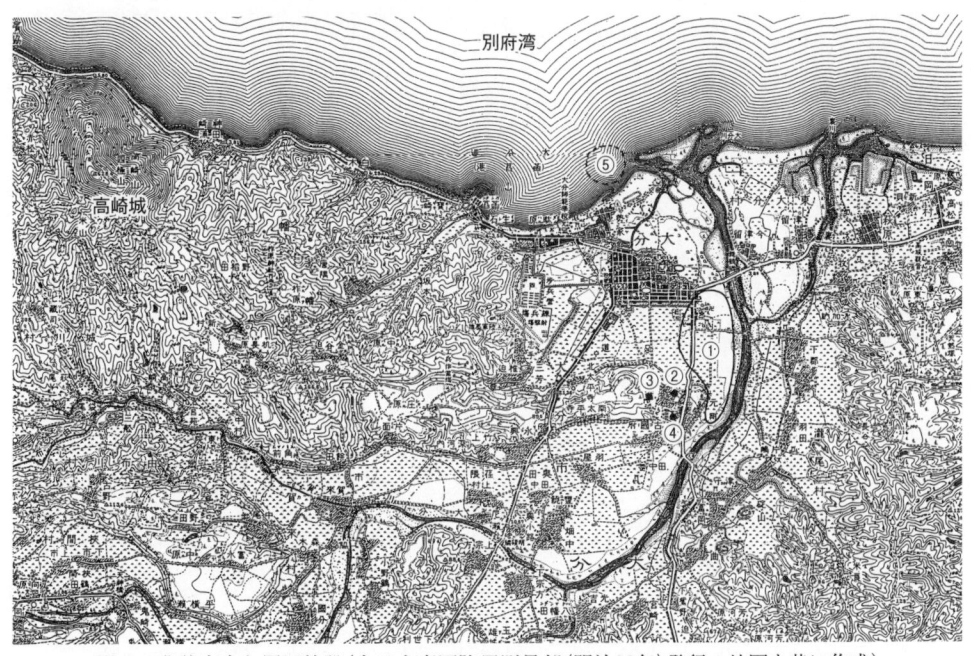

図1　豊後府内と周辺施設(大日本帝国陸軍測量部〈明治38年〉発行の地図を基に作成)
　　　①府内の市　②大友上原館　③金剛宝戒寺　④円寿寺　⑤沖ノ浜(推定)

ねた後、臼杵の大友宗麟の許にいたる。その状況は、フロイスが著書『日本史』に「上記の(1580)年の九月に、巡察師はフランシスコ＝カブラル師、ならびにその伴侶とともに下から豊後に到着した。巡察師は、府内にしばし留まった後、……」と記述しており[1]、ヴァリニャーノ自身も「この臼杵城から四レーグア（約28km）の地に府内と称する豊後の主要な都市がある。ここの住民は八千名で、新国王が居住し、彼がこの首都を統治している」と報告している[2]。

一方、戦国時代の豊後府内については、当時の町の状況を描いたと伝えられる古絵図が残されている。府内古図と呼ばれるこの絵図は、大友館を中心に碁盤目状に東西に五本、南北に四本の街路が描かれ、町の出入り口を木戸で区切られた38か所の町名と20か所の寺社名が記載されている。

この古絵図が描かれた時期と、描いている時代は、その分析から寛永12年（1635）以後に、戦国時代の「府内」の記憶・情報を持った人物が、天正9年（1581）から天正14年（1586）頃の様子を描いていると考えられている。この古絵図は、古い順位にＡ・Ｂ・Ｃの3種類に分類され、新しくなる程、情報量が多くなっている[3]。

ところがこの町は、大分駅周辺総合整備事業に伴い、平成9年から「中世大友府内町跡」として発掘調査の対象となり、大規模な調査が続いている。その結果、これまで、府内古図や古文書、宣教師達の書簡等で伝えられる、豊後府内の町の状況や南蛮貿易、キリシタン達の活動等を、より具体的なかたちで、私たちの眼前に浮かび

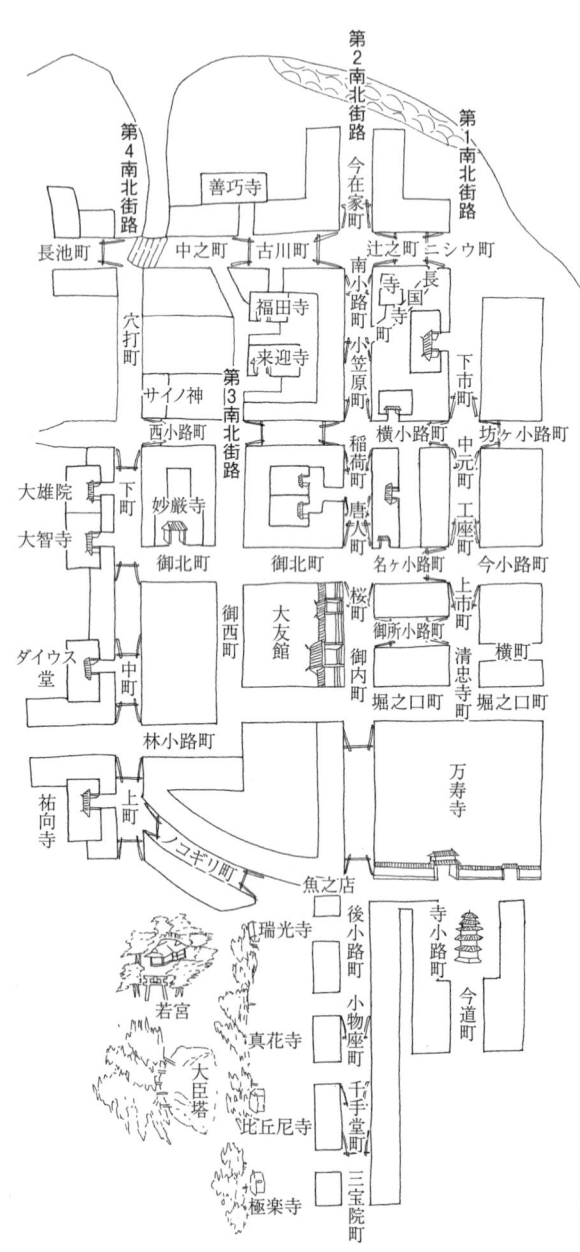

図2　府内古図に見る豊後府内（府内古図Ａ類をトレース）

上がらせる成果をあげている。

　豊後府内は、天正14年（1586）に薩摩の島津氏により焼失する。巡察師ヴァリニャーノが訪れたのは、その直前の天正8年（1580）で、2年前の天正6年（1578）に大友宗麟は受洗し、キリスト教徒となっており、また日向国耳川（みみかわ）の戦いで島津氏に大敗している。

　本稿では、ヴァリニャーノが目撃した当時の府内を、発掘調査の成果を中心に、府内古図、古文書、宣教師達の残した書簡等の文献資料を加えて描写を試みる。なお、府内古図には南北方向に四本の街路が描かれているが、名称は記述されていない。街路については、東から第1南北街路、第2南北街路、第3南北街路、第4南北街路と仮称する。また、御所小路町・名ヶ小路町の街路等は、御所小路・名ヶ小路と記述する（図2）。

1　天正8年の教会施設とその周辺

　1580年9月8日に口之津を発ったヴァリニャーノは、9月中旬には府内に到着している。当時、宣教師達の宿泊所は、府内古図に「ダイウス堂」と描かれた第4南北街路の中町の西側と想定されている。この場所は、天文22年（1553）に大友義鎮（よししげ）から教会・宿舎・菜園のために与えられた広い地所で、その後この地に、修院・大きな十字架・育児院・墓地・病院・200人を収容できる教会・貧者の家・職員の住宅等を建設し、1560年頃にはその体制が完成していたと考えられている[4]。

　このキリシタン施設周辺の発掘調査は、第4南北街路を近世・現代と踏襲した、市道六坊新中島線沿いと、それに直角に交わるJR日豊・豊肥線沿線で行なわれている。その結果、第4南北街路は、15世紀末から版築状の整備が始まり、1580年頃には街路の両側に家屋が建ち並ぶ、中町の両側町の景観が出現していた。

　町屋の奥行きは、第4南北街路と直交する東側の調査区である府内町跡5次調査区と西側で直交する調査区である府内町跡10次調査区によると、街路から10数mの幅で、柱穴群が検出され、その後背地には井戸や廃棄土坑などが検出されている。そうした生活の痕跡を含んだ範囲は、両側とも約30mの範囲内に留まる。すなわち、第4南北街路の両側の生活空間は、約30m、百尺の幅で整備されている[5]。

　こうした中町に居住した人々は、慶長7年（1602）に、近世府内城下町に中世府内町が移転したさい、多くが新府に町ごと移設する。しかし、第4南北街路沿いの上町・中町・下町は移転しておらず、文禄2年（1593）の大友家除国に伴い消滅した武家地と想定されている[3]。フロイスの日本史にも1553年の出来事として「国主は、我らの家に石が投ぜられるのを聞くと、家の近所に住んでいた武士に何度も指示を与えて警護させた」と記述しており[6]、周辺に武家地があることを示している。また、1584年に大友宗麟（義鎮）は30年近く教会の近くに住みながらキリシタンに改宗しない住民に対し、教会に行くことを勧めると同時に布教活動の妨害を禁止している。その結果、フロイスは「これら身分と信望のある大勢の人々がキリシタンになった」と記述している[7]。

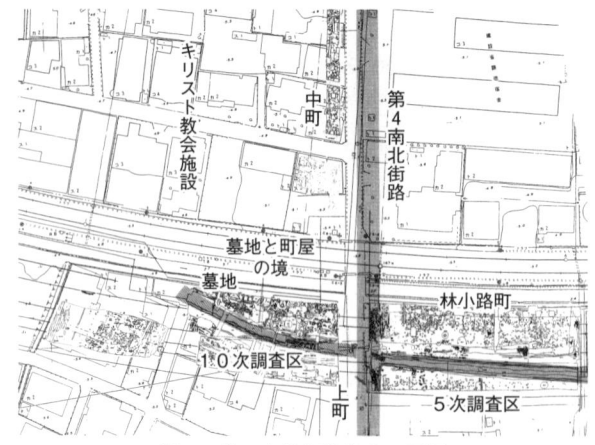

図3　第4南北街路とその周辺

なお、1580年頃はまだ、「身分と信望」のある人々が住む中町の町屋の西側裏手にあるキリスト教施設を訪れるには、その中町の町屋建物の間を抜けなければならなかったようである。このことは、1584年の記述に「我らの学院の入口に、学院に隣接した大通りに面してそれまではなかった通用路として一つの美しい玄関を作らせた」とあり[7]、この時に、初めて第4南北街路に直通する入口が確保されている。

キリスト教施設に関連する発掘調査成果は、府内町跡10次調査で、そのさいに墓地が検出されている。報告によると[6]、その墓地は第4南北街路沿いの中町の町屋の裏手で検出され、南境は、第4南北街路から西に通じる街路で区画されている（図3）。すなわち、教会施設内に設置された墓地の南端部を確認した訳である。調査された墓地は17基で、この内、1560年前後に幼児・小児のみの8基が形成されており、1556年に設置された育児院で死亡した子ども達との関係が想定されている。

また1570年～1587年にかけて埋葬されたと推測される成人墓4基は、伸展葬であり、遺存状態の良好な1体は、腕を胸の上で交差させた姿勢であった。このような埋葬姿勢は、キリシタン大名高山右近の居城高槻城の調査で発掘した、棺蓋にキリストを象徴する「干」印を墨書した埋葬人骨と極似している。また、フロイスは『ヨーロッパ文化と日本文化』[8]で埋葬姿勢について「われわれの棺は細長い。彼らのは円状で樽半分程のものである」「われわれの死者は顔を上に向けて横たえられる。彼等の死者は坐らされ、顔を膝の間にはさんで縛られる」とその違いについて述べている。以上のことから、中町南端の裏手で発掘された伸展葬の埋葬人骨はキリシタン墓と考えることができる。

この教会施設内の墓地の設置については、宣教師の書簡に「国王が当豊後国においてパードレ・パルテザル・ガゴに与えし他の地所はこれを二分し、一つは死者のために用ひ、また一つには王の許可を得て病院を設立せしが、王ならびに国内の諸人大にこれを喜びたり。病院は二つに区分し、一つは当地に多数ある癩患者の用に当て、また一つはその他の病気のために用う」[9]と記述されている。この書簡は、発掘された墓地に隣接して、「府内の病院」と呼ばれた西洋医術による国内初の医療施設が存在していたことを示している。

なお、この墓地からは、この地域の中世の伝統的な埋葬法である、屈葬や方形木棺墓を用いた埋葬人骨が3基検出している。これらは、非キリスト教者と考えられ、この病院の活動が「当国にいた貴人や名望ある仏僧たちも治療を受けにきて」[6]とフロイスが記述している

ように、宗教を問わず行なわれていたことを示している。

2 林小路町・ノコギリ町・魚之店周辺

　教会施設のある中町の南端には、大友館の南境に沿って東から西に延び、第4南北街路と交差し、西の郊外に通じる街路がある。この街路の南側には府内古図C類に「御蔵場」と描かれた場所が広がっており、西寄りの第4南北街路との交差点に近い場所の北側には林小路町がある。1580年頃のこの町は、町の南側にある東西街路に直角に南北方向の区画性の強い溝が掘削されている。第4南北街路からの距離は東に半町以上あり、通常の町屋の区画より大きい(10)。しかも、大友氏除国後、近世城下町に移転をしておらず、この事からも、武家地と推測できる。

　また、第4南北街路沿いの中町の南に隣接する上町から、東南方向に延び直接第2南北街路に直接続く街路がある。豊後府内の多くの街路が、ほぼ東西・南北方向に敷設されているが、この街路のみ、斜め方向で、N-36°-Wある。すなわち、この街路は、大友館南側の御蔵場の西側を縁取るように設置されている。街路の幅は約6ｍで、砂と土と砂利で版築状に舗装され、両側に側溝を持つ(11)。

　街路は磁北に対し斜めであるが、両側に建並ぶ町屋家屋は、長軸が南北方向に配置されている。このため、街路に接した軒先は1軒ごと段違いになり、上面観が鋸歯状になる。ノコギリ町の名称は、それに由来すると考えられている。発掘調査の結果も、このことを証明しており、南北方向の河原石の礎石や柱穴が、街路の両側で検出され、両側町景観を示している。

　ノコギリ町の構造も、街路沿いに建並ぶ町屋の裏手に廃棄土坑や井戸が配置されている。特に、この町屋周辺の井戸は凝灰岩を長方形の板石に加工し、長軸を縦に6枚で六角形に組合せて積上げ井戸枠にしたものが目立つ。この形態の井戸枠は同時期の他の中世都市に例はなく、府内独特のものといえる。また、第2南北街路に近い魚之店周辺は、約2ｍ×3ｍの竪穴遺構が多数検出されており、中には壁面を石積みしたものもある。こうした遺構は、半地下式の倉庫と想定されている。

3 大友館・万寿寺周辺

　第2南北街路は、豊後府内を南北に突抜ける街路で、大友館や万寿寺、御蔵場など、豊後府内のみならず、豊後国支配のための主要施設が建ち並ぶ。

（1）大友館とその周辺
①大友館
　豊後国の守護職大友義鎮は、天文19年（1550）に家督を継いだ約10年後、府内を去り、政庁を臼杵に移す。しかし、ヴァリニャーノが府内に着いた1580年頃の府内の大友館は先に紹介

したように「新国王が居住し、彼がこの首都を統治している」と記述している。新国王とは、22歳になった大友義鎮の嫡男義統を意味し、府内の大友館が整備され、政治の拠点化していることを物語っている。すなわち、義統の家督継承により、臼杵＝義鎮、府内＝義統の体制の確立を目指していたといえる。

府内古図の大友館には、象徴的であるが、方形の区画の東側に白壁の築地塀に大きな門と小さい門が描かれている。また、文献史料では、宗麟・義統が発給した「土囲廻塀」普請を命じた文書がある。この発給時期は義統の文書の花押の形状から天正元年（1573）頃と想定されている。この年は、義統が15歳で家督を継いだ年であり、そのことが契機となり、府内の大友館の再整備が開始されたと推測できる。さらに、除国された大友義統が文禄4年（1595）常陸国水戸で作成させた「當家年中作法日記」[12]には、館内の施設として「大門」「対面所」「公文所」「記録所」「馬立所」「遠侍」等の名称を見ることができる。

館内の発掘調査では、府内古図から復元した二町四方を大友館と想定し、その検証にあたっている。その結果、1580年頃の大友館は、東北部が周辺より盛土で高くなっており、その部分に主殿と思われる大型礎石建物が立っていた痕跡が確認されている。この主殿から南側に見下ろすように、池を中心にした大規模な庭園が設けられている。池は東西約66m、南北16m以上で、景石を配しており、周囲には松が植栽されていたと思われ、松毬が多量に出土している。また主殿の裏手にあたる北側には、館内の儀式に使用したと想定される京都系土師器を大量に廃棄したあとが検出されている[13]。

大友館を区画する施設は、東側で確認されている。それによると、14世紀代から16世紀後葉まで南北方向に約240mにわたり、ほぼ同じ位置に、同じ方向で規模や形態、長さを変えながら溝が掘り込まれている。しかし、1580年頃にはこれらの溝は埋め立てられ、大友館は街路で四周を囲まれた館となっている。ただ、南東隅では区画溝の内側に平行するように16世紀後葉の土塁が確認されている[10]。

②桜町

大友館の東側は第2南北街路が府内の町を貫いている。この街路は、府内古図には直線で描かれているが、発掘調査の結果、大友館の東北隅で東西方向に通じる街路と古絵図どおり交差点を形成するものの、第2南北街路は、直線では通じず、東に鍵の手状に曲がることがわかった。すなわち、大友館が東に数m突出するため、その分屈曲する。

この街路の構造は、約50cmの厚さで版築状に固められている。整備時期は、出土遺物から16世紀後葉と想定されている。街路の方位はN-4°-Eで、地山を若干掘り窪め敷設している。幅は約11mあり、北側の交差点では「府内古図」に描かれる木戸跡と思われる一対の柱穴が検出されている[14]。

この街路の東側に建ち並ぶのが桜町である。桜町は北側を第1南北街路から西に延びる名ヶ小路、同様に南を東西方向の御所小路に挟まれた町屋である。この二つの街路の間隔は約128mであり、これが桜町の町並みの規模となる。この町の成立に関連する文献資料とし

ては、大友義統が家臣の税所越中守に対し、祇園社の神領として町屋敷の差配権を保証するため発給した文書がある。そこには「府内屋敷　祇園御神領之義、其方可有格御候、然者東之築地至外通者、町人召移、以屋敷料、右社頭上葺等可有馳走之由、……」とある[15]。「府内古図」に築地が描かれているのは「大友館」と「万寿寺」である。「然者東之築地至外通者」という記述は築地の東側に街路や町屋が存在することをうかがわせ、この築地を大友館のものと考えれば、桜町と想定できる。この文書の発給時期は義統の花押の形状から天正元年（1573）頃と想定されている。

　このように、桜町は16世紀後葉に新たに設置された町屋の可能性が強い。発掘調査の結果も、この町屋の成立を裏付けており、大友館の東側は16世紀後葉以前と以後では大きく異なる。16世紀後葉以前は生活の痕跡がほとんど認められない。ところが、それ以後になると、桜町に当たる部分は、全域にわたり土取りと思われる掘削事業が行なわれ、土層断面の観察では、第２南北街路の東側を切っている。しかし、その直後埋め立て事業が行なわれ、桜町の町屋の整備を行なっている。この街路整備、土取り事業、町屋建設はほぼ同時並行で行なわれた可能性が強い。

　発掘の結果、町屋の状況は、第２南北街路を間口として３～６ｍ間隔で柱穴列が検出された。その区画は20数区画で、短冊形の地割りとなっている。義統の発給文書に見られる町屋はこの区画と関連する可能性が強い。建物は、一部に礎石が検出されたが、洛中洛外屏風図に描かれる地面に直接横材を置き、柱を立ち上げる家屋も想定できる。この町屋を区画する柱穴列は、N-９°-Eを示す第１南北街路と直交する名ヶ小路と御所小路と平行するため、入口をとなる第２南北街路とは直交しない。こうした町屋の裏手には、井戸が配置されており、その数から共同井戸と考えられる。

　中でも、桜町の北端の名ヶ小路との交差点の内側で検出された礎石建物は、大区画内に６尺５寸を１間とし桁行５間、梁行２間の建物を交差点側に中庭を持つようＬ字状に配置している。この中庭にあたる場所からは、青銅製品を製造したと思われる炭化物と緑青が混入した土壌が検出され、その製品と思われる遺物も多数出土している。そのひとつが分銅である。分銅は、薄い円筒形をした太鼓形分銅と呼ばれるもので、片面に大友家の定紋である「三」の文字が陽刻されている。このような分銅は府内で60点が出土しているが、八割が桜町出土で、この礎石建物周辺からは28点が出土している。製造されたもうひとつの製品はメダイである。キリスト教徒の信仰具であるメダイは、豊後府内で多く出土しているが、その大半がこの礎石建物周辺からの出土である。

　また、この礎石建物の周辺からは、多量の中国・朝鮮産の貿易陶磁器の優品や軟質施釉陶等の茶道具が出土している。この建物の住人は大友家の定紋を扱い、商取引の基準となる度量衡を管理する立場にあり、大友館の面前に居住することから、大友家と密接に結びつく人物と考えられる。

　その他、桜町の住人は、天正17・18・19年の伊勢参宮帳である「天正十六年参宮帳写」に

よると[16]、21名の名前があり、僧侶や武家の名称もあるが、14名は姓が記載されていない。出土遺物の中には、表具師が用いる丸包丁などが出土していることや、町成立の要因が屋敷料の徴収であることから、1580年頃の桜町は商職人の町と理解できる。

③唐人町

この桜町の北側は、府内古図C類には「称名寺」と記載され、寺域の広さは、万寿寺に続き府内2番目のとなっている。しかし、寺伝によると永禄年間（1558～1570）に称名寺は沖の浜に移転しており、1580年当時は無住の寺院または異なる目的で使用されていたと思われ、府内古図A類には無記入である。

この場所の西側、大友館の北側は唐人町である。明は海禁政策を採っていたが豊後府内には、さまざまな事情で中国人が移り住んでいる。中国船は天文10年（1541）に神宮浦（大分市）に漂着したのをはじめ、16世紀代には相次いで来港している。また、活動が激化している倭寇に拉致された人々や、自らの技術を頼りに移住してきた人々もいる。こうした人々の名前は天正17・19年の伊勢参宮帳に「たう人まち」「唐人町」に居住する人物として記帳されている。唐人町の発掘調査結果によると、検出された遺構の時期は16世紀後葉から末葉の遺物が多く、成立時期を暗示している。また、遺物も貿易陶磁器が出土した土器・陶器類の中で21％を占め[17]、「府内」の各発掘調査区の中では高率で、唐人町を特徴付けている。

④横小路町

唐人町の北部、称名寺跡北側には、第1南北街路から第2南北街路に通じる東西方向の街路で両側町の横小路町がある。発掘調査の結果、この街路は10m～9.5mの幅で約50cmを掘下げ、版築状に土砂を積上げた構造を持つことがわかった。また、横小路町の街路から北に約12m離れて街路に直交する配置で、10個の備前焼の大甕を2列に並べて埋設した遺構を検出した。その配置や位置から、街路に開口した家屋（店舗）の裏手にあたり、大甕の配置は、藍染め用の甕に類似する。フロイスは酒屋の風景を「日本人はその酒を大きな口の壺に入れ、封をせず、その口のところまで地中に埋めておく」[18]と記述しており、これも酒屋などの液体物を管理する施設であったことは間違いあるまい。

さらにこの遺構の周辺からは、中国産・朝鮮産・ベトナム産・タイ産・ミャンマー産の陶磁器が多量に出土し、南蛮貿易の実態を示している。そうした中、日用品の擂鉢が中国南部製であることから、この地域と直接交流のあった人物が居住する家屋と理解されている。すなわち唐人町も近く、大甕に液体を溜める施設を用いて商業・生産活動を行ない、海外と直接的な交流を持つ商職人が居住していたといえる[18]。

⑤御所小路町

御所小路町は、府内古図に、第1南北街路から大友館の正門に通じる東西方向の街路沿いの両側町として描かれている。発掘調査で確認された御所小路町の中心となる街路は、第2南北街路のように、版築構造の整備はしてないが、硬化面が確認されている。幅は約6mで北側に溝を配し、約165mの規模である。

町屋の状況を、広い調査区画の南側で見ると、16世紀後葉〜末葉の遺構は区画性の強い溝が検出されており、桜町とは様相を異にする。区画の大きさは30m〜50mあり[19]、位置が、大友館の正門前であることや、近世城下町に移転していない町名であることから武家地と想定できる。

⑥御内町

府内古図の御内町（おうち）は、御所小路町の南側、大友館の正門前の第2南北街路沿いの町屋として、桜町と共に描かれている。この御内町の南側を隔する施設として、東西方向の街路が直線的に描かれている。これは、第2南北街路と交差点を形成し、大友館の南境の街路となり、前項で述べた第4南北街路へと通じている。

町屋の構造は、街路沿いに建物が並び、裏手には廃棄土坑や井戸が検出され、第2南北街路から約30mの位置に、こうした施設を区画する背割り溝が刻まれている。なお、第2南北街路の御内町が面する長さは、桜町のそれとほぼ同じで、約128mである。

（2）万寿寺とその周辺

①万寿寺

万寿寺は徳治元年（1306）に創建された禅宗寺院で、五山十刹にも列せられた九州有数の寺院で、以来幾度かの火災と再建を繰り返している。府内古図では、万寿寺の北西角が大友館の南東角と街路を挟んで隣接し、府内での占有面積は大友館より広い。また寺院の南側は瓦を葺いた白壁の築地塀に、二階建ての山門風の門と小さい門が描かれ、その南側に五重の塔を配置している。文献史料では、寛文4年（1664）頃に万寿寺の乾叟和尚（けんそう）が永禄9年（1566）の古紙から解き起こしたと伝えられる「禅餘論」によると[20]、「總門」・「山門」・「仏殿」・「法堂」・「祖師堂」・「僧堂」・「鐘楼」・「風呂」・「雪隠」・「西浄」・「東司」・東西の「方丈」など主要建物の他、「寮」や「軒」・「閣」と呼ばれる五十数棟の施設が記述されている。なお、府内古図に描か

図4 万寿寺西側で検出された礎石建物群

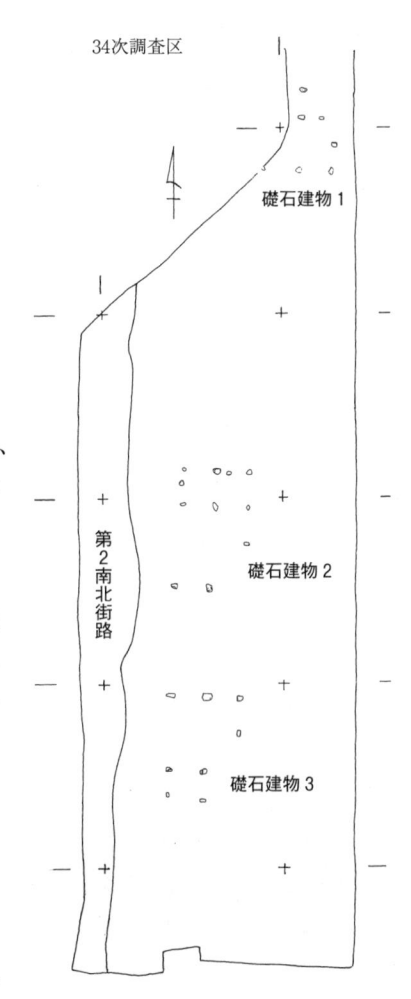

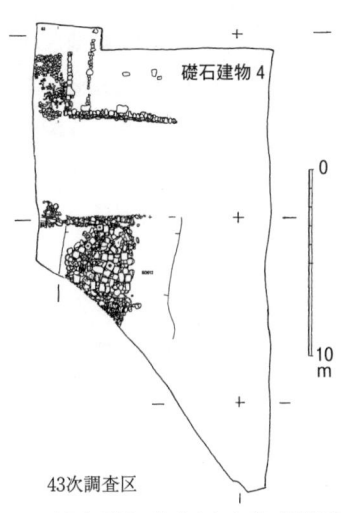

れる万寿寺南の五重塔についての記述は見られない。

　また、万寿寺の様子は、宣教師も書き残している。宣教師ガルパス＝ビレラの1571年付の書簡では「豊後国において国王の居住せる府内という市に多数の大いなる僧院あり、特に二つは甚だ立派にしてその一つ〔万寿寺ならん〕は坊主150人を有し、収入多く、寺は建築後年を経たるがゆえに新しからざれども、地所甚だ広く、うちに多数の庭園あり。果物ならびに薔薇、その他目をたのしむるもの植えたり。この僧院は豊後の諸王の墓所にして、これがため収入豊なり。彼等は教壇より説教をなし、朝夕祈禱の定時あり、国王の庇護を被るがゆえに甚だ傲慢にして、各種の罪を犯して躊躇せず」[21]と報告している。

　1580年にヴァリニャーノが目撃した万寿寺境内は上記のような状況であったと推測できるが、発掘調査の結果、さらに万寿寺の周辺は堀で囲まれていることがわかった。この堀は、16世紀初頭すでに掘削されていたのを、1560年～1570年頃、外側に向けて拡張している。その結果、堀の規模は、幅が約8ｍ、深さ2.5ｍで断面逆台形の形態になっている。その背景には、1560年頃府内の統治者である大友義鎮が臼杵に政庁を移転することにより、治安の悪化から防御機能を高めたものと推測する。

　こうした、万寿寺の不安は的中し、その後この堀は、埋め立てられ、西側の築地塀ともに宅地化する。発掘調査では、堀を半分から3分の2程度埋め、人頭大の川原石や石塔の部材で堀に直交する石積みを築き、その間を埋め立て、それを南北方向に拡張しながら宅地化し、礎石建物が立ち並ぶ町並みを造り出している。このため、寺域内の西寄りは16世紀末葉の廃棄土坑や井戸が検出され、他の町屋の状況と同じ構造になっている（図4）[22]。

　この状況を示す文献史料では、天正10年（1582）、新領主である大友義統が家臣の柴田礼能に対し、発給した文書に「一、万寿寺築地之内并西之屋敷両所、令所望候之義、一、一府之内万寿寺屋敷之事、無残所預置候事……」[23]とある。この文書を分析した渡辺澄夫は、柴田礼能を府内の町役人的な人物と評価している[24]。

　こうした史料から、発掘された万寿寺の西側の屋敷は、キリシタンの武将である柴田礼能が、堀を埋め立て、宅地開発を行なった結果、建てられた礎石建物と考えられる。そのため、豊後国の領主である大友義統が開発者で所有者となった柴田礼能に対して、文書に「所望」の文字を用いたのであろう。

　なお、柴田礼能は豊後のヘラクレスと宣教師たちに評されたキリシタンの武将で、大友義鎮・義等の信頼も厚く、最終的には、天正14年（1586）島津氏が豊後に侵攻したさい、臼杵の市街戦で親子共々討ち死にしている。

　このように、万寿寺西側境の堀の拡幅、埋立てによる宅地化の結果、第2南北街路は、東側半分を失い、大友館前は幅約10ｍあるものの、万寿寺西側沿いは4～5ｍ程度に細くなる。また、北側境の堀も埋め立てられ、東西方向に延びる街路となり、堀之口町が北側に展開する片側町として府内古図に描かれている。

　「禅餘論」や宣教師の書簡に書かれているように隆盛を誇った万寿寺であるが、1581年10

月13日、畿内の巡察からヴァリニャーノが臼杵に帰着するのを待って臼杵の教会建設が始められた頃、突然焼失する。その様子は、「豊後国中でもっとも豪華で大いなる伽藍をもつ主要な寺院が当市〔府内〕の最良の地にあった。この寺院は我らが臼杵の教会に礎石を据えた週の或る夜、火を発し、寺内より一物も持ち出せぬまま全焼した」[25]と報告されている。

ヴァリニャーノが豊後府内に滞在した1580年の秋から1581年の早春、万寿寺の西側は、堀が機能していたか、埋立作業中か、すでに西之屋敷が完成していたか不明であるが、万寿寺の七堂伽藍を始めとする建物群は最後の姿を見せていた。

②小物座町

万寿寺の西側の第2南北街路を南に向かうと、府内の「市」を抜き、郊外に出る。その途中に小物座町はある。京都の小物座を分析した高橋康夫によると[26]、小物座の商人は全て女性であり、一軒の家を数人から十数人の同業の商人で利用する。このため、1名あたりが街路に面して商業活動をするのは容易でなく、担ぎ歩く櫃一台を置くのがやっとである。また、洛中洛外図屛風には櫃をもって商いをしている商人は、ほとんど全てが地面に座り込んでいる露天商人として描かれている。このような状況から、小物座・腰座は、屋根のみで床がない建物の中で、地面に座って営業していたと想像している。

豊後府内の小物座町は、郊外に近い位置でもあり、櫃に入る程度の商品を担いで郊外から訪れ商う人々、またはそれに由来する町屋であったと考えられる。

4 清忠寺町・横町・上市町周辺

大友館や万寿寺のある第2南北街路から東に抜けると、大分川に沿って南北に敷設された第1南北街路がある。府内古図では、この街路は、南寄りで万寿寺の境内で分断されている。このため、万寿寺を境に南側の町屋には、門前町と思われる寺小路町がある。

一方、北側の街路沿いには南の万寿寺側から清忠寺町・横町・上市町・工座町・下市町などの町名があり、職商人の居住する地域として理解されている（図5）。特に府内古図C類の工座町の町名の部分に「ヒモノ町コト」と記述しており、より職種を具体的に示している。

①清忠寺町・横町

第1南北街路の方位は、N-9°-Eを示し、第2南北街路とは異なる。府内古図によると清忠寺町には、小さく寺が描かれており、この町屋名の元となる清忠寺と推測できる。町屋は街路沿いの両側町と考えられる。また第1南北街路から東の大分川に抜ける街路も描かれており、そこには横町の名称が付けられている。

この地域の発掘調査は、第1南北街路の両側で行なわれている。東側での発掘では、府内古図に描かれる横町の東西方向の街路を確認している。その規模は、最大幅が約4.5mで、約50cmの厚さで版築状に路面を整備している。この横町の街路に面する町屋については、南側は、第1南北街路に面する清忠寺町の町屋の範囲が終わる所から始まる。その範囲は、約20mで、建物遺構の裏手に廃棄土坑群が検出されている。その南側は清忠寺の寺域となって

おり、土坑墓が検出されている。

　北側は、第1南北街路に面した町屋が大区画であるため、横町の街路に面した町屋の状況は不明である。この大区画の町屋は、それぞれの町が街路に区画されるのであるならば、上市町の南端の角地にあたる。発掘されたその町屋は、大規模な焼土・碗形滓が出土することや、安山岩製大型フイゴの羽口が大量に出土していること、周辺から鉄製品が多数出土ことから、常設の鍛冶屋と報告されている[27]。

　一方、第1南北街路の西側の調査は、大友館の正門前から東に延びる御所小路と第1南北街路が交差する三叉路の南側を発掘している。その結果、第1南北街路は、幅約6mで、15世紀末から嵩上げされながら整備され、16世紀後葉には厚さが50cm以上になっていることがわかった。また、清忠寺町の町屋は間口を第1南北街路に向け、3.6m〜5mの間隔で柱穴列によって区画されている。奥行き約45mの短冊型の地割りをしており、裏手からは井戸や

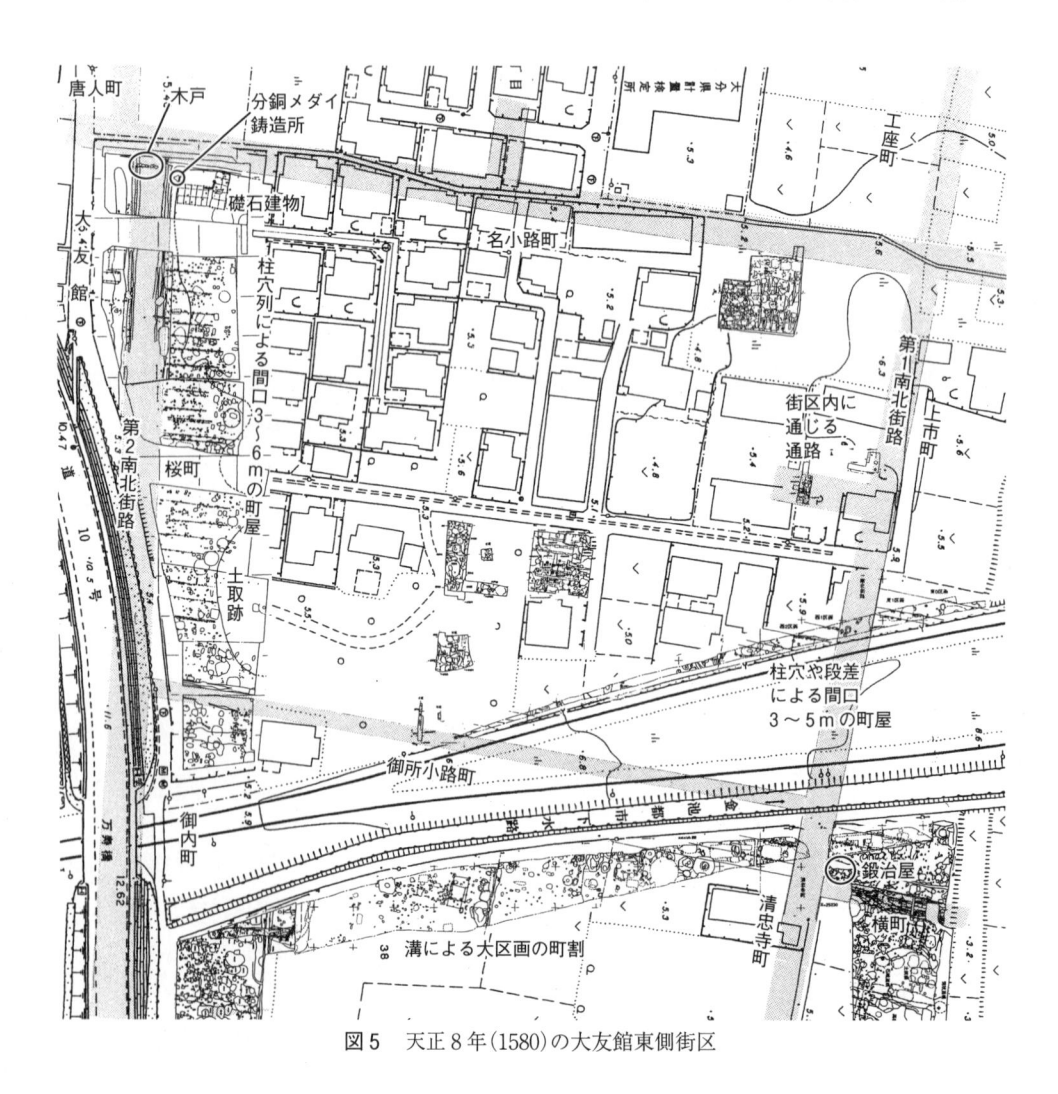

図5　天正8年(1580)の大友館東側街区

廃棄土坑が検出されている。
②上市町
　清忠寺町の北側にある上市町については、御所小路を南の境とし、名ヶ小路を北の境とする長さは約126mの町屋である。上市町に関連する文献史料では、大友家の重臣田原紹忍(たわらしょうにん)が発給した文書に「一符之内、上市岩田与三兵衛入道事、計屋之儀候条、上毛郡・下毛郡売買人、彼者所江罷着肝要之段、可被申付候、為存知候、恐々謹言」[28]と記述されたものがあり、府内の上市町に岩田与三兵衛という、商取引をする上で重要な計屋がいることを示している。
　発掘調査を実施した御所小路の北側では、自然堤防の緩い斜面を削り小さな段差や柱穴列を造りながら町屋区画を形成している。その間隔は間口が3.5m～5mで、奥行き27mの短冊形地割りの両側町となっていることがわかった[19]。この裏手の状況については、名ヶ小路沿いの調査で、廃棄土坑や井戸が検出されている。さらに、この上市町の街路沿いの中程からは、第1南北街路から街区の中部に入る通路を検出している。
　ところで、上市町を含む、大友館の東側の街区は、桜町が約128m、名ヶ小路町は約180m、御所小路町は約165mで、上市町は約126mで、その占有面積は約21700m^{2}となる。しかし、町屋の奥行きは街路沿いの約30mであり、その内部は広い空閑地となる。よって、第1南北街路沿いの中程から街区の中部に入る通路は、内部の土地利用に係わる遺構と考えられる。
③今小路町
　上市町と工座町の境は大友館の北側を区画する街路が東に延びて十字路を形成している。この交差点からさらに東側の街路沿いは今小路町となっている。元亀元年（1571）この町にあった惣道場と呼ばれる寺院に中国人が梵鐘を寄進している。府内古図にこの惣道場は描かれていないが、岡山県余慶寺に残るその梵鐘には、「奉寄進鐘之事　大日本国九州豊後国大分郡府中今小路惣道場、右願主大明、台州府　盧高、平羊県陽愛有」とあり、さらに日付も刻まれている[29]。

5　「府内古図」に描かれなかった「府内」の主要施設

　ヴァリニャーノは臼杵・府内を中心に約半年、豊後に滞在した。この間、彼が目撃したであろうが、府内古図には描かれていない府内周辺の重要施設がある。
①上原館
　第4南北街路を南に行くと、高崎山の山塊から東に延びる上野丘陵にいたる。町屋との比高差は約30mの高台で、北側に大友館を見下ろす位置に、南北156m、東西112～130mの規模で土塁に囲まれ、北西隅に約30mの張り出しをもつ館跡が残されている。この城館についてフロイスは1586年のこととして「豊後国主の嫡子〔義統〕は、薩摩軍が攻めて来た時に身を守り得るために、他の二名の関白の主将とともに上原と称するある場所に一城を築くことを決した」と記述している[7]。
　しかし、発掘調査の結果、この館の土塁は、15世紀後半～16世紀前半と16世紀後葉の二度

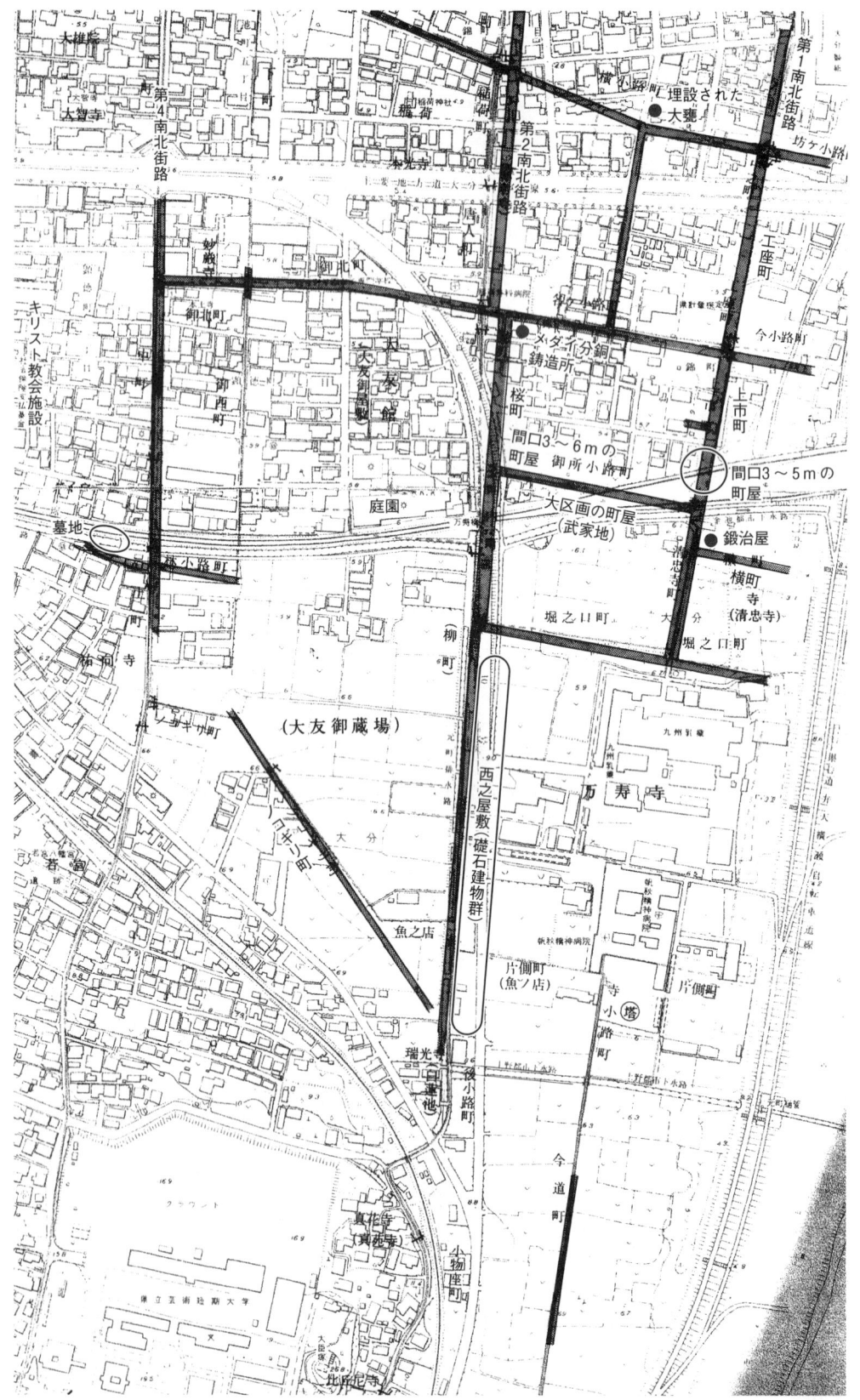

図6　天正8年(1580)の豊後府内想定図

築かれており、後者の時期には嵩上げされていることがわかった[30]。フロイスの記述は嵩上げ事業のことと想定され、ヴァリニャーノの滞在中には、それ以前の古い土塁に囲まれた城館が存在していた。

②金剛宝戒寺・円寿寺

この「上原」のある丘陵には、1580年頃、律宗寺院である金剛宝戒寺と天台宗寺院の円寿寺が建っていた。金剛宝戒寺は14世紀初めに大友貞宗（6代）が、丘陵の南側の古国府で廃れていたものを上野の丘陵上に移転したと伝えられている。円寿寺も、金剛宝戒寺とほぼ同時期、上野丘陵の南側沿いにあった岩屋寺を、大友貞親（5代）・弟の貞宗が丘陵上に移転させている。

③沖ノ浜

「沖の浜」は府内の外港として、宣教師たちの書簡に度々登場する。たとえば「1559年……彼らは府内の司祭館に別れを告げた後、その町から半里足らずの沖の浜の港で乗船した」[31] とある。また1555年に府内を訪れた鄭舜功が著した「日本一鑑」には「中国・広東を出発、日本を目指し、途中大風に流されながらも、豊後の澳濱〔沖の浜〕に到着した。そこから馬に乗り、豊後国主大友義鎮と面会した」[32] とある。

以上のような記述内容から、沖ノ浜は大分川河口の別府湾にある砂洲で、干満によって島や、馬で渡れる程度の浅瀬か、陸続きになっていたものと想像できる。

おわりに

1580年、ヴァリニャーノが見た豊後府内は、六年後の天正14年12月、薩摩国の島津氏の侵攻を受け、焼失する直前ともいえる。発掘調査では、この時に起因すると考えられる焼土層直下から、中国を始めとする多量の貿易陶磁器や備前焼等の国内産陶磁器が出土し、活発な商業活動が行なわれていたことがわかる。また、衣食住に関わる多様な生活道具、さらに鍬や鋤等の農具、鞴（ふいご）・坩堝（るつぼ）等の生産具、信仰具や遊具、町屋から茶道具も多数出土しており、充実した生活ぶりを知ることができる。

こうした町衆の状況は、天正14年に豊臣秀吉の命で、大友氏の援軍として府内に進駐した仙石秀久が、「府内之町家数五千計御座候」と戸数に関して述べ、町屋組織についても「其町々のおとな共」と自治組織の存在を伝えている。こうした、町衆の存在を背景とし、フロイスの記述する府内最大の祭礼である祇園会がとり行なわれていたと考えられている[33]。この頃、国主大友宗麟は政庁を臼杵に移しているが、府内の町衆の賑わいは、ひとつのピークを迎えていたと考えられる。

また、府内のキリシタン達にとってもこの頃は、キリスト教に改宗した領主大友宗麟がますます信者たちを保護し、住民達に改宗を進める幸福な時期であったといえる。ヴァリヤーノが日本を「都」「豊後」「下」の3布教区に分けたのもそこに理由があると考える。

1581年3月8日、ヴァリニャーノは約半年間滞在した豊後をあとにし、沖の浜から堺に向

けて船出する。約10日間の航海で堺に到着し、織田信長に謁見し、安土での神学校開校、イエズス会員による協議会の開催などを行ない、畿内に約半年滞在する。その後、再び堺から出港し、太平洋航路を通り、ほぼ一か月かかり、10月13日に臼杵に帰着する。臼杵では教会建設に立ち会い、8日間滞在したのみで、船で南九州を経由して長崎に着く。そして、日本布教の成果を示すため、キリシタン大名である大友・有馬・大村の名代として、4名の少年とともに、1582年2月20日、長崎を離れ、第1次日本巡察を終える。

　ヴァリニャーノはその後、1590年と1598年の二度、巡察師として来日を果たすが、再び豊後府内を訪れることはなかった。

（1）　松田毅一・川崎桃太訳『完訳フロイス日本史 7 大友宗麟篇Ⅱ』中公文庫　2000年
（2）　松田毅一他訳『ヴァリニャーノ　日本巡察記』東洋文庫　1973年
（3）　木村幾多郎「府内と府内古図」『南蛮都市　豊後府内――都市と交易――』中世大友再発見フォーラム大分市教育委員会・中世都市研究会　2001年
（4）　五野井隆史「豊後府内の教会領域について――絵図・文献史料と考古学資料に基づく府内教会の諸施設とその変遷――」『東京大学史料編纂所研究紀要』第14号　2004年
（5）　大分県教育庁埋蔵文化財センター『豊後府内6』（大分県教育庁埋蔵文化財センター調査報告書　第15集）2007年
（6）　松田毅一・川崎桃太訳『完訳フロイス日本史 6 大友宗麟篇Ⅰ』中公文庫　2000年
（7）　松田毅一・川崎桃太訳『完訳フロイス日本史 8 大友宗麟篇Ⅲ』中公文庫　2000年
（8）　岡田章雄訳注『ルイス・フロイス著　ヨーロッパ文化と日本文化』岩波文庫　1991年
（9）　村上直次郎訳・柳谷武夫編輯『イエズス会士日本通信上』新異国叢書1　雄松堂　1968年
（10）　大分県教育庁埋蔵文化財センター『豊後府内1』（大分県教育庁埋蔵文化財センター調査報告書　第1集）2005年
（11）　大分県教育庁埋蔵文化財センター『豊後府内9』（大分県教育庁埋蔵文化財センター調査報告書　第24集）2005年
（12）　「當家年中作法日記」田北学編『増補改訂　編年大友史料31』1970年
（13）　坪根伸也「大友館の変遷と府内周辺の方形館」『戦国大名大友氏と豊後府内』高志書院　2008年
（14）　大分県教育庁埋蔵文化財センター『豊後府内4』（大分県教育庁埋蔵文化財センター調査報告書　第9集）2006年
（15）　「日野文書1」大分県史料刊行会『大分県史料9』1956年
（16）　「後藤作四郎文書」大分県史料刊行会『大分県史料25』1964年
（17）　大分市教育委員会『大友府内6』2003年
（18）　大分市教育委員会『大友府内5』2003年
（19）　大分県教育庁埋蔵文化財センター『豊後府内3』（大分県教育庁埋蔵文化財センター調査報告書　第8集）2006年
（20）　乾叟和尚『禅餘論』郷土史蹟傳説研究會　1931年
（21）　村上直次郎訳・柳谷武夫編輯『イエズス会士日本通信下』（新異国叢書2）雄松堂　1968年
（22）　大分県教育庁埋蔵文化財センター『豊後府内7』（大分県教育庁埋蔵文化財センター調査報告書　第16集）2007年
（23）　「大友松野文書7」大分県史料刊行会『大分県史料25』1964年
（24）　渡辺澄夫『増補改訂　豊後大友氏の研究』第一法規　1981年
（25）　松田毅一・川崎桃太訳『完訳フロイス日本史 10 木村純忠・有馬晴信篇Ⅱ』中公文庫　2000年
（26）　高橋康夫「中世都市空間の様相と特質」『日本都市史入門Ⅰ 空間』東京大学出版会　1989年

(27)　大分市教育委員会『大友府内10』2007年
(28)　「蠣瀬文書　下巻」大分県史料刊行会『大分県史料8』1958年
(29)　邑久町史編纂委員会『邑久町史　文化財編』邑久町　2002年
(30)　大分市教育委員会『上野大友館（上原館）跡』2000年。大分市教育委員会『上野大友館（上原館）跡　第4次調査』（大分市埋蔵文化財年報vol.12　2000年度）2001年
(31)　松田毅一・川崎桃太訳『完訳フロイス日本史1　織田信長篇Ⅰ』中公文庫　2000年
(32)　大分市教育委員会『府内のまち　宗麟の栄華』中世大友再発見フォーラムⅡ　2006年
(33)　鹿毛敏夫『戦国大名の外交と都市・流通』思文閣出版　2006年

【コラム】

豊後府内のキリスト教会墓地

田中 裕介

▶キリスト教との出会い◀

 16世紀の豊後府内はキリスト教と日本が出会った最初の場所であった。大友宗麟の回想によれば、1545年（天文14）以来ポルトガル人商人が豊後府内に居住し、若き宗麟は彼らがキリスト教を信仰する姿に興味を示している。1551年（天文20）9月にはフランシスコ・ザビエルが豊後府内を訪れ、宗麟に面会した。これが豊後府内とイエズス会の初邂逅である。翌1552年（天文21）には、バルタザール・ガゴ司祭をはじめとするイエズス会の伝道団が府内に到着し、豊後におけるキリスト教布教が本格化する。

▶教会と墓地◀

 イエズス会史料（宣教師書簡、フロイス『日本史』など）によれば、豊後府内の教会は1553年（天文22）に初めて建設され、早くもそのなかに墓地が設けられる。イエズス会は1556年（弘治2）に隣接する敷地を新たに購入し、1557年（弘治3）に当初の敷地を病院と墓地に二分する。墓地はこのように一貫して教会敷地内に存在していた。

 それではその教会はどこにあったのだろうか。その場所を教えてくれる史料が「府内古図」である。その古図によれば、大友館の背後にあたり寺院が集中する南北街路に面して「ダイウス堂」と記載された敷地の表現があり、その場所はイエズス会史料の記載とも矛盾せず、今日の大分市顕徳町付近と想定される。

 ところでイエズス会史料が伝える豊後府内における葬送記事によれば、教会内で葬式が行われた後、葬送の行列を連ね郊外の墓地に葬られたとする記述があり、身分的社会的地位が高い信者は、伝統的な一族の墓所に葬られた可能性が高い。では教会内の墓地には、一体どのような人々が葬られたのだろうか。五野井隆史氏は教会以外に身寄りのない信者や、信者以外の病死者、育児院でなくなった幼児や小児の墓であった可能性を指摘する（「豊後府内の教会領域について」『東京大学史料編纂所研究紀要』14、2004年）。

 その後、府内教会は1587年（天正15）に島津軍侵入による戦乱と豊臣秀吉による伴天連追放令によってその歴史を閉じる。

▶中世大友府内町跡第10次調査◀

 2001年（平成13）3月、JR大分駅の高架化に伴う中世大友府内町跡の発掘調査は、教会推定地に最も近接する場所にさしかかった。そこで1基の墓が発見された。頭を北に向け仰向けに足を伸ばした伸展葬の人骨が、長方形の木棺に納まっていた（写真1）。その埋葬方法は、当時知られていたキリシタン墓地である大阪府高槻城キリシタン墓地の埋葬とよく似ていた。以後その周囲から合わせて18基の墓が続々と発見され、墓地の一角であることが判明した。

 その墓地の位置は教会推定地の南端に当たり、調査が進むにつれて、1590年代の地層で覆われた16世紀後半の埋葬であることも判明した。その結果、墓地の継続時期が史料からわかる教会の存続

写真1　1号墓（「中世大友府内町跡第10次調査」より）

時期と一致すること、古図研究にもとづく教会推定地と発掘墓地の位置が一致することから、発掘された墓地は豊後府内のイエズス会府内教会の敷地内に設けられた墓地の一部であると考えられた。

▶墓地の内容◀

教会以前に溯る1基を除く17基の墓は前後の二時期に分かれることが、墓の重なりと配置状況から判明した（図1）。

墓地前半の墓は8基からなる一群である。すべてが7～8歳以下の幼小児を直葬した墓である。1基は木棺の可能性がある。埋葬姿勢は横臥屈葬が多く、伸展葬は確認できない。東西数m程度の狭い範囲に次々と幼小児を葬ったものである。短期間に埋葬された可能性が高く、1560年代を中心とする時期と推定される（図1上）。

墓地後半は規則的に配列された5基の成人墓と、その周囲に配された4基の幼児墓からなる。1基を除き長方形の木棺を使用している。1・4・8・9号墓の4基は、南北方向に木棺を配置し、北頭位で被葬者を安置する成人埋葬である。東西に2～3mの間隔をあけて葬られている。1号墓は伸展葬で2号墓もその可能性があるが、4・8・9号墓は横臥屈葬である。さらに9号墓の周囲には幼児を伸展葬で葬った10・11号墓、さらにその間に18号墓が配されている。8号墓の横にも幼児が屈葬された12号墓が葬られていた。成人埋葬の9号墓を中心とした周辺3基の幼児埋葬の一群と、成人埋葬の8号墓と幼児埋葬の12号墓からなる一群は、なんらかの血縁者を葬ったものと推定される。後半の墓は1570年代～80年代と推定される。墓地の北を画すように溝（SD131）が掘られ、その溝と道路に挟まれた空間に墓が並んでいたものと推定される（図1下）。

▶特色◀

以上のように中世大友府内町跡第10次調査区で発見された墓地は、1553年～1587年に存在したイエズス会府内教会の敷地内に設けられたものであったと考えられる。幼小児ばかりが葬られた墓地から、列状に配列された成人墓を中心に幼児墓

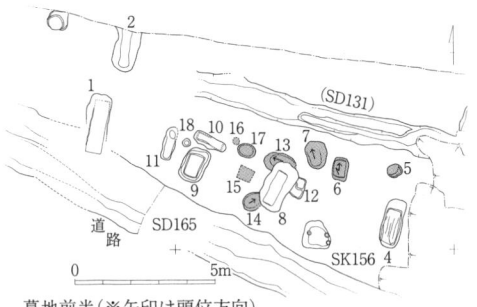

墓地前半（※矢印は頭位方向）

墓地後半（※矢印は頭位方向）

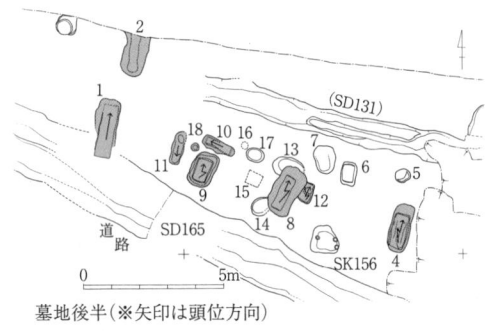

図1　豊後府内教会付属墓地の変遷

を追葬した墓地に推移した（大分県教育庁埋蔵文化財センター『豊後府内6』2007年）。

しかし伸展葬・長方形木棺というキリシタン埋葬様式を持つ墓は多くても4基に過ぎず、ほかの墓は屈葬あるいは座葬で方形木棺に葬られるという中世日本の伝統的埋葬様式をもっていた。そこから考えられることは、キリスト教会の墓地であってもキリシタンのみが葬られたわけではないことである。伸展葬・長方形木棺に埋葬された被葬者はキリシタンであった可能性は高いが、横臥屈葬・方形木棺といった伝統的埋葬様式に葬られた人々がキリスト教徒であったとはいえない。その点は五野井氏が指摘したとおりであろう。豊後府内教会墓地の性格を示す貴重な調査成果である。

〔参考文献〕

田中裕介「イエズス会豊後府内教会と附属墓地」『戦国大名大友氏と豊後府内』高志書院、2008年

肥前大村の成立過程

大野安生

はじめに

　長崎県本土部のほぼ中央に位置する肥前大村は、戦国〜近世にわたる大村氏の本拠である。戦国時代の大村純忠は日本最初のキリシタン大名で、長崎開港や遣欧少年使節派遣で知られる。北の松浦氏、南の有馬氏といった強力な戦国大名に挟まれた位置にあって、わずか彼杵郡の掌握さえ苦心した大村氏が取った戦略は、その後の歴史に大きな影響を及ぼした。
　ところで大村氏は戦国〜江戸時代にかけて、当地に2つの城下町を前後して造った。ひとつは近世城下町で、慶長4年（1599）、初代藩主大村喜前（19代）が玖島川河口の玖島に居城を置いたことに始まった。もうひとつは本稿で主題とする中世拠点、三城城下町である。かつて大村川と呼んだ大上戸川中流域の左岸低湿地に接する丘陵上に三城城、右岸扇状地に城下が広がる。城下の歴史はさらに古く、大村館時代に始まった。以下では文献・古地図・地籍図および考古資料に基づき、中世大村氏の本拠が、優れた都市計画に基づく町並みを呈していたことを述べたい。

1　戦国時代の大村氏

　近世大村氏の系譜を遡ると、正暦5年（994）に彼杵郡へ下向したとあるが、これは今日では議論の対象でなく、大村市の北に位置する佐賀県藤津郡を本貫とする惣家が、鎌倉時代から戦国時代の間に彼杵郡に移動したとする説が有力である（河野1977、瀬野1980、外山1986）。このうち戦国時代移動説をとる外山幹夫は、惣家進出に先立ち庶家が存在したと指摘する。佐伯弘次は彼杵庄の小地頭から成長した国人であるとする（佐伯1998）。久田松和則は、宝生寺、円福寺などの中世寺院が存在した大上戸川流域における14世紀後半の写経事業に大村氏の関与を想定した（久田松1981）。また三城城に、南北朝期にともに南朝方であった菊池氏一族である菊池澄安の板碑（永享5年〈1433〉）が残ることも重要である。
　しかしながら近世大村氏の系譜が確実になるのは、大永3年（1523）の墓碑が残る純伊（16代）まで下る。純伊期には庶家を多用した領国形成が進んだ（藤野1962）。純伊は純治、禅賢

の異名を持つとも言い（大村家譜などによると純治は純伊の父にあたる。河野1977）、文明6年（1474）または永正4年（1507）（久田松1989）、彼杵郡の南に位置する高来郡の有馬貴純と争ったのち姻戚関係を結ぶ。有馬氏と対立する中で、「初て大村舘に居住、其後郡今富城築之」（大村記a巻2）というように、戦国時代前期における大村氏の不安定な状況が伝わる。また永正4年、純治が彼杵郡に入るとも、同11年（1514）、禅賢が有馬越前守義定と争うともあり（歴代鎮西志）、15世紀後半～16世紀初頭にかけては、なお系譜上不明確な部分を抱えている。

　純前（すみあき）（17代）は純伊二男で、大永5年（1525）に相続した。純前に関しては天文10年代の逆修碑が残る。彼の代は肥前守護となった有馬晴純との関係を強化した最安定期といえる。天文7年（1538）から約1年間の上洛は、家督相続に対する将軍義晴への御礼を目的とし、幕府要人や公家らとも接触し、飛鳥井邸では蹴鞠を興行した（外山1984）。将軍対面では初め守護有馬氏の被官として庭先扱いとされたが、同氏娘の婿であることなどを理由に座敷対面へ変更された（水藤2006）。また「純前公代に、大村川端家作り仕、小路町室を立、親類中軒をならへ住居也」（大村記a巻2）という記録は、大村領初の城下町建設を伝えており重要である。

　純忠（18代）は有馬晴純次男で、天文19年（1550）、大村家を相続したが、「親類中数人にて、村々分て知行」する中、純前が実子（後藤貴明）を武雄（たけお）へ送ったことをきっかけに「親類中迄純忠不和」（大村記a巻2）に陥る。

　永禄5年（1562）、純忠は「精神的にも物質的にも大きい利益」（フロイス日本史）を求めて南蛮貿易とキリスト教布教を許し、翌年には家臣らと受洗したが、純忠期には家臣の反乱が相次ぎ、永禄6年（1563）には一時、館を追われた。永禄7年、「城ヲ築テ移居」したというが（「是ヲ三城ト云」大村記b巻2）、館を脱した純忠はまず「町の近くの城に籠」り（フロイス1563年付大村発書簡：イエズス会報告集Ⅲ-2）、また加勢の有馬氏は三城城を指す「とみ松の城」を敵と争奪したという（大曲記）。このことは永禄7年以前の城の存在を記録する点で注目される。天正2年（1574）、寺社破壊のいっぽうで、1585年の領内には87か所もの教会が建ち（フロイス日本史）、三城城下には、宝生寺の転用教会および修験道系寺院の焼却後に耶蘇大寺が建った。

　喜前は慶長3年（1598）12月、三城城に替わる新たな居城の築城に着手した。初め大上戸川河口の砦を利用したが、普請半ばに中断する。新城（しんじょう）という地名が残り、地籍図などに堀が廻る様子を確認できる。翌年にはそこからやや南下した位置に玖島城が「構営大抵出来」て移り、「親族始大身の者共、於城下屋敷を与へ居宅を構へ、外海一騎の列も城下へ出、居宅を構へ」させる「五小路」（ごこうじ）を設けた（郷村記）。大村氏は徳川氏から教会存続を認められ（パシオ1601年付長崎発年報：イエズス会報告集Ⅰ-4）、1603年、玖島城下の武家居住区に壮大な教会を建設した（ルセナ回想録）。商業地は内田川右岸の大村宿を中心とする一帯に設定された。

2　大村氏の城下町

（1）三城城下町

　三城城下町の様相は、久田松によって「大村舘小路割之図」（以下小路図）が分析され、家臣

団集住、常設店舗群など、天文10年代の城下景観が明らかになった（久田松1989、2002）。

　現存資料としては久田松が使用した大正時代の写しと、その原図と見られる19世紀第2四半期版（図1。縦540mm×横790mm）がある。本稿で扱う後者は、元禄5年（1692）改訂図を写したとの注記があり、複写者は加筆を墨、写しは朱で使い分けている。大上戸川を中心やや下寄りに置き、上半に右岸の町並み、下半に三城城などが記されている（人物・寺社名等の天は間口側を示す。人物は、大村家譜および新撰士系録でほぼ確認できる）。この情報を地籍図を併用して地形図に投影したのが図2である。これに基づいて、城下の特徴を抽出する。

①三城城

　埋没した堀の地割も残り、堀で分けられた曲輪(くるわ)配置を見ることができる。現在、長崎県忠霊塔の建つ主郭相当地は方形地割群となっており、広大な一つの空間に見える曲輪がかつては複数の空間に分かれていた可能性を示す。

②城下「犬之馬場」沿線

　大上戸川右岸に並行する犬之馬場沿いである（次の渡河街路との交点を「四ツ辻」と言い、それ以南は水田通りの名称があるが、一括して犬之馬場とする）。現在は乾馬場町(いぬいばば)というが、「インノババ」の発音が残るように、本来は犬追物の馬場にちなむ（服部2002）。沿線土地は細長い筆がいくつかの小区画を包括する屋敷地割の特徴を示す。「郷村記」に「此辺は高貴の第宅、霊仏の寺院軒端を列ぬ」とあるように、庶家・重臣近臣屋敷が建ち並んでいたことがわかる。小路図には「殿様ニ相劣ラサル衆ハ川﨑殿伊予殿刑部殿兄弟大村大和殿大村左近殿杯ノ由」と注記があり、領主と同等の権力を持つ庶家を記しているが、その大半の屋敷がこの街路に間口を開いている。大村館周囲に庶家が位置し、その他家臣はその外に位置する。いわば武家社会の中心となる街路である。

③城下「渡河街路」沿線

　大上戸川と直角に交差し、城下を横断する（延長は後世の地割により不明）。「郷村記」に犬之馬場の「横通り」とある。全ての主要街路を結び付けることは重要である。太鼓橋で大上戸川を越えた左岸区間は、三城城の下流に広がる大上戸川条里の坪境と平行する。右岸扇状地に条里はないから、城下地割は、左岸区間からの延長線を基準に設計されたと考えられる。西寄りの町表記と短冊状地割は、「古町と云ふ、是又往昔の町跡」（郷村記）である。

④城下「杭出津馬場」沿線

　杭出津(くいでつ)は近世以前の港と考えられ、この街路が海岸線から直角方向に渡河街路へいたることは、宮本雅明がいう中世港町の街路の特徴（宮本1998）を備えている。渡河街路と町屋群の位置で丁字に交わる。町屋群は萱瀬往還丁字路まで続き、萱瀬往還との連続性もうかがえる。

⑤城下「萱瀬往還」沿線

　萱瀬往還(かやぜ)は、大村宿から内陸を経て有明海へ抜ける近世往還である。四ツ辻と杭出津馬場丁字路の中間において渡河街路と丁字路をなす（「三ツ辻」地名）。地割線が少なく、また犬之馬場に沿う各家の傍系が並ぶことから、家臣団の拡大に伴う後発居住域であろう。

図1　大村館小路割之図〔土屋家所蔵、大村市立史料館寄託〕

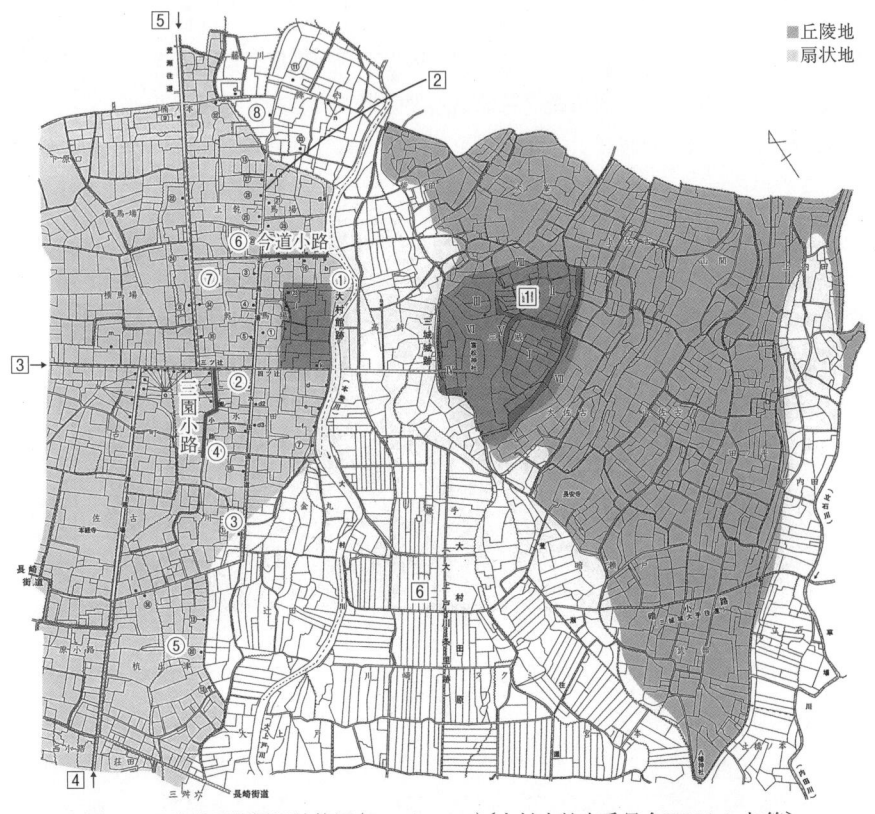

図2　三城城下町周辺地籍図（S＝1/15,000）〔大村市教育委員会2005bに加筆〕

6 城下左岸

　三城城下流側に、現在では埋没した条里地割を復元した。宝生寺は西大寺末寺の真言律宗寺院で、寺領252石強の大寺である（郷村記）。西大寺末寺帳に永和元年（1375）の記録があり、戦国時代には為替替元でもあった（久田松1981）。発掘調査によって、微高地上の境内南端において、白磁および龍泉窯青磁など12世紀～14世紀の遺物が出土した。これらは文献記録の年代を遡る。西大寺系真言律宗寺院は、北条氏の海運網経営に関わったとされ、その点でも宝生寺の存在は注目される（網野1974）。

7 その他街路

　今道小路（いまみちこうじ）および三園小路（みそのこうじ）は主要街路より狭く短い枝線である。今道小路は渡河街路の北に平行し、大上戸川左岸から平橋で渡り犬之馬場に行きあたる。今道氏は元庶家で、同地に屋敷を構えて改姓した。今道氏の隣に並ぶ大村庶家は領主との関係が遠く、犬之馬場に接しながらも今道小路に間口を開く。御園由来の名称を持つ三園小路（久田松2002）は、渡河街路の四ツ辻と三ツ辻の中間から南向きに伸びる袋小路である（現在は突き抜け）。さらに小路図の外になるが、暗小路は「三城居城の時分の大手通りの往還道」（郷村記）とされ、渡河街路に連絡し、城下を通り抜けた中世長崎街道と推定される。

　三城城下町の構造は、築城前の大村館居館時代には領主・家臣団・商工業者がおよそ同一空間に居住した。領主居館を核に庶家は血縁関係、その他家臣は臣従関係を基準として、同心円状に広がった。また町屋は三ツ辻から杭出津馬場丁字路にかけて群をなしている。つまり武家居住区外に明確な隔絶なく位置し、同心円の一部を構成した。犬之馬場沿線が武家社会の中枢であるのに対し、渡河街路は経済活動の中枢であったと考えられる。

　三城城時代には、町割自体に大きな変化を読み取ることはできないものの、領主が対岸から城下を見下ろし、領主—家臣団・商工業者というふたつの空間へ変化した（小路図には大村館を「相劣ラサル衆」のひとり、純忠伯父傍系に譲ったとある）。萱瀬往還の武家地化はこの頃から進んだと考えられ、戦国末期の段階ではまだ発展途上にあった。渡河街路は城と城下を結ぶ役割を果たすようになり、右岸居住地は大上戸川とともに城の防衛線になった。

（2）玖島城下町

　平地との比高が約15m程度の玖島城の長く低平な地形は、三城城の地形に似る。現在の大手Ⓐは、慶長19年（1614）、搦手と入れ替えた大改修の結果である（郷村記）。虎口周囲は高石垣や枡形など発達した織豊系技術を駆使するものの、切岸・土塁の多用や大規模な空堀で主要な曲輪を分断する縄張りは、中世的性格が強い（図3）。当初、庶家の一部も城内に屋敷を構えていた。

　武家居住地は、城を東から望む緩斜面を中心に五小路が設定された。五小路と城が、玖島川や干潟を掘削した堀で隔てられた状態は、大上戸川を挟む三城城と城下の関係に近い。大手口に直結する平地を中心とした本小路（ほんこうじ）は、城近くに庶家屋敷が位置し、尾根を利用した最

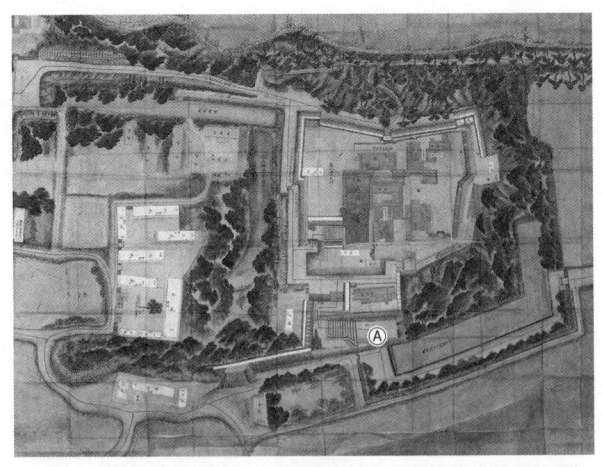

図3 玖島城〔「城郭全図・大村懸」部分、長崎歴史博物館蔵〕
図上側が北、Ⓐが現在の大手

も延長のある上小路（尾上小路）は、家老屋敷が小路口に位置する。本小路は五小路の割付基準というものの（郷村記）、設定当初の大手は搦手側であるし、上小路がそれを一直線に見通すことから疑問が残る。小姓小路は本小路の南側に、そして草場小路は武家居住区の境界となる内田川沿いに設定された。西彼杵半島西岸地域の外海衆を配置した外浦小路は、玖島川左岸に置かれた。

　商工業者居住地は、内田川右岸海岸部の弓状砂礫洲上の大村宿本町を中心とする一帯である。玖島城下町は武家・町人混住の解消を目指して設計され、当初は領主―家臣団―町人の3つの空間で構成された。大村宿は江戸初期に開設、寛永年間の1630年代に整備された近世長崎街道（本馬1998）の宿である。近世長崎街道は、大村宿前後の区間で海岸に近寄っており、旧城下を通った中世長崎街道の一部を付け替えて大村宿を通したとわかる。宿の発生時期は中世に遡る可能性もあるものの、文献あるいは考古資料等もなく、今後の課題である。

　キリシタン施設は、旧城下の宝生寺および耶蘇大寺に加え、1603年、玖島城下の「身分の高い全家臣の屋敷の間」、つまり五小路の中に「長崎の教会を除いては、この大村の教会より大きくて立派なものはほかにない」聖バルトロメオ教会が建設された（ルセナ回想録）。

　以上、2つの城下町を図4に表した。本拠の移動距離はごく短く、限られた範囲にあることがわかる。しかしながら丘陵地先端の城と、眼下の平地に展開した武家と町屋が混在する城下で構成される三城城下町に対し、玖島城下町は島とその対面の低丘陵を武家空間とし、内田川によって分離された商業地が広がる対照的な空間構成であった。

3　三城城下町の発掘調査

　三城城は東西約400m、南北約270mの大規模城郭で、標高約40mの丘陵と平地の比高差は約30mである。ほぼ同標高の丘陵上の曲輪群は横堀が分断する（図5）。戦国末期の大名居城としては未熟に映るものの、近世の玖島城と同じ在地系の縄張りで（木島2001）、大村氏の伝統的な設計思想と評価したい。

（1）　三城城

　これまでに曲輪Ⅰを除く範囲で確認調査を実施している。尾根続きを押さえる曲輪Ⅱでは、

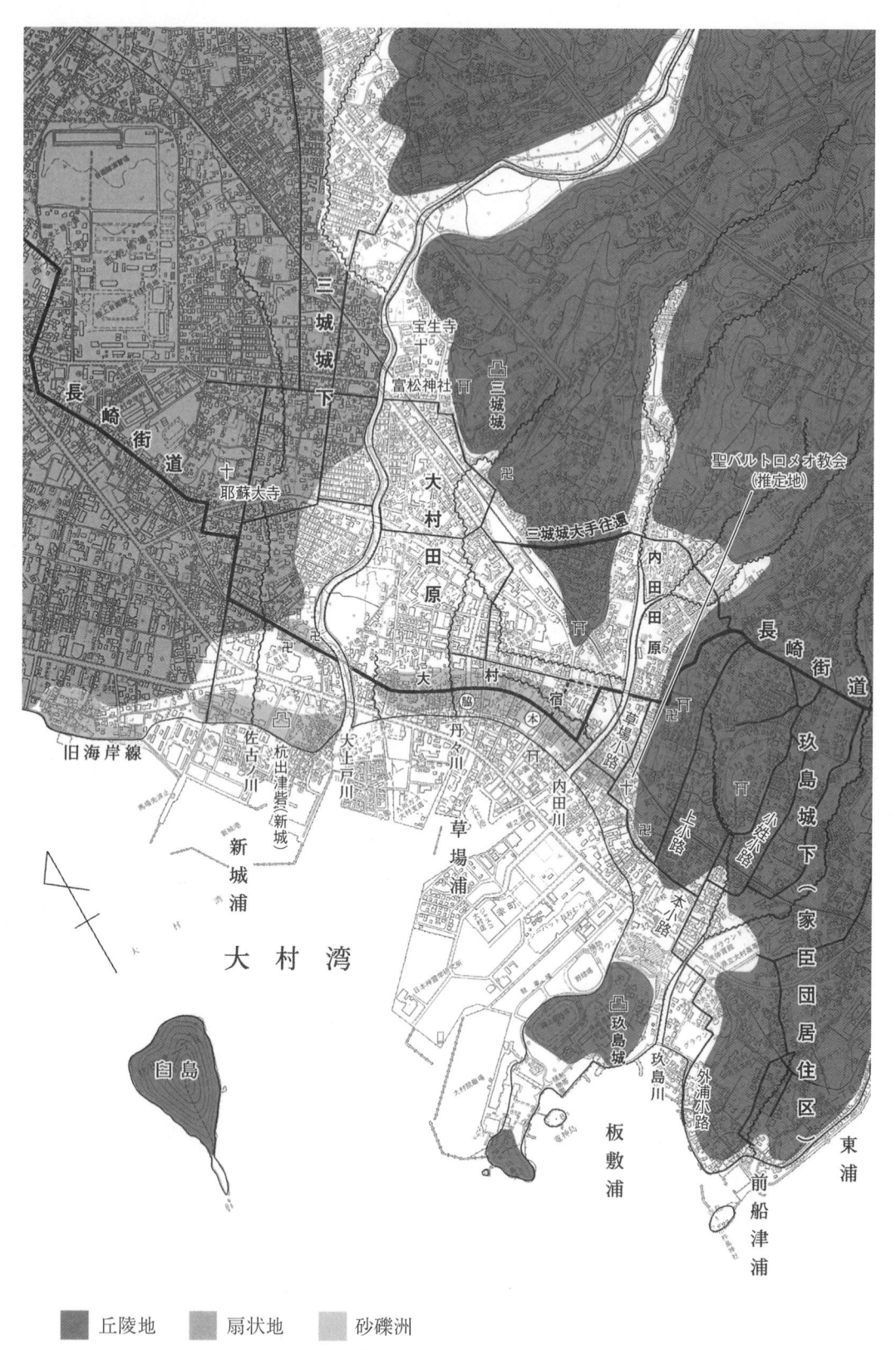

図4 三城城下町および玖島城下町の空間構成〔大村市教育委員会2005bに加筆〕

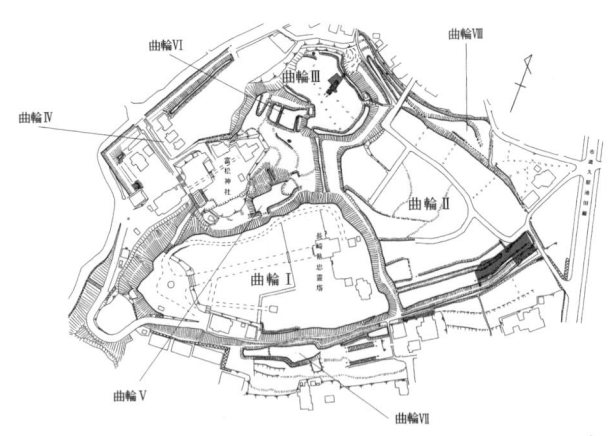

図5　三城城縄張り図(S=1/6000)〔大村市教育委員会2005 b〕

南塁線上東端に柱穴が集中していた（図6）。遅くとも15世紀後半～16世紀前半には南塁線内側に浅い堀底道が造られ、若干の建物が恒常的に維持され、16世紀後半～末に南塁線の横堀と土塁が造られた。

曲輪Ⅲの中央では、柱穴群、堀を検出した（図7）。16世紀後半以降の改修では、2～3の小規模曲輪を統合したり、動線を変更するなどした。なおこの曲輪および周囲では純伊墓碑のほか、応永27年（1420）、長享2年（1488）などの墓石が出土している。

曲輪Ⅳは、図1小路図「三城」の天付近で、つまり大手相当位置の鉤状表現は外枡形虎口をイメージさせる。曲輪北半では、16世紀以前と考えられるかわらけが多く（図8）、また14・15世紀の石塔も多く残るなど、一段階古い時期においては寺院等との関係も疑われる。土塁は当初低平であったが、1～2度程度の嵩上げ改修で現在のように大型化した（図9）。

曲輪Ⅴは典型的ではないが馬出し曲輪で、曲輪Ⅰ間の大規模な横堀の一部を埋めて土橋を渡した。大村氏が織豊系城郭と接触したのは文禄・慶長期（喜前期）である。

遺物は曲輪Ⅱ・Ⅲで多く出土した（図10）。龍泉窯青磁など14・15世紀の遺物は、広範囲で一定量出土したが、城郭遺構との関係が現段階では未確認である。15世紀後半～16世紀前半の遺物は城郭遺構に伴い、龍泉窯青磁のほか、景徳鎮染付、瀬戸美濃灰釉陶器、土師器、瓦質土器など質量ともに増加が見られる。16世紀後半には大幅に増加しており、景徳鎮染付、同白磁、漳州窯染付、徳化窯白磁置物、肥前・備前陶器などが加わる。以上の他に茶臼、碾臼、石鍋、石鉢、砥石、鞴羽口、鉄滓、碁石、円盤状石製品、中国銭、切羽、鉛玉、朝鮮瓦、国産瓦など多種多様である。

（2）三城城下

①大村館跡（番号は図2に対応）

　大村氏の居館跡である。間口160m、奥行90mの推定敷地は家臣団屋敷と比べ群を抜いて広い。小路図では同じ敷地に家臣屋敷および2つの宗教施設を内包する。調査地は敷地北東辺の円福寺境界で、大上戸川と直角方向に伸びる凸地形表面には、多数の中世墓石が埋まっていた。地籍図には細長い地割として表現され、調査の結果、上半を削平された幅約7.5mの土塁を確認した（図11）。同様の地割は途切れつつ北西辺にも見え、館は土塁で囲繞されたとわかる。遺物は12世紀～15世紀の陶磁器が中心で、16世紀のものはわずかである（図12）。墓石は14世紀前半～16世紀前半が大半である。

②大村左兵衛屋敷跡

　四ツ辻北西角地にあたり、小路図に大村左兵衛・川﨑屋敷とある。間口70m、奥行80mと推定される。左兵衛は純伊三男嫡曾孫で、川﨑は「相劣ラサル衆」にあげられる。

　調査地は屋敷地中央付近で、柱穴が密集していた。遺物は14・15世紀～16世紀前半頃が多く、その前後では少ない（図13）。遺構は14世紀後半～15世紀前半、16世紀前～中頃などの建物跡を確認し、いずれの軸も街路に揃う。すなわち、わずか1棟とはいえ、15世紀前半までには犬之馬場および渡河街路が敷設されていた可能性を示唆する重要な事例である（図14）。

③朝長伊勢守屋敷跡

　犬之馬場に面し、小路図に朝長伊勢守の屋敷地とある。間口80m、奥行90mの敷地に南西辺敷地が付随する。朝長氏は譜代筆頭家臣で、伊勢守はその惣家である。小路図における伊勢守は、純前期では上洛に従った老臣純兵(すみたけ)が該当し、純忠期にはその二男で「主席家老」（フロイス日本史）純利(すみとし)があたる。純利は横瀬浦開港における大村氏側の交渉人である。

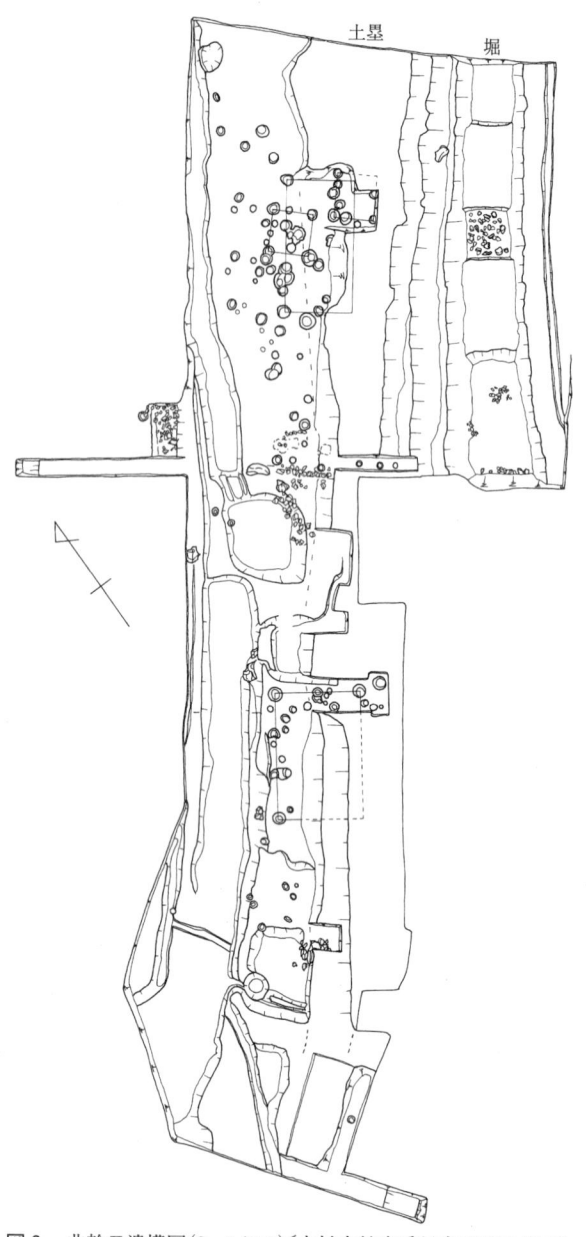

図6　曲輪Ⅱ遺構図（S＝1/350）〔大村市教育委員会2003を修正〕

　調査地は敷地前方中央、奥および南西辺である。奥側は後世の削平で遺構・遺物を失ったが、前方中央調査区では、左兵衛屋敷に比べれば低密度ながら柱穴群および土坑を検出した（図15）。遺物は全体に少なく、遺構出土品としては一部の柱穴から16世紀中頃～後半の遺物が出土した。建物は時期不明ながら、少なくとも6棟分確認した。いずれも犬之馬場に軸を揃える。遺物は景徳鎮染付など16世紀後半が多く、タイ焼締陶器や瀬戸美濃天目、かわらけ、羽釜などが出土した（図16）。14・15世紀は滑石石鍋や龍泉窯青磁があるもののわずかである

肥前大村の成立過程

図8　三城城曲輪Ⅳ出土遺物（S＝1/5）〔大村市教育委員会2004〕

図9　三城城曲輪Ⅳ土塁（S＝1/100）〔大村市教育委員会2003〕

図7　三城城曲輪Ⅲ遺構図（S＝1/300）〔大村市教育委員会2004を修正〕

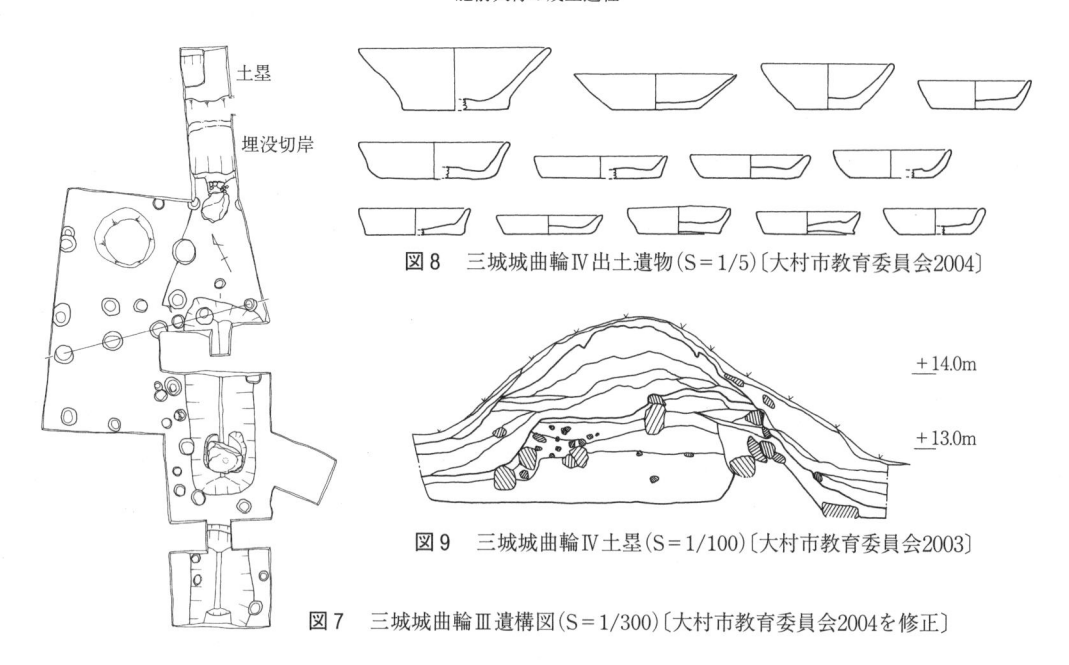

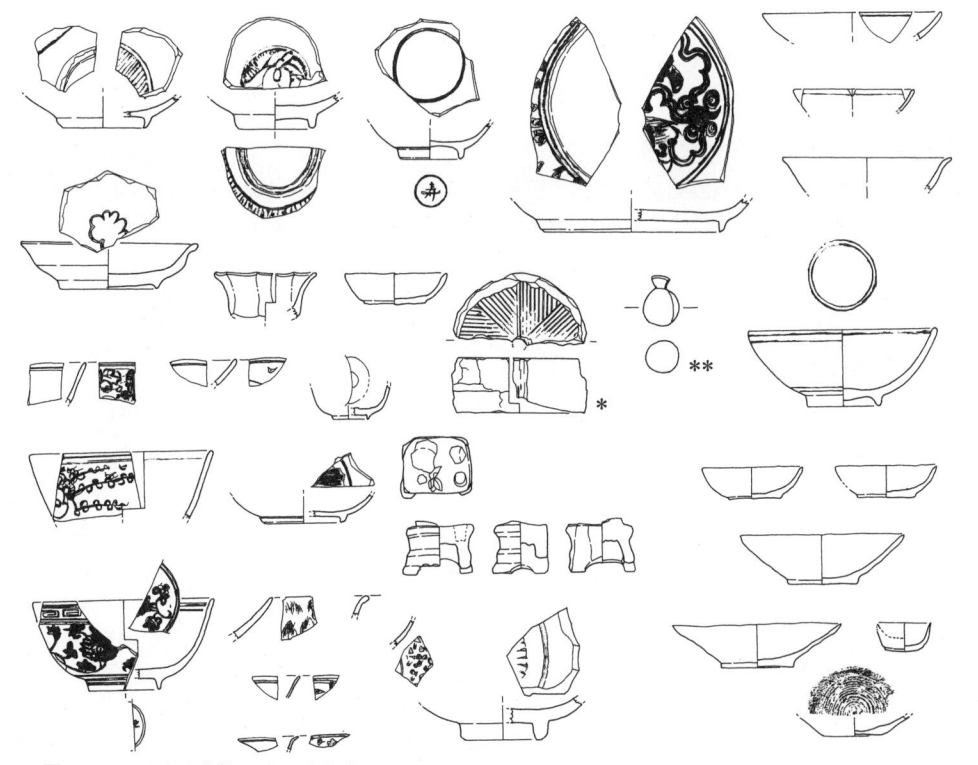

図10-1　三城城曲輪Ⅱ出土遺物（S＝1/5、＊：S＝1/10、＊＊：S＝2/5）〔大村市教育委員会2003〕

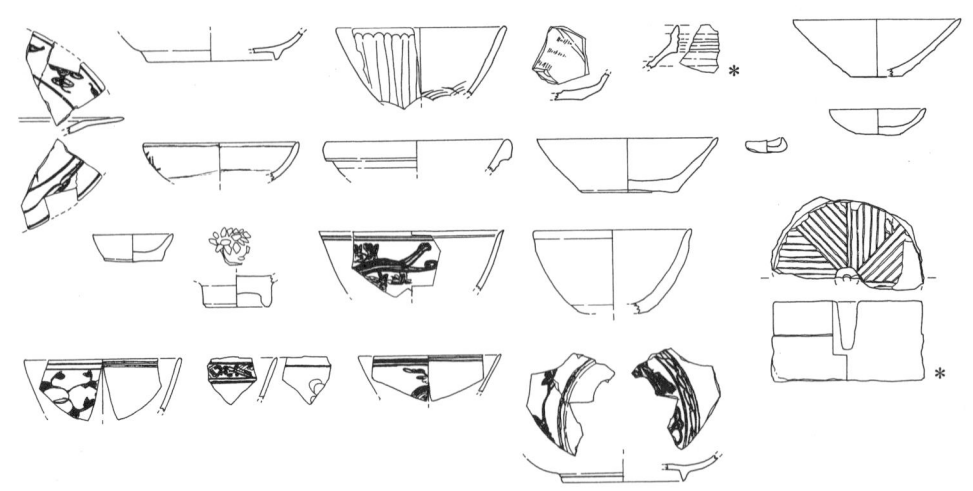

図10-2　三城城曲輪Ⅲ出土遺物（S＝1/5、＊：S＝1/10）〔大村市教育委員会2004〕

のは、朝長惣家の屋敷建設が遅れを示すものか。土坑からは鉄滓、備前甕が出土した。周囲から羽口、坩堝が出土した。敷地背後の藪地は鉄山、鉄砲山と呼ぶ禁忌の場所と伝わる。

④朝長彦左衛門屋敷跡

　小路図に彦左衛門（純兵四男）屋敷とある。間口60m、奥行80mと推定される。北東辺の一部から北西辺にかけて、低平に崩れているものの約7～8m幅の土塁が現在も残り、大村館と同様の外郭施設を備えていたことを示す。

　調査地は敷地角地だったため、遺構・遺物は少ない。12世紀の白磁、16世紀後半の中国染付および朝鮮青磁、16世紀末～17世紀初頭の肥前陶器がわずかに出土した。

⑤朝長上総屋敷跡

　小路図に純兵弟系の上総屋敷とある。小路図上では小区画であるが、地形図に落としてみると間口60m、奥行85mの範囲を推定できる。上総の父対馬守は長崎町割奉行である。犬之馬場から折れる杭出津馬場への連絡路から、さらに枝分かれする非直線の街路に面する敷地である。城下縁辺に位置するのは、両隣の大村氏が庶家の中でも領主との血縁が薄いのと同じように、朝長氏であっても惣家との血縁が薄いためと考えられる。

　調査は敷地西半部で実施した。遺物は13・14世紀、15・16世紀のものが若干出土した（図17）。近世以降の土坑等を検出したが、当該期の遺構は確認できなかった。

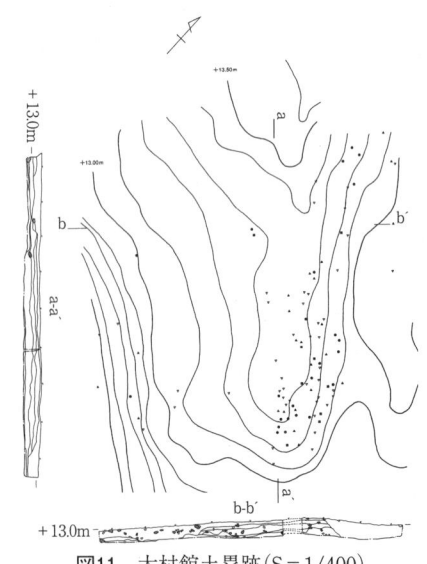

図11　大村館土塁跡（S＝1/400）〔大村市教育委員会1998〕

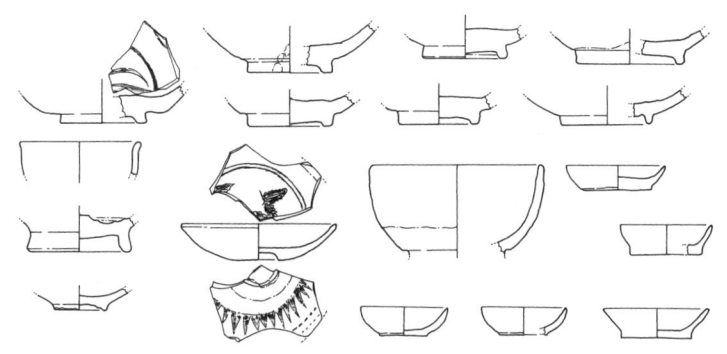

図12　大村館出土遺物(S=1/5)〔大村市教育委員会1998〕

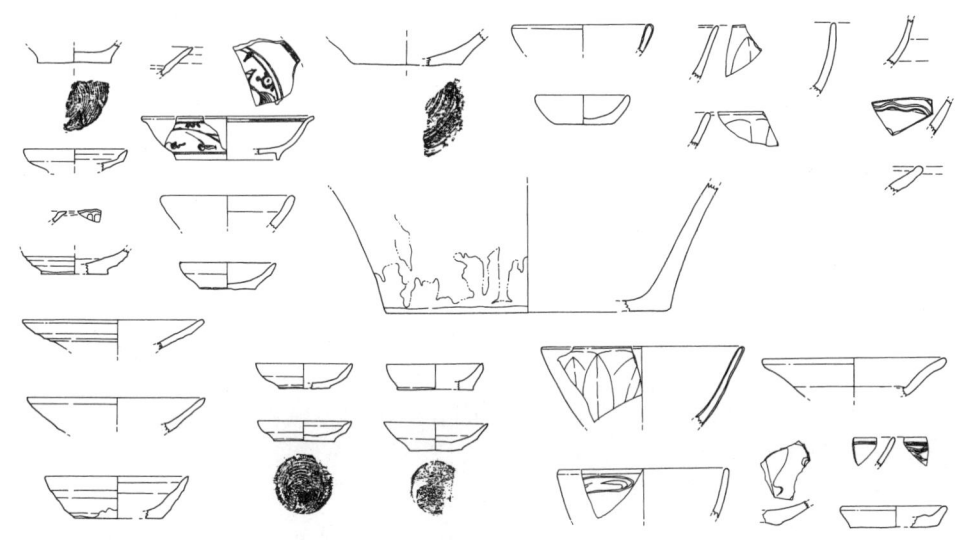

図13　大村左兵衛屋敷出土遺物(S=1/5)〔大村市教育委員会2005a〕

⑥ D-1号地

　今道小路西延長に面する無記名地割がD-1号地である。東隣には犬之馬場に間口を開く吉川彦左衛門屋敷がある。吉川氏は周防浪人で、純忠期から仕えた。

　調査地はD-1号地北半部である。遺構は16世紀末～18世紀の柱穴群および土坑1基を検出した。遺物は近世が多いが、12・13世紀の白磁、青磁、15世紀の龍泉窯青磁、瓦質土器、同後半の景徳鎮染付、16世紀末～17世紀初頭の瀬戸美濃天目、また朝鮮瓦も出土した。特殊遺物として、1610年前後と判断される土坑から花十字紋瓦が出土した（図18）。花十字紋瓦は教会などに葺く瓦である。本資料の花十字紋は最古型式に相当する文様で（宮下2003）、長崎内町の万才町遺跡（寺田1995）と同型品である。花十字紋部分のみを残すように、圏線に沿って周縁部が丁寧に除去されている。大村藩は幕府に先駆け慶長11年（1606）から禁教しており、土坑の年代から、旧城下に残ったキリシタンが禁教直後に用意した代用聖具の可能性がある。

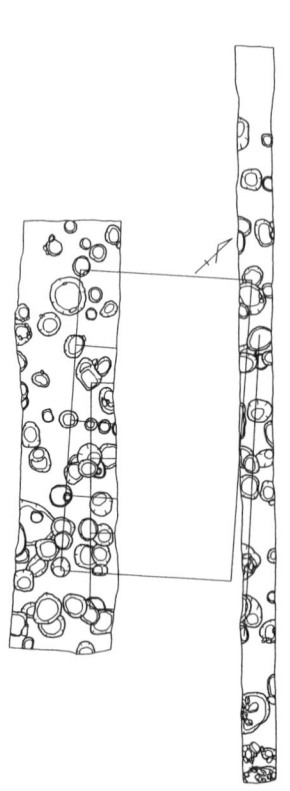

図14 大村左兵衛屋敷
　　　遺構図(S＝1/200)
　　〔大村市教育委員会2005a〕

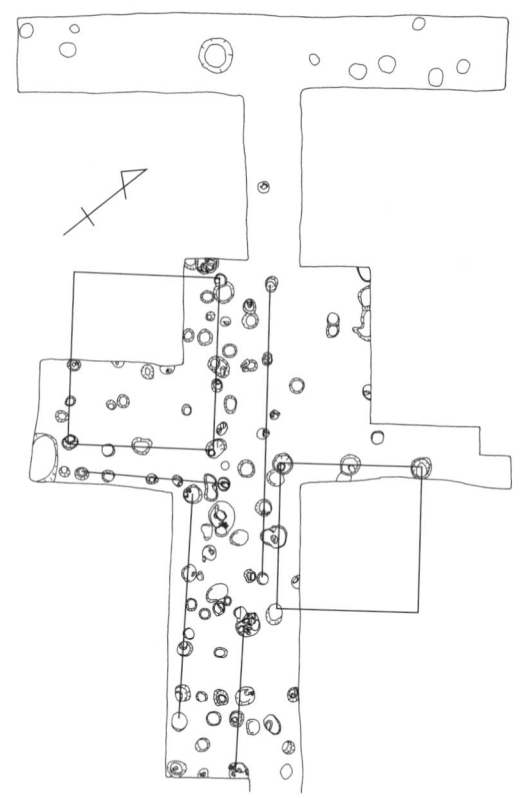

図15 朝長伊勢守屋敷遺構図(S＝1/200)
　　〔大村市教育委員会2007〕

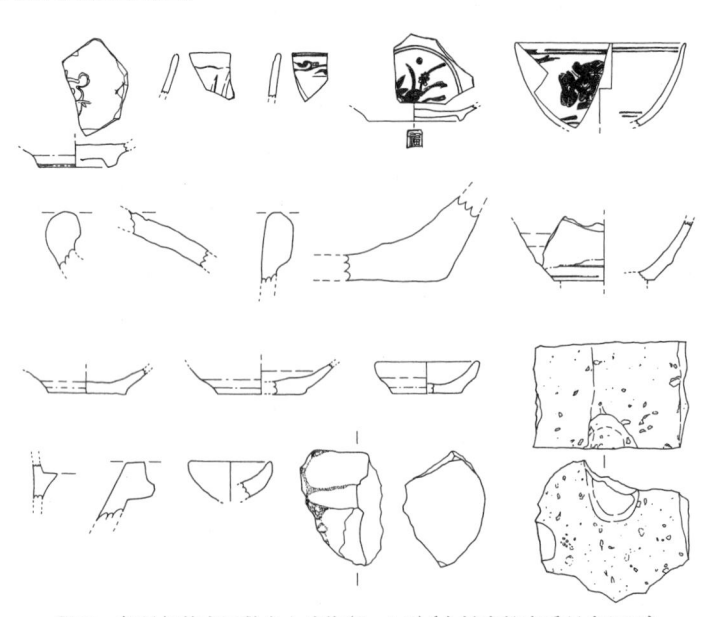

図16 朝長伊勢守屋敷出土遺物(S＝1/5)〔大村市教育委員会2007〕

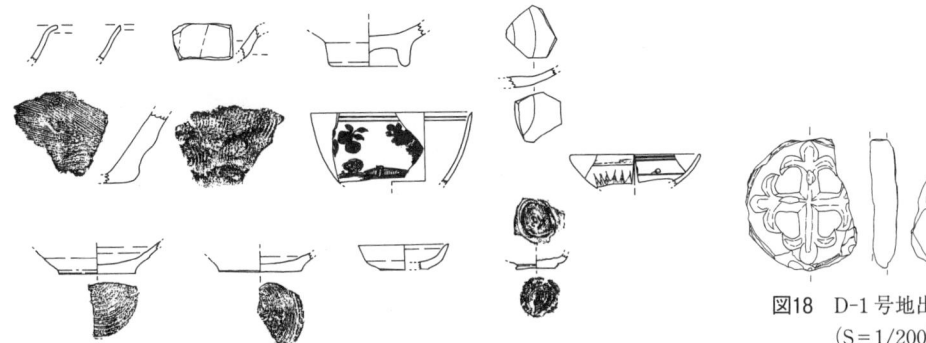

図17　朝長上総屋敷出土遺物(S＝1/5)〔大村市教育委員会2007〕

図18　D-1号地出土遺物
(S＝1/200)
〔大村市教育委員会2007〕

⑦D-2号地

　萱瀬往還に沿う鈴田越前屋敷北隣の無記名地割がD-2号地である。鈴田越前純種は大村領南部境目の家臣で、純伊期に大村氏と有馬氏との和議、縁組を取り付けたとされる。

　遺物は18世紀の国産磁器がわずかに確認されたのみで、遺構は後世のものを一部で確認した。屋敷地割の形状をなすものの、当該期は空地と考えなければならない。

⑧嬉野歌順屋敷跡

　嬉野歌順通明は佐賀県嬉野一帯を領した嬉野氏の一族で、純忠期に後藤氏から追われ大村氏に仕えた人物である。

　調査地は敷地中央付近で、祭祀遺構と考えられる土坑を検出した。遺物は少なく、11・12世紀の白磁のほか、16世紀〜17世紀の備前擂鉢(すりばち)などが出土した（図19）。

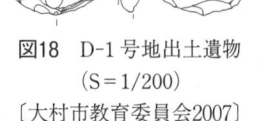

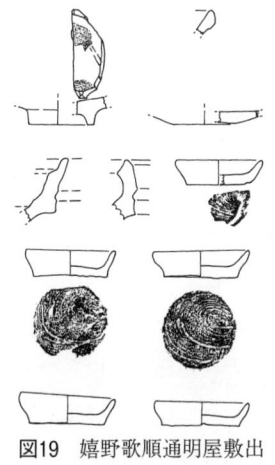

図19　嬉野歌順通明屋敷出土遺物(S＝1/5)〔大村市教育委員会2007〕

　以上、武家地における発掘調査を紹介した。調査地の性格の偏りを考慮する必要があるが、これらを整理すると三城城下の変遷は次のようになる。まず遺物の散漫な11・12世紀は中世集落の先駆と位置付けられ、その後宝生寺や円福寺が現れる13世紀以降、遺物が増加し、ほぼ全域で確認されるようになる。そして15世紀を迎える頃には直線街路が敷設された可能性が高く、戦国期城下につながる町並みの基礎が形成された。16世紀前半まで遺物は広く見られるものの、同後半には三城城に見られたような明確な増加はなく、むしろ減少する傾向がある。

おわりに

　本稿では大村氏の戦国期城下町・三城城下町について、大村館小路割之図を基礎に歴史地理学的手法を用いて分析し、玖島城下町とも比較しながら町並みの特徴を捉えたうえで、最近発掘された考古資料に基づき実態を探ってきた。従来、天文10年代（16世紀第2四半期）と

見られてきた三城城下町の成立は、なお検証を重ねる必要はあるものの、はるかに早い14世紀後半～15世紀前半頃まで遡って、犬之馬場と渡河街路の十字街路を基軸とする基礎的な町並みが形成されていたと考えられる。14世紀後半という時期は、大上戸川流域において写経事業が行なわれたこともあり、本稿で裏付けることはできないとしても、本拠の建設主体者および形成過程について議論を進めるには、彼杵大村氏の存在を抜きにはできない。

　ところでこの頃の各地の国人について小島道裕は、室町幕府の将軍邸や儀礼を取り込み、地方において中央との政治的紐帯を誇示することによって地方を支配する、いわゆる「花の御所体制」の中で地方を支配していたという（小島1998）。大村氏の場合にあっても犬之馬場という地名が示すように、同様の仕組みを当地に再現したと考えられ、その上で京都風の景観を呈する都市建設が図られたのであろう。こうした国人らの館は応仁・文明の乱以降、守護の領国支配が進んだ15世紀後半～16世紀初頭に衰退廃絶する（小島2005）。一方、大村館は純忠期（16世紀後半）まで継承されたわけだが、小島のいう国人館衰退期は藤津郡の大村惣家の衰退期に相当し、当地においては系譜の不確かな中世大村氏と近世大村氏の接点といえる純治・純伊期にあたっている。現在いわれるように、中世の段階において藤津・彼杵両大村氏の合流があったとすれば、ここにひとつの可能性が潜んでいるとも想像させる。したがって、当該期は大村氏を考える上で重要な時期であり、今後の考古学資料の事例増加を見ながら、さらに精査していく必要があろう。

　遺物の出土傾向が前段階の流れを引く16世紀第2四半期（純前期）は、十分な遺構は確認できていないものの、家臣集住を図る町割が行なわれ、居館と同様に土塁が廻る重臣らの屋敷群、そして商工業者までが隔絶なく居館を中心として同心円状に緩やかに住み分ける、中世都市の景観が形成されていたと考えられる。三城城における遺物増加は城の恒常的維持を示し、当該期が全国的な山城の拠点化時期にあたることからも（千田1994）、次の段階への過渡期として評価したい。

　戦国末期の16世紀後半（純忠・喜前期）は三城城の居城化、つまり三城城下町の完成によって、領主が城下を見下ろす構図に変化した。三城城における考古遺物の明確な増加現象および当該期の遺構群、また一方で城下における減少ないし横ばい状況は、それまで城下に居住した家臣の一部が三城城内に生活拠点を移したことを示すと思われる。広い主郭の地割が単一区画でなく複数の方形地割の集合体であったことから、三城城は南九州地方を中心に分布する九州館屋敷型城郭の特徴（千田2000）を備えていたといえる。萱瀬往還の武家居住地化はこの時期に本格化したと考えられるものの、現段階では検討材料が不足している。

　三城城はその後ほぼ全ての曲輪に対して改修を施し、堀・土塁といった防御施設を大型化し、また曲輪の統合や曲輪間の動線変更も行なった。最終的に主郭に馬出しが付設されたことなどからは、豊臣氏に従った16世紀末において、大村氏権力の強化を見ることができる。ただし大村氏への集権は、慶長12年（1607）、徳川氏権力を後ろ盾として庶家の大半を追放した、いわゆる御一門払いと家臣団再編でようやく実現した（藤野1962）。現在大手に見ること

のできる大規模な枡形虎口の創出は、その7年後であった。

〔参考文献〕
網野　善彦　1974『日本の歴史』10　小学館
木島　孝之　2001『城郭の縄張り構造と大名権力』九州大学出版会
久田松和則　1981「築城以前の三城周辺」『大村史談』21
　　　　　　1989『大村史──琴湖の日月──』国書刊行会
　　　　　　2002『キリシタン伝来地の神社と信仰──肥前国大村の場合──』富松神社再興四百年事業委員会
河野　忠博　1977「大村氏新家系図」『大村史談』13
小島　道裕　1998「室町時代の小京都」『あうろーら』12　21世紀の関西を考える会
　　　　　　2005『戦国・織豊期の都市と地域』青史出版
佐伯　弘次　1998「中世社会の深まり」『長崎県の歴史』山川出版社
水藤　　真　2006『落日の室町幕府』吉川弘文館
瀬野精一郎　1980『長崎県史』古代・中世編　長崎県史編集委員会
千田　嘉博　1994「守護所から戦国期拠点城郭へ」『文化財学論集』奈良大学文化財学論集刊行会
　　　　　　2000『織豊系城郭の形成』東京大学出版会
寺田　正剛　1995『万才町遺跡』長崎県教育委員会
外山　幹夫　1984「大村氏に関する一、二の問題」『大村史談』27
　　　　　　1986『中世九州社会史の研究』吉川弘文館
服部　英雄　2002「犬追物を演出した河原ノ者たち」『史学雑誌』111-9
藤野　　保　1962『大村市史』上　大村市史編纂委員会
本馬　貞夫　1998「長崎街道の成立」『長崎街道・大村路』長崎街道シンポジウム等実行委員会
宮下　雅史　2003「花十字文瓦考」『西海考古』5
宮本　雅明　1998「都市空間の均質化と近世都市の建設」『中世都市研究』5　中世都市研究会
※三城城跡および三城城下跡については、2003〜2005a『黒丸遺跡ほか発掘調査概報』3〜5、2005b『三城城跡範囲確認調査報告書』、2007『市内遺跡発掘調査概報』1、宝生寺跡は1997『黒丸遺跡ほか発掘調査概報』1、大村館は1998『富の原　大村館墓地　下荒瀬山下墓地』の各報告による。いずれも大村市教育委員会編集。

〔史料出典一覧〕
大村家譜：「大村家譜」大村市立史料館所蔵
大村記 a：国書刊行会編『史籍雑纂』第一　「大村記」巻之二　1911
大村記 b：「大村記」大村市立史料館所蔵
郷村記：藤野保編『大村郷村記』第一巻　国書刊行会　1982
イエズス会報告集：松田毅一監訳『十六・七世紀イエズス会日本報告集』第Ⅰ期第4巻　1988、同第Ⅲ期第2巻　1998　同朋舎出版
ルセナ回想録：ヨゼフ・フランツ・シュッテ編、佐久間正、出崎澄男訳『大村キリシタン史料──アフォンソ・デ・ルセナの回想録──』キリシタン文化研究会　1975
フロイス日本史：ルイス・フロイス、松田毅一・川崎桃太訳『フロイス日本史』10　中央公論社　1979
歴代鎮西志：『歴代鎮西志』上巻　青潮社　1992
大曲記：浦松史料博物館『松浦家旧記　大曲記　続大曲記』1927

豊後府内の成立過程——府中から府内へ——

上野　淳也

はじめに

　中世の豊後、かつて「府中」と呼ばれた町は、いつしか「府内」と呼称される都市となった。「府内」という呼称は、大友氏が戦国大名として生まれ変わろうとしていたその時に使用され始め、豊臣秀吉の九州平定頃から豊臣系大名らによって一般化された呼称である[1]。この呼称に関しては、16世紀中頃から訪れていた西洋人も「Funai」と書き記しており、16世紀末〜17世紀初頭までは、西洋人や中国人などが居住する国際都市であった。

　本論は、キリシタン大名大友氏と国際都市府内、双方の成立過程を述べるものである[2]。

1　「府内」を取り巻く自然環境

　千田昇氏作成の「微地形分類図」[3]と『大分市史』所収の「戦国時代の府内復元想定図」[4]を複合した図1を参照すると、現在、「中世大友府内町跡」として登録されている中世都市遺跡は、大分川西岸のいくつかの自然堤防を基軸として展開していた事実を指摘することができる。この遺跡エリア内には、大きく二つの自然堤防が存在する。また、都市機能のうち、港湾機能に注目した場合には、勢家が位置する浜堤も含めて都市の領域を考慮する必要がある。便宜上、本論においては、大分川沿いのものを第Ⅰ堤防、その西側内陸に展開する自然堤防群を第Ⅱ堤防、勢家エリアを第Ⅲ堤防として論を進める。

　「中世大友府内町跡」の範囲は、文献史料における裏付けもあり、渡辺澄夫氏が指摘するように『宇佐大鏡』の記載における「勝津留畠」を府中の範囲とすると、第Ⅰ堤防と第Ⅱ堤防を包括する図1の破線内のエリアを指すことになる[5]。すなわち、府中（＝勝津留畠）の範囲は、東限が大分川（後に万寿寺）、西限が上野台地（台地上は後に金剛宝戒寺、台地下は後背湿地まで）、南限が岩屋寺、北限を別府湾（後に田中寺）と四至を比定することができ、平安末期にはそれぞれに「市」や門前市へとつながる「寺院」が建設され、府中の下敷きとなる商業エリアが限定されつつあったことを指摘することができる（表1参照）。

　また、別の角度から評価すると、東限の市河に嘉元4年（1306）以降に万寿寺、康平2年

豊後府内の成立過程

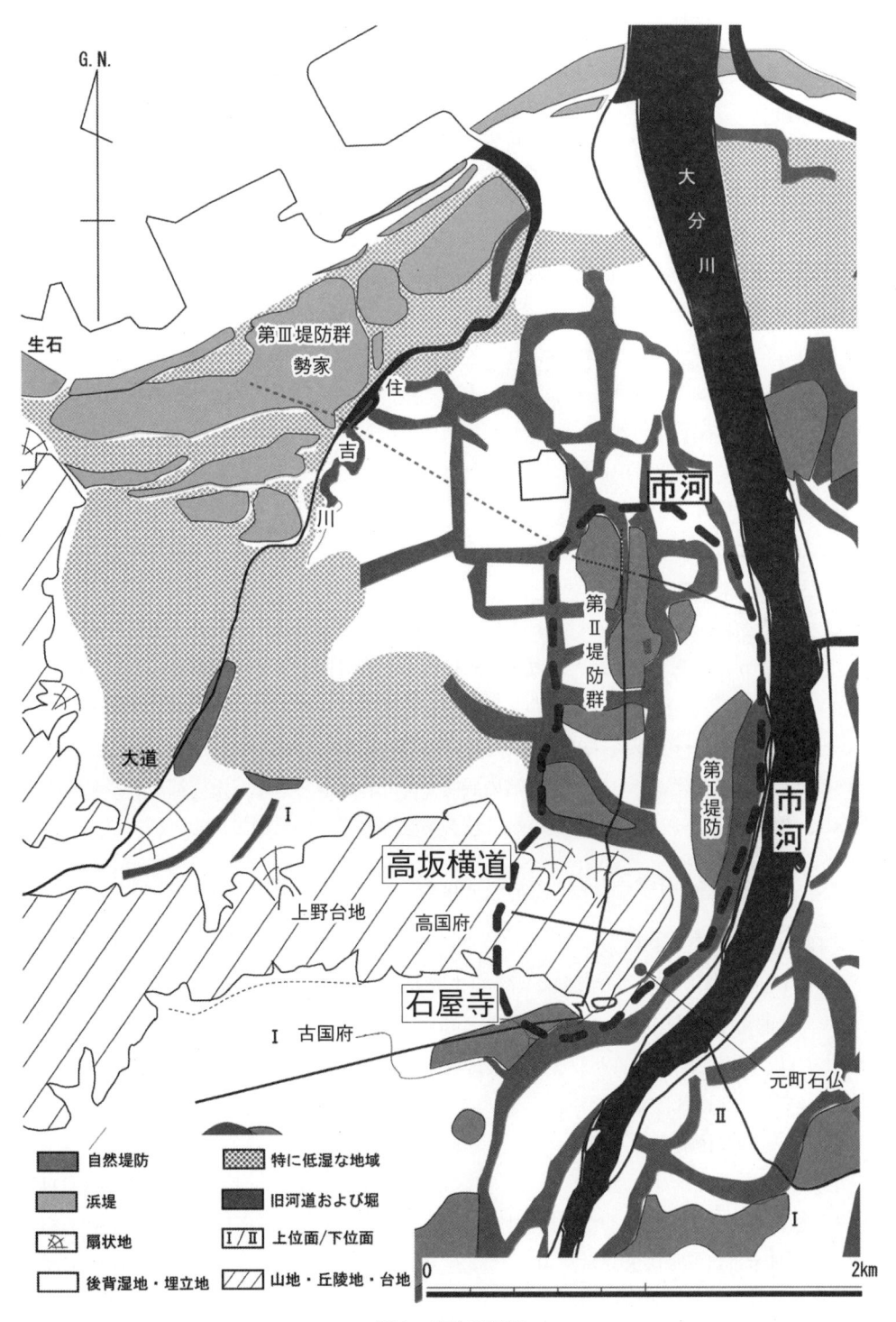

図1 府内環境図

表1　「宇佐神領大鏡」記載勝津留四至

	天喜元年(1053)	康平2年(1059)	承保4年(1077)	領主所帯証文	現状
東限	市河	市河	市河	市河	大分川
西限	高国府岸上額畠際	高坂横道	高坂并横道	高坂横道	上野台地
南限	石屋崎際	石屋寺前	石屋寺前	石屋寺前	元町
北限	市河	河等田中寺	市河并田中寺	市河	旧別府湾

(1059) 頃の南限に岩屋寺、北限の市河には田中寺と、西限以外の境界線には、寺院や所謂「無縁」[6]の領域が形成されていた。西限に関しては、天喜元年（1053）に「高国府岸上額畠際」とあったものが「高坂横道」に変化していることから上野台地上を指すものと考えて支障なく、「畠際」から「横道」となっていることは交通網整備の進展と考えられる。台地上の7世紀末〜8世紀に上野廃寺が位置した場所の近隣には、後に金剛宝戒寺が創建される。このことは、同寺付近を府中西限と考える一助となろう。いずれにしても、「府中」の起源である平安末の岩屋寺・田中寺段階においては、あくまでも「門前市」的な「場」にとどまるものであったと考えられ、その形成は元町石仏や岩屋寺石仏の存在からも裏付けられる開発領主の活動の一端である。

　ここで、念頭においておかなければならないことは、勝津留畠、すなわち後に「府中」と呼称されるようになるエリアは、エリアの周縁から中心に向かって発展していったものであるということである。つまり、無縁の領域に囲まれた場所が都市域へと発展していったのである。この段階を一歩進めるに当たっては、守護大友氏の入府、博多と結びつく嘉元4年（1306）の万寿寺の創建、そして貨幣経済の展開を待たねばならなかった。都市へと発展するために、「境界」と「無縁」の集合体は、「核」を必要としていたのである。

2　言葉の考古学──言葉の形態（form）および組成変化（assemblage）──

(1)　「府中」・「府内」の由来

　「府中」・「府内」の「府」の由来は、いうまでもなく「豊後国府」にあるが、中世文書における具体的な「豊後国府」という記載は、南北朝期になって初めて散見されるようになる。それまでは、国府関連の地名として、「高国府」・「古国府」という用語が用いられていることは注視しておかなければならない。

① 「国府」・「豊後国府」の記載

　　　「國荷也、」　　　　　　　　　　　　　　　　　　　　　　　　　　　　久安元年（1145）
　　　「鎮西所々凶徒等蜂起之間豊後國符於可警固之由」　　　　　氏泰…建武5年（1338）
　　　「去九月十日自豊後國府致御共、」　　　　　　　　　　　　　氏時…正平6年（1351）
　　　「豊後国日田、玖珠郡、同國府、」　　　　　　　　　　　　　氏時…正平10年（1355）
　　　「一、豊後國府立市佛陀の居屋敷一所、」　　　　　　　　　　親世…応永2年（1395）
　　　　　　　　　　（国府か）
　　　「ふんこのこうの屋地の事、」　　　　　　　　　　　　　　　親世…応永2年（1395）

②大友治世下における「高国府」記載初見
　　貞応2年（1223）〜永徳3年（1383）の間、能直・頼泰・氏時・親世代で確認。
③「古国府」記載初見
　　「爰以萬壽寺北邊屋敷畠地等被相博古国府闕所之薄地、」　　　　氏時…正平10年（1355）
　豊後国府がかろうじて機能していた12世紀中頃以降から鎌倉時代までは、国府関連の記載数は減少傾向にあり、次の南北朝時代の7代氏泰以降、氏時・親世の代になって「国府」・「高国府」・「古国府」という記載が散見されはじめることは、建武の新政における後醍醐天皇の国府制復活に起因するもので、まさに各国府が南朝方の攻略対象となったことを反映する現象である。したがって、この時期の大友氏の豊後の拠点としては、この高国府が相応しいことはいうまでもない。しかし、大友氏が、南北朝期の高国府に腰を落ち着けることは、戦局上、不可能であったことは史実が物語っている。当時、実際にこの高国府を南朝方から守備したのは、守護代や大友一族であった。

(2)　大友氏「在府論」——守護代の問題に関する層位学的検討——
　鎌倉幕府の九州における指揮統制は、鎮西奉行・九州惣追捕使に補任（1185〜）された天野遠景に始まり、その権限は一部大宰府の権限にまで及んだという。大友氏自体は、初代能直の時、すでに鎮西奉行に就いていたとされるが、九州豊後に下向したのは元寇（1274・1281）の折、3代頼泰の時といわれる。頼泰は、鎮西東方守護所（1274）、異国警固番役を務め鎮西談義所奉行人（1286〜1293）を歴任、5代貞親は鎮西探題（1293〜）の評定衆鎮西引付において三番目の頭人となり、現福岡市の多々良に顕孝寺を創建している。こうした点から、6代貞宗の代までは九州探題（1336〜）の前身である鎮西探題の補佐官（評定衆・引付衆）として、大宰府もしくは博多に居ることが多かったものと考えられる。事実、貞親は「豊後國守護代殿」宛の文書を残している。
　一方、大友と並ぶ西方守護人である鎮西引付二番の頭人少弐氏の西方守護所に関しては、文書中に少弐氏が「宰府」に「上府」・「参府」するように命じていることから「大宰府」に在ったと考えて問題ない。大友氏も元寇後の同様式の文書に「府中」に「上府」・「参府」するように命じている。後の建武3年（1336）足利直冬（ただふゆ）の書状には、「宮内少輔太郎入道（一色範氏）所在府也」といった使用法も用いられるが、この場合の「府」は博多、すなわち九州探題府を指す。
　この事は、豊後府中に対して発せられた都市法といわれる「新御成敗状」（仁治元年〈1240〉）の在り方に対しても疑念を抱かせる。現在のところ、中世大友府内町跡の発掘調査においては、13世紀中頃に比定される「新御成敗状」が語るような都市的な空間は検出されていないからである。つまり、元寇以前の仁治元年の段階において「府中」といえば「豊後府中」のことを指すことが慣例となっていたかどうかに関しては、今後、再検討が必要である[7]。
　歴史的経過を追うと、貞宗は少弐貞経・島津貞久らと共に、博多の櫛田神社付近にあったとされる鎮西探題府を陥落させ、京都方面へと転戦、南北朝の内乱期を迎えることとなる。

表 2　大友氏代々墓所一覧

	代	名前	没年	法名	菩提寺	宗派	寺所	府内古図	墳所に関する記事（『豊後国誌』等地誌より抜粋）
鎌倉	初	能直	貞応2(1223)	豊後大禅門能蓮公神儀	勝光寺	臨済宗	（大野郡）		豊後大野郡藤北
	2	親秀	宝治2(1248)	出雲路殿叙秀大禅定門	出雲寺				京都
	3	頼泰	正安2(1300)	常楽寺殿道忍大禅定門	常楽寺				
	4	親時	永仁3(1295)	前因幡大守道徳大禅定門	大楽寺				
	5	貞親	応長元(1311)	万寿寺殿大山正温大禅定門	万寿寺	臨済宗	府内元町	○	豊後府内
	6	貞宗	元弘3(1333)	顕孝寺殿真菴真簡大禅定門	顕孝寺				
南北朝	7	氏泰	正平17(1362)	同慈寺殿貞真菴清縄大禅定門	同慈寺		府内近郊	○	豊後府内
	8	氏時	正平23(1368)	大応寺殿（吉祥寺殿）行部大禅定門 中神列天祐大禅定門	大応寺		（速見郡）		（速見郡）
	9	氏継	応永7(1400)	不二菴殿福州天授大居士	不二菴	臨済宗	府内上町（丹生庄より移転）	△	当時大智寺ニアリ。当代所在シラズ。
室町	10	親世	応永25(1418)	瑞光寺殿勝幢相高大居士	瑞光寺		府内元町	○	墳所当時瑞光寺中ニアリ。当代所阿南庄武宮村松林中ニアリト。
	11	親著	応永32(1425)頃	大尊（惠・慧）寺殿玉菴同瑛菴主	大尊（惠・慧）寺	臨済宗	（丹生庄）	△	海邊郡丹生庄、久世村大尊寺中ニアリ。当代此寺廃絶。
	12	持直	文安2(1445)	観音寺殿通玄理公大禅定門	観音寺		（速見郡）		墳所速見郡石垣村、平田邑。観音寺中ニ在り。
	13	親綱	長禄2(1458)	大聖院殿耀山光君大禅定門	大聖寺		（大野郡）		墳所大野郡井田郷紫北村慧日山大聖寺中ニアリ。
	14	親隆	寛正6(1465)	宝生寺殿成庄正全大禅定門	宝生寺		（大野郡）		墳所大野郡緒方郷宇田枝邑、資生寺中。
戦国	15	親繁	明応2(1493)	心源寺殿珠心深道清菴主	心源寺				墳所、海邊郡臼杵庄戸室村心源寺。即此処也卜。～或云、当府千手堂町心源寺。或ハ戸室。
	16	政親	明応5(1496)	海蔵寺殿珠山如意公大禅定門	海蔵寺	臨済宗	（臼杵）		墳所海邊郡大智寺ニアリ。当代所在不詳。
	17	義右	明応5(1496)	大智寺殿傳芳成親大禅定門	大智寺	臨済宗	府内上町（丹生庄より移転）		墳所当時大智寺ニアリ。
	18	親治	大永4(1524)	見友院殿梅屋見友大禅定門	見友院		府内下町	○	墳所速見郡油布郷郷原村、或曰、当部植田庄、田原村ニアリト。未詳。
	19	義長	永正15(1518)	大雄院殿天眞清照大禅定門	大雄院	臨済宗	府内下町	△（万寿寺内）	墳所当府大雄寺。当代所在未詳。
	20	義鑑	天文19(1550)	剣明寺殿松山紹康大禅定門	剣明寺		（大野郡？）		墳所大野郡津生庄小路村剣明寺ニアリ。今此寺廃絶。
	21	義鎮	天正15(1587)	瑞峯院殿休菴宗麟宗黙大禅定門	瑞峯院		（津久見）		墳所海部郡津久見庄、徳戸村ニアリ。又、当部赤川内村、京都紫野大徳寺中、瑞峯院ニ在下。
	22	義統	慶長10(1605)	中菴宗厳大禅門	豊鑑院		（江戸）		墳所江戸麻布。寺名欠。

注1：○＝「府内古図」に記載。△＝「府内古図」所収「戦国期府内の府内復元想定図」より作成。
注2：「府内古図」：『大分市史』所収「戦国時代の府内復元想定図」より作成。

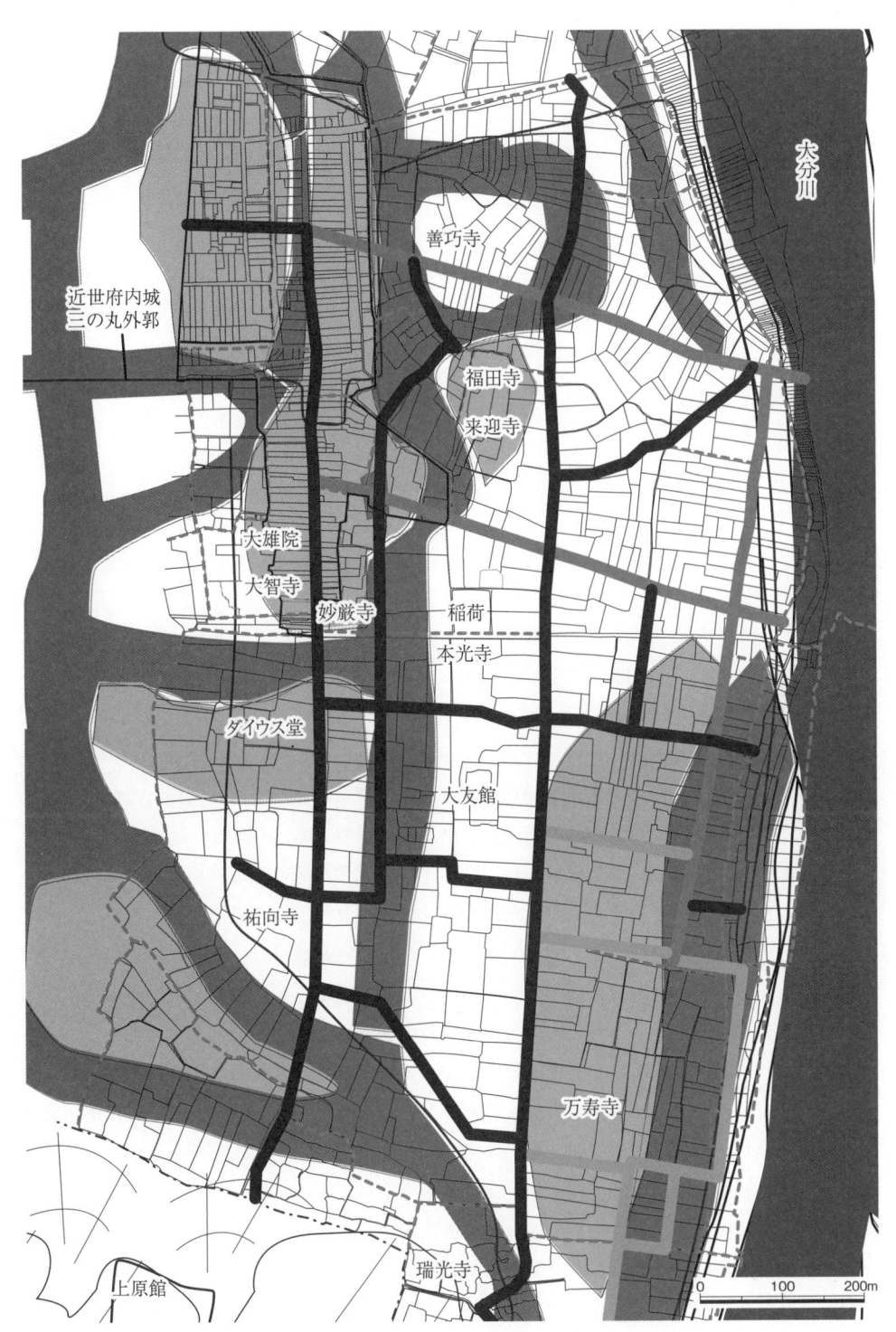

図2 微地形分類図・地籍図複合図（1/8000）

7〜9代に渡っては、氏泰・氏時・氏継と、基本的には一貫して尊氏（北朝）方に付き、九州北部を転戦している。しかし、一色範氏・直氏親子の九州探題勢力が文和4年（1355）に九州を放棄せざるを得ないほど、九州北部は南朝勢力が強く、尊氏方が北部九州に勢力を張ることは困難であった。こうした状況の中で、この氏泰以降、菩提寺や墳所が豊後に定着することには、注目が必要である（表2・図2参照）。

表3　家臣団初見一覧

呼　　称		初　見	西　暦	大友当主
在符人々			1405・1406	親世
在府衆		応永13年	1406	親世
宿老				政親
府内歳よりとも				政親
老中				政親
老衆中				親治
豊府老中		天正8年	1539	義鑑
加判衆			1550	義鑑
国衆	紋之衆		1550	義鑑
	他姓衆			義鎮
府内衆		天正19年	1550	義鎮
二老				義鎮
（豊州）三老				義鎮
年寄衆		天正13年	1585	義統
宿老		天正20年	1592	義統

注：田北学編『増補訂正編年大友史料』（1962〜1971）より作成。

しかし、氏泰・氏継に関しても、転戦の中、やはり「守護代」宛の文書を残しており、大友氏の豊後直接支配が磐石ではなかったことを把握することができる。豊後における「守護代」記載に注目してみると、初見は5代貞親の時、正安2年（1300）で鎌倉時代の末期であり、最後に見られるのは、応永11年（1404）の南北朝動乱の収束期、10代親世の時期に当たる。

すなわち、「守護代」記載の消滅に着眼すると、大友惣家が豊後府中に安定して定住を始めたのは、この応永年間以降である可能性を見出すことができる。

建徳元年（1370）〜応永2年（1395）は、今川了俊が九州探題として派遣され、一時期は九州のほとんどの守護職を兼帯し、わずか大友親世のみが豊後国守護職を維持しているのみであった。しかし、水島合戦後、了俊に明瞭に敵対しなかった親世は、永徳年間〜明徳年間にかけては、了俊による懐柔策から日向・肥後・筑後守護職を回復し、さらに応永2年に了俊が解任された後、ようやく豊後国における内政の充実を図ったものと考えられる。

事実、家臣に関する記載の変遷に注目すると、親世の代には文書中に「在府人々」・「在府衆」という記載が登場し、府中常駐の家臣団の存在がみられる（表3参照）。この親世・親著の時期は、大友氏独自の地域支配システムである「政所体制」をある程度確立させている点も指摘されており、豊後一国支配体制を磐石とさせるべく躍起になっていた時期でもある[8]。

しかし、大友氏は、親世の晩年以後、嫡子単独相続への移行期となり氏継系と親世系の両統迭立の内乱期に入るため、「府中」の急速な発展は、その内乱が収束する15代親繁の代以後を待たねばならなかった。16代政親の代になると「年寄共」・「宿老」・「府内歳よりとも」・「老中」という家臣団に関する文言が登場・多様化し始め、いよいよ戦国大名へと成長しつつあったことを把握することができる。

（3）「府中」と「府内」——言葉の堆積と変化——

　戦国都市豊後府内は、16世紀後半〜17世紀に西洋人が作成した地図にも「Funai」と記されていることから、当時すでに、この呼称が一般的となり得ていたことが把握される。しかし、日本側の記録によると、この土地が「府中」と呼称されていた期間のほうが圧倒的に長いことを認識することができる。

　　　「府中」初見　　ⓐ「賀来府中」　　　　　　　　　　　親秀代…文暦元年（1234）
　　　　　　　　　　ⓑ「府中」　　　　　　　　　　　　　頼泰代…仁治3年（1242）
　　　　　　　　　　ⓒ「但府中與當庄已相隔壹■餘上、」（里）　頼泰代…文永10年（1273）
　　　　　　　　　　ⓓ「玖珠疑打入府中の刻」　　　　　　氏泰代…建武4年（1337）
　　　「府内」初見　　ⓐ「府内ニはせあつめ候、」「府内歳よりとも、」
　　　　　　　　　　　　　　　　　　　　　　　　　　政親代…文安元年（1444）〜明応5年（1496）
　　　　　　　　　　ⓑ「府内來光寺ニ閉籠、」（迎）　　　　義鑑代…大永7年（1527）

府中に関しては先述したとおり、親秀・頼泰の代において使用される「府中」という記載（「府中」所見ⓐ〜ⓒ）は、豊後府中を指しているとは限らないため、確実な使用例としては、南北朝動乱期の豊後玖珠の玖珠（切株）山城の軍が豊後府中に乱入したという記述が確認される7代氏泰の時の記載を待たざるを得ない。

　一方、「府内」という記載が現れたのは、政親の代、それも晩年のことであって、15世紀の後半になってからのことである。すなわち、応仁の乱を経て戦国時代を向かえようとしている時期に入って初めて散見されるようになる。しかし、「府内」という記載の定着が見られるのは、義統の代を待たねばならない。「府中」という記載に関しても、定着が見られるのは南北朝期以降であり、「上府」・「参府」・「帰府」・「在府」・「出府」・「豊後府」・「着府」・「豊府」・「府君」等の「動詞＋府」や「名詞＋府」、あるいは「府＋名詞」という言葉の活用形態の変遷に、府中という都市が戦国大名大友氏の領国内において首都的な位置付けを帯び始めていたことを読み取ることができる（表4・5参照）[9]。

（4）小　結

　本章においては、古文書史料の中に散在する「守護代」や「府中」・「府内」に関連する用語を、土層中にある土器片のように、大友氏家督者ごとの各層位に位置付け、定量分析することによって、組成（assembrage）を把握し、戦国大名大友氏と国際都市「府内」の成立過程の編年的枠組みを設定した。事実、「中世大友府内町跡」の発掘調査においては、「府中」が首都的な位置付けを帯び始めた14世紀後半以後、遺跡範囲の拡大や、出土遺物量の増加傾向という現象を見せる。また、この「中世大友府内町跡」の中心部分に比定される「大友氏館跡」からも、この時期以降、遺物が出土し始めることは、前述の「言葉の考古学」の成果が、遺跡発掘の成果においても支持される成果であることを物語る。

表4　府中・府内関連用語各代使用状況一覧

通番号	府中	上府	参府	帰府	在府	在府人々	在府衆中	出府	豊後府	着府	府内	府内衆	豊府	府君	至府	府遣	遣府	礼符	従符	府之内	合計	初例数	種類
②親秀	2							2													4	2	2
③頼泰	5	9	3																		17	3	3
⑦氏泰	7			1																	8	1	2
⑧氏時	2		1																		3	0	1
⑩親世	1				5	4															6	2	2
⑪親著								2													2	1	1
⑬親綱	1			1					1	2											5	2	4
⑮親繁	2																				2	0	1
⑯政親	2		1	2							2		1								8	2	5
⑱親治	2			2																	4	0	2
⑲義長		3	5	1									1	1							11	1	5
⑳義鑑	1		2	1	11			8		1	3		11		1						39	1	8(+1)
㉑義鎮	2			6	7						3	1	2			1	1	1	1		25	4(+1)	6(+4)
㉒義統	1				5			4	1		14									2	27	1	7
計	28	9	10	9	31			23	1	4	22	15	1	1	1	1	1	1	2				

注1：（　）は使用例が1度しか確認されていないもので、定着していないものとしてカウントしていない。アミカケは初出（親秀に関しては、「賀来府中」と明らかに他地点を指しているため初出とはしていない）。
2：出典は表3と同じ。

表5　府中・府内関連用語初出状況一覧

府中・府内関連用語	使用例	初出年	初出年号	初出大友当主	使用回数
府中		（1234）1242	（文暦）仁治	（親秀）頼泰	28
上府		1273	文永	頼泰	9
参府		1273	文永	頼泰	9
帰府				氏泰	9
在府		1405・06	応永	親世	31
	在府人々	1405・06	応永	親世	
	在府衆中	1406・12	応永	親世	
出府		（1234）1242	（文暦）応永	（親秀）親著	23
豊後府		1433	永享	親綱	1
着府		1436	永享	親綱	4
府内			大永	政親	22
	府内衆			義鎮	
豊府				政親	15
府君		1508	永正	義長	1
至府		1532	天文	義鑑	1
府遣		1550	天文	義鎮	1
遣府		1550	天文	義鎮	1
礼府					1
従府		（1556）	弘治	義鎮	1
府之内		1582	天正	義統	2

注：出典は表3と同じ。

3　大友氏館跡の考古学——大友氏在府の実証——

(1)　古文書史料における「主殿」について

　前節までは、古文書群の中に、豊後国守護大友氏が豊後府中に定住し始めた時期を模索してきたが、その居住したであろう「館」に関する記載は、豊富な古文書史料の中にあって驚くほどに少ない。

　しかし、氏泰の時代である正平3年(1348)の万寿寺首座智徹等連署書状に見える「萬壽寺北辺屋敷」[10]、氏時が正平22年(1367)に積善庵建立に先立って運公書記禅師へ寄進した「豊後国隆国府市屋敷一所事」[11]、親世の時代である応永2年(1395)(田原氏能の子)親貞から田原鶴松丸所に宛てられた「豊後國府市立市佛陀の居屋敷一所」・「ふんこのこうの屋地」(国府か)[12]、応永4年(1397)によ一文書預ケ状には、「ふちうのいやしき」(府中)[13]、志賀氏代々の所領である「勢久世宇(居)屋敷」の記載は正安元年(1299)～応永5年(1398)の間に8例確認され、「屋地」とか「屋敷」・「いやしき(居屋敷)」というように、14世紀後半の府中には、いくつかの武家屋敷が構えられていたことが指摘される。いずれも、家紋を同じくする大友一族である田原氏、志賀氏等の同紋衆である。これらの記載は、先述した「在府衆」の形成を考えるにあたって重要な鍵となる。

　現代において、発掘調査に先立ち、多くの情報を与えてくれている近世初頭に成立したとされる「府内古図」には、「大友御屋敷」という記載が確認される。遺跡としては、「上原館跡」・「大友氏館跡(大友館)」の二つの存在が知られているが、中世文書の中において、これらの遺跡に比定できるものは義鑑の書状に記される「上原屋敷」と義統書状に記される「府内屋敷」の2例に限られる。

　「府内古図」と同じく近世初頭の編纂であると考えられている『大友家文書録』[14]は、江戸時代まで高家として存続した大友宗家の末裔が、大友家に伝世する一次史料を用いて「大友家」の来歴を記述した極めて「歴史科学的」記述形式を採った家譜的編纂書である。この『大友家文書録』にある、親世代の「勝憧祖孝卒於府内之別墅、」、親著代の「親著卒於府内別墅」、親綱代の「親綱卒於府内別墅」、親繁代の「於府内館逝去」という代々の大友家当主の没した場所に関する記述は信頼に値するものである。親世・親著・親綱代の「別墅」・「別墅」という記載は、いずれも「別邸」という意味を示す。そして、親繁の代には、「府内館」という記載が表れる。ちなみに親繁から3代後の親治は「親治卒於府内」とある。親繁の居宅に関しては、42代相国寺鹿苑院主を務めた瑞渓周鳳が日記「臥雲日件録」[15]の中で、享徳4年(1455)当時の大友親繁の館について、「大友宅、葺以茅茨、敷以竹」と記述していることが知られている。外山幹夫氏は、この記述から親繁の館が質朴なものであった点を指摘しているが[16]、この「大友宅」が「府内館」に比定される可能性もある。

　この「別邸」に関する記述が確認される親世・親著・親綱・親繁は、10代・11代・12代・14代と、両統迭立期である15世紀前半～中頃に固まっている点は注目に値する。また、彼ら

表6　御主殿関連記載一覧

年　　号	当主	記　　述	史　料
享徳3（1454）	親繁	御主殿上葺之事	永弘文書
享徳4（1455）	親繁	大友宅、葺以茅茨、敷以竹	臥雲日件録
文明8（1476）	政親	御屋形御主殿御二皆作御祝儀之事	木砕之注文
永正18（1521）	義鑑	御簾中様御主殿御棟上御祝儀之事	木砕之注文
天文15（1546）	義鑑	御屋形御対面所　御役所高田庄	木砕之注文
弘治4（1558）	義鎮	御屋形様以前ノ御二皆ノ御主殿寸凡取置候	木砕之注文
弘治4（1558）	義鎮	□（至）田染庄御屋作之事、	永弘文書
弘治4（1558）	義鎮	就御主殿上調之儀庄内江被　仰出旨候	永弘文書
弘治4（1558）	義鎮	就御主殿上調之儀、庄内江被仰出旨候	永弘文書
弘治4（1558）	義鎮	至田染庄御屋造之事、上葺明置達、上聞候之處、主殿造者、	永弘文書
弘治4（1558）	義鎮	仍至田染庄ニ被仰付候御主殿上葺、	永弘文書
弘治4（1558）	義鎮	上御代、如此御主殿作、	永弘文書
弘治4（1558）	義鎮	御主殿上葺之儀	永弘文書

が、一時的にせよ「府中」に在住していたという史料が現存している点も共通している。

「府内館」に関しては、徳島藩淡路国分の藩の御大工であった斉藤家旧蔵『木砕之注文』に手掛りを見出すことが出来る[17]。この注文は、斉藤家の寿彭という義鎮に仕えていた惣大工が書き記した或いは書き記させたものと考えられているもので、室町時代の筆体で書かれている木割書である。この書には、様々な建築物や工作物の寸法記録が記されている。この中に、大友氏の館内施設、「御主殿」に関する記述を見出すことが出来る（表6）。

初見は親繁の代、享徳3年（1454）の「御主殿上葺之事」で、続く「御屋形御主殿御二皆作御祝儀之事」には「文明八年丙申八月十九日ニ御柱立同御棟上十二月十四日」（1476）・「御政親様御名代　平井伊予守」という記載があり、親繁の次代、政親の代に主殿を改築した事実を記している。

その他にも、永正18年（1521）の「御簾中様御主殿御棟上御祝儀之事」には「山口より御下ノ上様御座所」・「御名代臼杵民部少輔」、天文15年（1546）の「御屋形御対面所　御役所高田庄」には「御棟上之事」・「御屋形様義鑑様御座候」・「高田庄御役人小佐井左京亮殿」との記載がある。永弘文書の享徳3年（1454）「重吉秀直・右田興弘連署書状案」[18]には、「御主殿上葺之事」が確認される。

義鎮の代には、田染少宮司に宛てている弘治4年（1558）「首藤鑑秀・竹田津鑑和連署書状」[19]には「就御主殿上調之儀庄内江被　仰出旨候」が、同宛の他文書にも「仍至田染庄ニ被仰付候御主殿上葺、」「上御代、如此御主殿作、」という記述が見られる。同年の「大友家加判衆連署書状案」には、「□（至）田染庄御屋作之事、」ともある。これら一連の「田染庄」をキー

68

ワードとする文書に、「上御代、如此御主殿作、」とあることからもわかるとおり、「主殿作」は「田染庄」御代々の公役で、遅くとも親繁の代から続いていたことを把握することができる。

このように古文書史料から認識される「御主殿」という記述に注目すると、15世紀第3四半期の親繁・政親、16世紀第1四半期末と第2四半期の義鑑、16世紀第3四半期の義鎮の3時期に、「主殿」に関する記載を確認することができるのである。

ところで興味深いのは、文明8年の「御屋形御主殿御二皆作御祝儀之事」である。この中の「御屋形御主殿御二皆作」という記述は、義鑑が殺害される「二階崩れの変」を連想させる。政親の「二皆作」の74年後、ここで義鑑が受難することになるのである。以上のように、文献史料からは、親繁の段階には、その居館には主殿があり、政親の代から「二階作」とされたことが判明し、この主殿が近世史料の指す「府内館」の成立に深い関係があるものと考えられる。

（2）　大友氏館跡の発掘調査——主殿の発掘調査——[20]

戦国期府内の様子を伝えるものとして「府内古図」が伝えられている。その「府内古図」と寺院や史蹟の位置・明治時代の地籍図を照合させたものが昭和62年刊行の『大分市史』に掲載された「戦国時代の府内復元想定図」である[21]。その歴史地理学的な成果は、中世府内町跡の発掘調査の進展において検出された遺構群とかなりの部分での一致が確認されている。大友氏館跡は、この「想定図」の中に、方2町規模に想定されている。

大友氏の館跡は、「戦国時代の府内復元想定図」という歴史地理学的成果に加え、発掘調査による区画施設や出土品等に基づく実証・検討作業からも、大友氏の館跡である可能性は極めて高い。

館跡比定地内の地籍図を参照すると、土地の管理には不適当な筆形状が多く見受けられる。この形状は、推定地内に存在する、もしくは存在した起伏を要因とするもの、すなわち、3次元データが反映されたものである。この形状と起伏は、館景観の残滓とでもいうべきもので、館跡の範囲および館内の施設配置、さらには施設機能の解明にも有効であると考えられる[22]。大友氏館跡は、「府内古図」を参照すると[23]、東側に門が二つ並ぶ東面の館として描かれている[24]。これらのことから、当時の武家邸宅の範型であり、同様に東面に二つの門が並ぶ『洛中洛外図屏風』に描かれる将軍・管領邸を参考にすると、大友氏館跡の場合も庭園が南側に展開することから[25]、東面の内、南側が唐門、北側が通用門であるという推論が成り立つ（図3参照）。

この2つの門が位置するであろう大友氏館跡の東半部からは、土師器が大量に出土することが発掘調査において確認されている。「土師器の大量出土遺構」は、「土師器の大量消費行為」を表象する遺構であるとされ、この行為は、中世領主の居館跡において確認される特徴的な事象の一つとしてあげられる。この遺構は、「武家儀礼」の残滓であると考えられてお

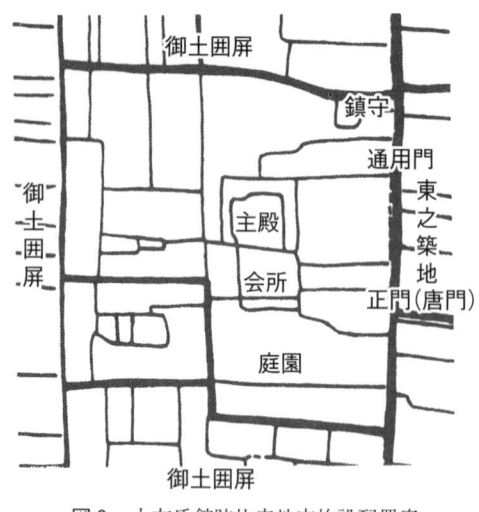

図3　大友氏館跡比定地内施設配置案　　図4　大友氏館跡比定地内機能分化案

り、「大量出土遺構」の確認をもって、その儀礼執行が想定される。循環論的ではあるが、「土師器の大量出土遺構」の確認をもって、その儀礼の執り行われる場として居館比定を補強できるのである。主殿・会所に比定される東半部中、北側は土師器が大量に出土する主殿エリア、南側は庭園跡が検出されており会所エリアとして認識される（図4参照）。主殿エリアに関しては、発掘調査の成果から一段高く整地されていることがわかっている[26]。

　図5は、大友氏館跡の主殿に推定されている地点から出土した土師器を層位順に整序したものである。層位学的な完結性を基にして、Ⅰ〜Ⅳ相に区別を行い時間軸を設定し、土師器を製作技術ごとにA・B・C群の3群に分類している。このうち、A群は鎌倉時代からの在地的な土師器群であり、B群とされているものに関しては、15世紀に入ってから新たに登場する土師器群である。図6のB群土師器は、館跡比定地から特徴的に出土するものである。B群はさらにⅠ式とⅡ式に分類される。両土師器は、型式設定に耐え得る極めて強い斉一性を備える。両型式は、館系土師器というべき小群で、Ⅰ式が乳白色胎土を、Ⅱ式が赤橙色胎土を用いる特徴的なものである。館系土師器Ⅰ式や館系土師器Ⅱ式は、豊後国内において居館などの拠点的な遺跡・遺構から特徴的に出土する遺物である[27]。よって、経験則的に、館系土師器Ⅰ式の出土が確認されるため、この大友氏館跡比定地が武家邸宅であったことは間違いない。

①館系土師器Ⅰ式（B-1群）

　館系土師器Ⅰ式（図6 1〜12）は、乳白色粘土を用い、回転速度の速いロクロを用いて1〜2mm程の薄い器壁を挽き出すものである。器壁の内外面にロクロ挽き痕を顕著に残す。法量は、4〜5法量以上を備え、その組成には、耳皿を含む。Ⅰ相段階で、すでに確認されており、Ⅲ相をピークに次第に出土量を減じてゆく傾向にある。

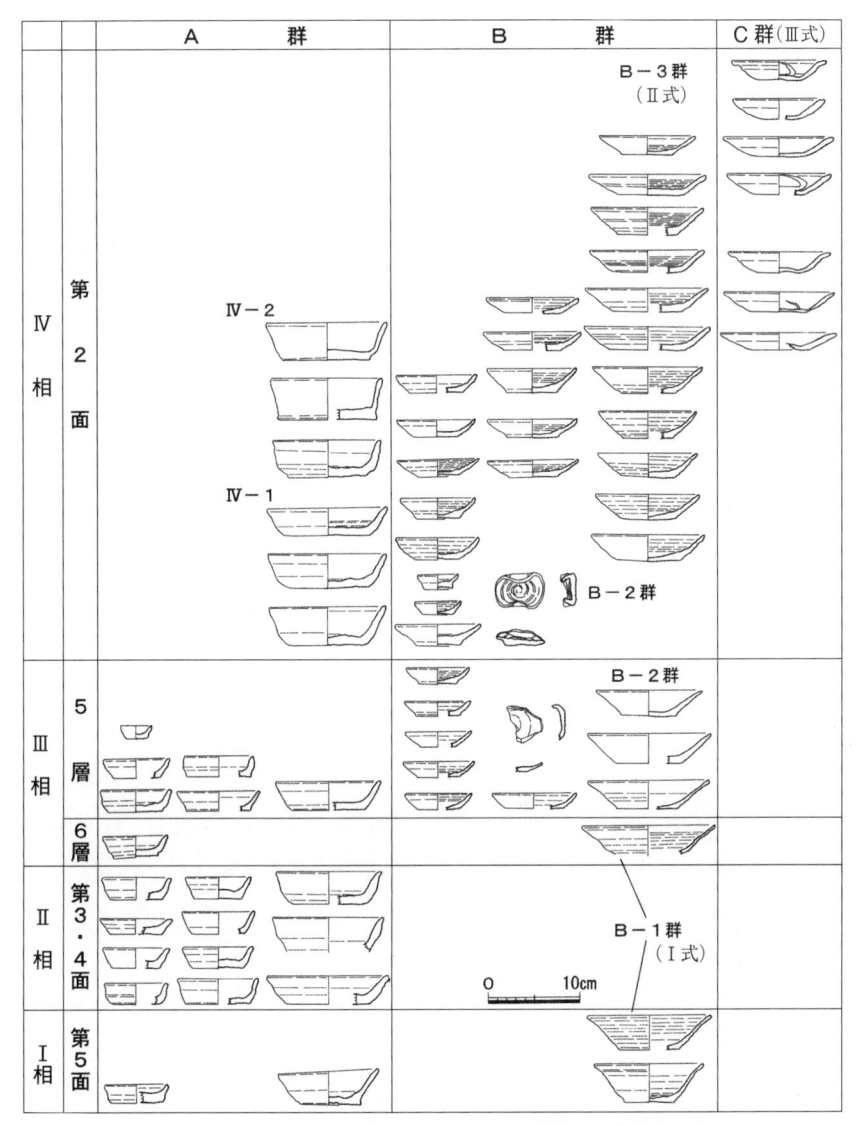

図5 大友氏館跡第6次・10次調査区出土土師器基本層序対応表(S=1/8)

②館系土師器Ⅱ式（B-3群）

　館系土師器Ⅱ式（図6 13~20）は、赤橙色の胎土を用いている。器壁は、Ⅰ式と比較すると3~4mmとやや厚く、外面がロクロナデによる平滑仕上げ、内面はヘラ挽きによる螺旋状の窪みが観察される。Ⅲ相において、Ⅱ式の前段階と考えられる螺旋状の窪みが単なるロクロナデである1群（B-2群）も確認されている。

　法量は、6~7法量以上を備え、その組成には、耳皿を含む。

　両型式は、共に相似的といってよい法量分化がなされており、故実書に箸置きとして伝えられている耳皿を器種組成に含む。耳皿が、西日本において分布的に広がりを見せはじめる

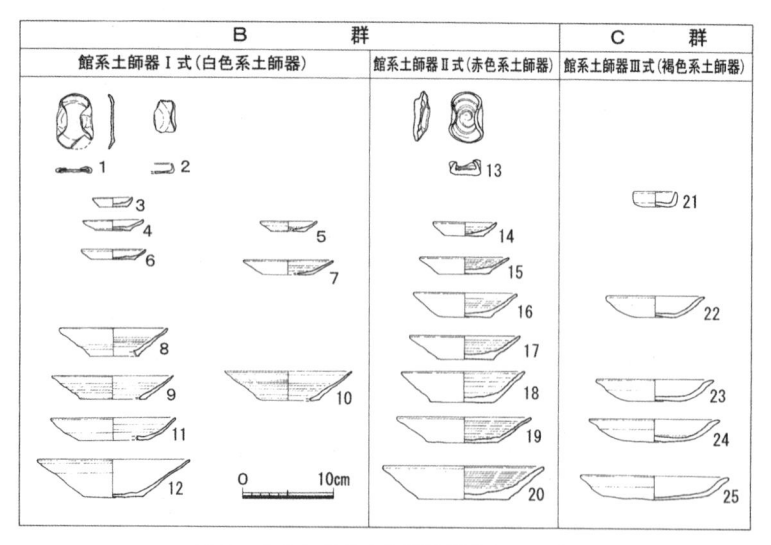

図6　大友氏館系土師器分類表(S=1/8)
注：館系土師器Ⅰ式は図5のB-1群、Ⅱ式はB-3群に対応。

時期は、15世紀中頃といわれ(28)、その耳皿を含む組成は、南北朝時代を経過した後、新たに定式化された武家儀礼様式の一端であると考えられる。まさに、「府内館」で逝去した親繁の守護職在任期のことである。

なお、同時期の京都では、器種分化が進展し始める点が指摘されており、耳皿の存在や多法量化など、京都での組成変化が各地に、そして豊後の大友氏に影響を与えた可能性が指摘される。Ⅲ相は、盛土整地という地業時の土器相を示すものであるから、着工時の生活面であるⅡ相段階には、すでに4～5法量以上の分化が起きていた可能性が指摘される。すなわち、Ⅱ相は遅くとも15世紀中頃以降と推定される。

また、大友氏館跡6次調査区の層位学的検討において、順序的にはⅠ式がⅡ式に先行することが、量的にはⅡ式がⅠ式を凌駕することが判明している。この現象に関しては、Ⅰ式が精製土器（すなわち、少量生産）の段階、Ⅱ式が大量使用（すなわち、大量生産）の段階と解釈することができる。

③館系土師器Ⅲ式（C群）

京都系土師器すなわちC群土師器は、Ⅳ相における遺構の切り合い関係（破壊／被破壊関係）から、Ⅱ式に後出することが判明している。豊後国の守護所たる大友氏館跡の土器組成は、領国内各地における土器組成の遷移に対してイニシアティブをとることが想定されるため、京都系土師器の導入は大友氏の居館より始まるものと考えられる。京都系土師器は、Ⅰ・Ⅱ式に後出し、前述の通り型式として捉えることが可能な斉一性を備える。よって、京都系土師器を館系土師器Ⅲ式として設定した。

この館系土師器Ⅲ式（図6 21～25）は、黄白色の胎土を用いている。器壁は、導入時には2～3mmと薄いものが、後に5mm前後と次第に厚くなる。法量は、6～7法量以上を備

える。武家儀礼という限定的な用途を考えると、Ⅰ・Ⅱ式土師器の方がより伝統的な器種組成を有していたのかもしれない。Ⅲ式は、当初から大量生産そして大量使用品であったものと考えられる。

　B群土師器は、15・16世紀代の旧大友領国域から出土するが、館系土師器Ⅰ・Ⅱ式に限ると、居館跡や領主層惣墓といったクラスの遺跡から限定的に出土することが指摘される。また、館系土師器Ⅲ式に関しては、出現当初は限定的な出土分布を示すが、中世府内町跡においては一般的に出土する傾向にある。この現象に関しては、武家屋敷群が集中する形ではなく散在していた可能性と共に、中世都市民の身分分化が未成熟であった可能性、大量生産品であることから厳密な儀器性が損なわれていった可能性等、今後、中世府内町の構造も含めて検討を加えてゆく必要がある。

　館系土師器と、その使用方法に関しては、Ⅰ〜Ⅱ相とⅣ相というⅢ相を挟んで上層と下層の二つに大きく分けることができる。この二つのまとまりを画するのが、Ⅲ相という2枚の整地層である。この2層の整地層は、館に大規模な改変を加えた時期のものであることが指摘できると同時にⅡ相の最末期を示す。

　Ⅳ相以後（15世紀末〜16世紀後半）については、層位学的に館系Ⅲ式土師器すなわち京都系土師器は、Ⅳ相以降に採用されたことが判明している。京都系土師器の導入時期に関しては、各氏より15世紀末〜16世紀前半間における導入が指摘されており、遅くとも、天文年間頃には導入されていたと考えられる。この時期の大友家当主は、政親・義右・親治・義長・義鑑である。

　Ⅳ相に関しては、土器相的にも①館系土師器Ⅱ式新相の導入、②館系土師器Ⅲ式の導入、③大量消費行為、④法量分化の進展という武家邸宅に比定するための重要な事象が確認されているため、Ⅳ相以降は確実に武家邸宅として機能していたことが指摘される。武家邸宅としての機能停止に関しては、大分市教育委員会の調査において、館跡の最終段階には、東端部に東西方向の短冊状地割が展開する可能性が指摘されている。Ⅴ相に関しては、島津侵攻直後（1587年）、すなわち、館廃絶時の様相を含むものであることが指摘される。

　これらの記述年代と土器相の変遷に関しての整合性を積極的に解釈すれば、Ⅳ相以降、すなわち2枚の整地層であるⅢ層の形成より後を、親繁・政親・義右・親治・義長・義鑑・義鎮・義統代を含む時期に比定することができる。館系土師器Ⅱ式古相は、その初源がⅢ相に比定され、館系土師器Ⅱ式新相・Ⅲ式はⅣ相以降に登場する。

　さかのぼってⅢ相以前（14世紀末〜15世紀後半）は、今回の層位学的方法に基づいた土師器研究の成果として、Ⅰ・Ⅱ相に関しては共伴の陶磁器から最大幅14世紀末〜15世紀中頃の間に位置付けられると考えており、親世・親著・持直・親綱・親隆・親繁の代に比定される。

　もちろん、さらに時期を絞っていく必要があり、今後、Ⅰ・Ⅱ相におけるA群土師器と館系土師器Ⅰ式の共伴関係・組成の変遷に関して、より詳細な究明が望まれる。Ⅲ相に関しては、Ⅱ相の最末期の状況が含まれていると考えられる[29]。

表7　大友家当主関係表

代	当主	家督在位	続　柄	妻
8	大友氏時	1362～1368年	貞宗の子	少弐盛経　娘？
9	大友氏継	不明	氏時の子・親世の兄・親著の父	
10	大友親世	1368～1401年	氏時の子・持直・親隆の父	大内義弘　娘
11	大友親著	1401～1423年	氏継の子・親綱・親繁の父	
12	大友持直	1423～1431年	親世の子・親隆の兄	
13	大友親綱	1431～1439年	親著の子・親繁の兄	
14	大友親隆	1439～1444年	親世三男	
15	大友親繁	1444～1476年	親著の子	大友親隆　娘
16	大友政親	1476～1484年	親繁の子	大内政弘　妹
17	大友義右	1484～1496年	政親の子	大内政弘　娘
18	大友親治	1496～1501年	親繁の子・政親の弟	
19	大友義長	1501～1515年	親治の子・義鑑の父	
20	大友義鑑	1515～1550年	義長の子	大内義興　娘
21	大友義鎮	1550～1576年	義鑑の子	奈多鑑基　娘
22	大友義統	1576～1593年	義鎮の子	吉弘鑑理（高橋紹運の父）　娘
23	大友義述	1593～不明	義統の子	

（3）小　結

　以上のように、大友氏館跡は、14世紀後半以後、少なくとも親世以降の大友氏の動向を如実に物語る。

　大友氏の惣領制から嫡子単独相続制移行への苦しみは、永享7年（1435）～8年の姫嶽(ひめだけ)合戦に象徴される。図式化すれば、親世（家督在位1368年頃～1401年頃）―親著（1401頃～1423年）―持直（1423年～1431年頃）―親繁（1444年頃～1476年）系と、親綱（1431年～1439年）―親隆（1439年～1444年頃）の対立である。親世・親著は、文書資料により政治的な補完関係にある事が指摘され、姫嶽合戦の折には親著・持直・親重(繁)と親綱・親隆陣営に分かれる。

　この姫嶽合戦参加者のうち、『大友家文書録』において「別邸」に関する記載がないのは持直と親隆である。持直は、合戦敗戦後逃亡し消息を絶っており、親隆は自分の娘を娶ることを条件に家督を親繁に譲っている（表7）。すなわち、親隆に関しては、対立勢力の屋敷で死亡したとは考えにくく、また持直に関しては消息不明のまま没しているのである。前述の『大友家文書録』における「別墅」・「別埜」という記載は、同じ「別邸」にしても各代ごとに記された文字が異なり、位牌[30]に記してあるものをそのまま記録したかのような印象を受け、『大友家文書録』の「別邸」に関する情報は、幾許かの信頼を置いて良いのではないかと思われる。

　考古学的には、この「別邸」時代と「府内館」時代を画するのは、Ⅲ相である可能性が高い。問題は、Ⅲ相すなわち5・6層の造成が、いつ行われたのかという所にある。この層位上の明瞭な画期は、地業上すなわち造成上の画期であると同時に、土師器の組成上の画期でもある。上記の通り、第6次調査地点が、「主殿」跡であることは、間違いない。

「木砕之注文」によると、初めて「主殿」に関する記載が確認されるのは、親繁の代、享徳３年（1454）の「主殿上葺之事」という記述である（前掲表６）。前述のとおり、確かに「館」を作事するに相応しい時期である。
　続いて政親の時代（在家督1473～1484）の文明８年（1476）に「御屋形御主殿御二皆作」という記載がある。また、義鎮時代の弘治４年（1558）には「御屋形様以前ノ御二皆ノ御主殿寸凡取置候」と、義鎮以前、すなわち義鑑時の二階の御主殿とあり、この「御二皆ノ御主殿」が義鑑受難の場所であることは間違いない(31)。
　このように理解すると、その上面にあたるⅣ相は、15世紀第４四半期以降の文化面を示していると理解される。Ⅳ相に比定される大友家当主達は、16代政親～22代義統までである。18代親治・19代義長に関しては、将軍足利義高からの偏諱や小笠原元宗から射伝の故実伝授を受けており、義長が嗣子義鑑に与えた家訓的な「義長之条々」には、「諸芸ハ得たる事ニ数寄、不叶を捨る事、是不可然之事、」とあり、「弓馬」・「文学」・「歌道」・「蹴鞠」・「鷹狩」等に励むべく諭しており、かなり高度な故実も身に付けていたものと考えられる。すなわち、館系土師器Ⅱ式・Ⅲ式の導入は、21代・22代が臼杵へ「在庄」する傾向を強めることを加味すると、16代政親～20代義鑑の時間幅の中に収められる。
　したがって、Ⅲ相以前の年代観に関しては、遺物の年代から14世紀末～15世紀第３四半期の年代幅を与えることが可能となる。比定される大友家当主達は、10代親世～16代政親までである。
　すなわち、Ⅱ・Ⅰ相に関しては、「別邸時代」に比定される。実際、大友氏館跡12・16次調査では、礎盤を持つ極めて精緻な柱間を持つ建物跡が検出されている(32)。５・６層は、親繁か政親の作事である可能性が高いように思われる。いずれにしても、Ⅲ相以降は「府内館」時代に比定されよう。そして、この「別邸」時代と「府内館」時代を跨ぐのが親繁、或いは政親であったと考えられる。

４　ま と め——中世大友氏の領国支配と豊後府内——

　以上、大友氏関連の文献史料や考古資料を、編年的視点をもって、３代頼泰～20代義鑑に渡る大友氏の歴史を読み取った。大友氏の活動は、元寇時の九州下向、惣領制から嫡子単独相続への転換など、文献史学の成果の中にあって比較的理想的な変遷過程を踏み、文献史学において指摘されてきた歴史の重要転換点と一致する事項が多い。
　もちろん、南北朝の動乱の中にあって、九州は南朝方の勢力が強く、直冬方も存在し、三つ巴の特殊な状態にあった。その後も義満による九州探題今川了俊の派遣により、その解任まで緊張状態から大友・島津は身動きが取れず、「守護在京」が不可能な状況にあった。その後、他の有力守護たちと同様に足利義教からの家督継承における干渉も受け、嫡子単独制へ移行するための苦しみも「在京」守護達と同様に経験している。応仁の乱に象徴される「守護在京制」の崩壊後、守護大名たちは、各々の領国に小京都を形成し、その中に都ぶりの

館を作っている。在京していなかった大友氏にあっては、まさに親繁の時代にあたる。

　大友氏において、明瞭な嫡子単独相続が実現されるのは、親繁の子、政親以後のことである。『大友家文書録』に記載される言葉を借用すると、惣領制から嫡子単独相続への移行期である「別邸時代」、嫡子単独相続に移行しつつあった「府内館時代」に分けることができる。

　大友氏館跡の層位学的検討において、この「別邸時代」と「府内館時代」を画する地業層は、その館で使用される土師器という儀器の型式学的変遷をも画するものであった。その地業が、館機能の変化を示すものであったことは明らかである。「木砕之注文」における文明8年の政親の時代（在家督1473～1484）の「御屋形御主殿御二皆作」という記載がそれに対応する可能性は極めて高い。それは、親治以降の文化政策にも表れていよう。

　また、Ⅱ相以前の土器相を代表する型式である館系土師器Ⅰ式に注目すると、Ⅰ式は大内氏館跡から出土するA式土師器と酷似することが指摘されている。別邸時代の大友家当主に関しては、親世の妻は大内義弘の娘であり、親綱に関しては姫嶽合戦のさいに大内軍を万寿寺に迎え入れており、政親の妻は大内政弘の妹で、義右の妻は政弘の娘である。そして、足利義尹[33]を擁して上洛し永正4年～15年（1507～1518）の間京都に在住していた大内義興の娘は義鑑の正室である（表7参照）。すなわち、嫡子単独相続制へ移行してからは、平和であると同時に大内氏の影響が強かったものと考えられる[34]。明応4年（1495）、政親・義右親子の対立は、足利義材（後、義伊）の下知に応じて上洛を果たそうとした義右を政親が毒殺し、政親は大内政弘に殺害されるという事件を引き起こした。義右は、大内政弘の娘婿であった。この4年後、足利義伊は、周防に下り九州・四国の諸氏に助勢を依頼し、さらにその8年後、大内義興は足利義伊（後、義稙）を奉じて入洛を果たすのであるから、『後法興院政家記』に記されている義右の上洛志向は真実を伝えているのかもしれない。

　この後、嫡子単独相続移行への最後の苦しみを乗り越え、安定した政権を築いたのは、親治・義長の時期であり、戦国大名化を成し遂げた、その遺産を引き継いだ義鑑であった。その義鑑の代にも永正18年（1521）に主殿の棟上を祝っている。これは、大内義興の娘を貰った折の普請である[35]。義鑑期において注目されるのは、天文13～16年（1544～1547）頃の普請である。この頃の普請としては、「木砕之注文」にある「御対面所」や「土蔵」・「門」・「役所」・「台所」・「遠侍」・「女中屋」・「御土囲屏」・「御土囲廻屏」等、大々的な普請である。「対面所」に関しては、天文20年（1551）に、陶晴賢が謀反を起こした後、義鎮の弟晴英を大内家家督に迎えに来た折にこれについての記載がある。

　ただし、この一連の記載は、同時期の「上原屋敷」・「乾屋敷」といった屋敷の一連の施設を含む可能性があり、必ずしも「府内館」＝「大友氏館跡」に限定できる情報ではない。しかし、天文10年代の普請といえばちょうど鉄砲伝来直後である。足利義晴の中尾城普請における「鉄砲の用心也」という記録が天文18～19年（1549～1550）の事であり、義鑑は天文23年（1554）・弘治2年（1556）に義晴に「南蛮鉄砲御進上」・「南蛮所蔵之鉄砲御進上」を行い、永禄初年には義晴の「御本」を元に「鉄砲」や「石火矢」の特注品を作成しているのであるか

ら、府内でも鉄砲の伝来に対応した防御のための普請がなされたものと思われる。少なくとも、「御土囲屏」・「御土囲廻屏」や高土塁を現代に残す「上原屋敷」は中尾城に先んずる「鉄砲」・「石火矢」対策に当たる普請が施されたものかもしれない。

　しかし、その義鑑は、天文19年、「二階崩れの変」という変の名が示すように、御主殿二階において受難し、この世を去るのである。

おわりに──キリシタン大名へのプロローグ──

　1543年、西洋世界における大航海時代は、九州の南、種子島に漂着した[36]。大航海時代は、九州に鉄砲・キリスト教、そして、それに付随するさまざまな知識をもたらしたのである。文献史料によると府内には、ポルトガル船が少なくとも天文14年（1545）、天文20年（1551）、永禄3年（1560）の3度来航しており、そのうち1551年には、フランシスコ・ザビエルが府内を訪問している。1553年には、府内教会が、弘治元年（1555）には、ルイス・アルメイダにより幼児収容施設や住院および礼拝堂施設を兼ね備えた府内病院が開かれている[37]。

　大友氏は、義鎮の時期から、個性的な歴史を編み始める。特に極めて初期から鉄砲に着眼し、天文23年（1554）・弘治2年（1556）には、足利義晴に鉄砲等の直輸入品を献上しており、永禄初年（1558～）には義晴の「御本」を元に「鉄砲」や「石火矢」の特注品を作成しているので、義鎮の頃にはこの火器類が献上に耐え得る品質に仕上がりつつあったことが指摘される。義鎮初期の快進撃は、将軍家との距離を縮める支配の正当性を奪取してゆく外交上の武器としての鉄砲と、兵器としての鉄砲の威力に支えられていたと考えられる。しかし、九州における大友氏の島津氏に対する外交上・戦略上の優位は、義鎮が洗礼を受けて臨んだ、天正6年（1578）の耳川の合戦での敗戦において決定的に失われてしまうのである。

　秀吉は、島津仕置後、天正15年（1587）には長崎を直轄領としてバテレン追放令を発し、天正16年（1588）には海賊取締令の公布、文禄元年（1592）には朝鮮出兵を行い次々と厳しい対外政策をとった[38]。文禄2年（1593）、秀吉は、大友義統を朝鮮出兵における失態を理由に改易する。ここに大名としての大友氏の歴史は、幕を閉じるのである。

（1）　本文において「府内」という呼称は、「戦国都市府内」という段階を示すものと定義する。
（2）　上野淳也「豊後府内の成立過程──府中から府内へ──」（『キリシタン大名の考古学』発表資料、九州考古学会　2007年）。
（3）　千田昇「大分川下流域の地形」（『大分川流域』大分大学教育学部　1986年）、千田昇「大分平野のなりたち」（『大分市史　上』大分市史編纂委員会　1987年）、千田昇「大分平野西部の完新世における地形発達」（『地理学評論』60巻7号　1987年）、千田昇「地形」（『大分県史　地誌篇』1988年）大分市教育委員会「大分川・七瀬川流域平野の地形環境分析」（『玉沢地区条里跡　第8次発掘調査報告』大分市埋蔵文化財調査報告書　第60集　2005年）。
（4）　大分市史編纂委員会「戦国時代の府内復元想定図」（『大分市史』中巻付図Ⅱ　大分市　1987年）。
（5）　渡辺澄夫『豊後大友氏の研究』（第一法規　1981年）。
（6）　網野善彦『無縁・公界・楽──日本中世の自由と平和──』（平凡社　1978年／増補版1987年）。

（7）　豊後府中以外にも、博多や香椎などを指している可能性が考えられる。
（8）　三重野誠『大名領国支配の構造』（校倉書房　2003年）。
（9）　上野淳也「戦国都市府内の成立過程——豊後「府中」・「府内」関連用語にみる大友氏在府論——」（『史学論叢』36号、別府大学史学研究会　2006年）。
（10）　「大友文書」正平3年（1348）、万寿寺首座智徹等連署書状。
（11）　「新巻文書」正平22年（1367）、大友氏時書状。
（12）　「田原親貞注文」（『増補訂正編年大友史料九』27）草野忠右衛門氏家蔵田原文書。
（13）　「にょー文書預ケ状」（『増補訂正編年大友史料一七』418）古国府字岩屋寺利根氏一族共同保管文書。
（14）　大分県教育委員会「大友家文書録」（『大分県史料』(31)～(34)・第二部補遺(3)～(6)　大分県中世文書研究会　1979年～1981年）。
（15）　「臥雲日件録」康正元年（1455）。
（16）　外山幹夫『大名領国形成過程の研究』（雄山閣出版　1983年）。
（17）　飯沼賢司氏・吉永浩二氏（大分県教育委員会）に御教示頂いた。永井規男・新見貫次「洲本御大工斉藤家旧蔵の木割書について」（『日本建築学会近畿支部研究報告集』　1981年）。
（18）　「永弘文書」大分県史料四。
（19）　「永広文書」大分県史料六。
（20）　上野淳也「大友氏館跡出土土師器の層位学的検討」（『大分県地方史』197号　2006年）。
（21）　大分市史編纂委員会「戦国時代の府内復元想定図」（『大分市史』中巻付図Ⅱ　大分市　1987年）。
（22）　現に、第2次調査においては、遺構として地下より検出された土塁状遺構の東延長上に、19・20番という不可解な筆形状が接続している。これは、まさに地下情報が筆形状に表れた例であることが指摘できる。24・25・26に関しても、同様に地下情報を伝えているものと考えられる。
（23）　木村幾多郎氏の分類におけるA・B類。
　　　　木村幾多郎「研究ノート　府内古図の成立」（『府内及び大友氏関係遺跡総合調査研究年報』1993年度　大分市歴史資料館　1993年）。木村幾多郎「高国府・勝津留考」（『府内及び大友氏関係遺跡総合調査研究年報』Ⅴ　大分市歴史資料館　1996年）。木村幾多郎「府内古図再考」（『府内及び大友氏関係遺跡総合調査研究年報』Ⅸ　大分市歴史資料館　2000年）。
（24）　上野淳也「第2章　歴史的環境」（『大友館跡——発掘調査概報Ⅱ——』大分市教育委員会　2000年）。
（25）　高畠豊「大友館跡——発掘調査概報Ⅰ——」（大分市教育委員会　1999年）。
（26）　上野淳也『大友館跡——発掘調査概報Ⅱ——』（大分市教育委員会　2000年）。
（27）　後藤一重氏の研究がある。後藤一重『小路遺跡』（大分県久住町教育委員会　2000年）。
（28）　小森俊寛・上村憲章「京都の都市遺跡から出土する土器の編年的研究」（『京都市埋蔵文化財研究所研究紀要』3号　1996年）。
（29）　整地土、すなわち、客土の供給地の土器組成が混在している可能性を有する。しかし、新しい様相に関しては、最終段階を示している可能性は高い。
（30）　鎌倉時代に禅宗と共に、日本に定着した。
（31）　この記録は逆に義鎮・義統の時には、改築されてしまったか失われてしまっていた可能性をも示している。
（32）　大分市教育委員会「大友氏館跡　第12次調査」（『大分市埋蔵文化財年報』Vol.14（2002年度）2003年）。
（33）　朝倉貞景のもと（明応2年〈1493〉～明応7年越中公方、明応7年～明応8年〈1499〉越前公方）より山口へ落ち延びていた。子の孝景は、大永7年（1527）に上洛、翌年義晴の御供衆に加えられる。孫の義景も義昭を一時期保護していた。
（34）　『木砕之注文』における「御簾中様御主殿御棟上」の記載から、義興の娘は、山口帰国後に嫁いでいることがわかる。ちなみに、義鑑は、足利義晴から偏諱を受けて大永4年（1524）以後、親

敦から義鑑に改名している。
(35)　ちなみに、天文12年（1543）には、次男晴英を大内家猶子として出している。
(36)　1542年説も存在する。
(37)　1580年には、府内コレジオが建設されている。また、ローマ教皇は、1575年にマカオ司教区を設定し日本はこれに含まれたが、1588年には（豊後）府内司教区が新設されている。しかし、新設が決定された時には、府内は島津軍によって灰燼の都市とされていた。
(38)　一方では、1592年に朱印船貿易を開始するなど対外交易に積極性を見せる側面も合わせ持っていた。

【コラム】

肥後八代・麦島城と小西行長

鳥津 亮二

▶麦島城とは◀

歴史上、八代には3つの"八代城"が存在した。最初の八代城は相良氏の中世山城・古麓城（八代市古麓町）、2つ目は1588年（天正16）ごろに小西行長が築いた麦島城（八代市古城町）、3つ目が1622年（元和8）に加藤忠広の家老・加藤正方が完成させた松江城（八代市松江城町）である。現在の八代の市街地形成のルーツを考えた場合、行長が山城の古麓を廃して球磨川河口の八代海沿岸に麦島城を新築したことが最大の契機となる。しかし、麦島城は1619年（元和5）の地震で崩壊し、その後地中に埋もれたため、その実像はこれまで全く不明であった。

ところが1996年（平成8）から2003年（平成15）にかけて実施された発掘調査により、麦島城の一部が私たちの前に姿を現した。白く輝く石灰岩の石垣、整然と並ぶ本丸城内の建物礎石や排水施設の石組み遺構、豊臣秀吉および朝鮮侵略との関係がうかがえる出土遺物（金箔瓦・桐文鬼瓦・朝鮮製瓦など）、倒壊した櫓の建築部材など、その発掘成果は16世紀末から17世紀初頭の八代の歴史を塗り替えるものばかりであった。ここでは、その発掘成果を契機に明らかになった八代と小西行長の関係について述べてみたい。

▶「海の司令官」と麦島城◀

そもそも麦島城を築造した小西行長は、交易都市・堺を基盤とする小西立佐の二男として1558年（永禄元）に京都で生まれ、1581年（天正9）ごろから羽柴秀吉に仕えた戦国武将である。秀吉のもとでは主として兵糧・物資や兵船等の調達・輸送に携わり、瀬戸内海の海上交通を管理する立場にあった。また、行長は幼少の時に父の影響により京都で洗礼を受けたキリシタンであり（洗礼名アゴスチイノ）、秀吉政権下での地位が向上するにつれ、イエズス会からは日本のキリシタンの中心人物とみなされるようになった。ルイス・フロイスが行長を指して「キリシタンであり海の司令官」と述べているように、「海」と「キリスト教」の2点が、行長の性格を物語る重要なキーワードである。

1587年（天正15）の九州平定後、秀吉は行長に九州沿岸・海上の統括権を付与している。これは、ヨーロッパの宣教師・商人とのつながりを持つ行長の対外交渉力と海上輸送力、そしてこれから本格化する「唐入り」に向け朝鮮との交渉に対する秀吉の期待の表れとみてよい。そして、1588年（天正

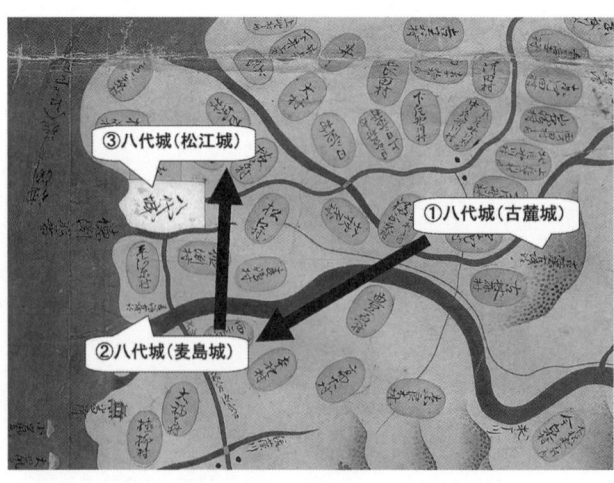

図 江戸時代の八代の地理環境と城郭変遷図
『天保肥後国絵図』（八代市立博物館所蔵）をもとに作成

16)、秀吉は行長に肥後南部の宇土・益城（一部）・八代を所領として与えた。なぜ、秀吉が行長を肥後南部に配置したかについては諸説あるが、八代に関していえば、海上交通の拠点としての環境に注目したことによると考えられる。

16世紀、球磨川河口の徳淵津（現在の八代市本町一帯）は、相良氏の統治期より中国貿易の拠点として繁栄をみせていた。九州平定の途上、八代に滞在した秀吉は、この地の人口を記した書状を毛利氏に書き送るなど、繁栄ぶりや地理環境を正確に把握していた。この海上交通の拠点・八代に、九州沿岸・海上の統括権を与えた「海の司令官」行長を配したことは決して偶然ではないだろう。このことを如実に物語るのが麦島城である。

行長は肥後入国後、それまで八代の拠点であった山城の古麓城を廃し、徳淵津近くの球磨川河口に位置する麦島に新城を建設した。発掘成果では、八代海に面する本丸小天守西側の外堀は50m規模の幅を持ち、麦島城北側の徳淵津との船舶の出入りを意識した構造となっていたことが明らかとなっている。こうした麦島城の特徴は行長の個性の表れとも考えられるが、むしろ八代と行長を「海」という特徴で結びつけた秀吉の構想というべきなのかもしれない。麦島城建設に秀吉のバックアップがあったことは、本丸小天守跡の西側石垣部分から出土した桐文鬼瓦や金箔瓦の存在からもうかがうことができる。もちろん、この秀吉の構想には、来るべき「唐入り」の拠点としての八代というイメージも含まれていたに違いない。実際、八代は朝鮮侵略にさいして、小西行長軍の拠点のみならず、兵糧や木材など日本軍の物資輸送拠点として機能していたことが史料上明らかである。

▶八代とキリスト教◀

ところで、キリシタンとしての行長と八代との関係について述べておくと、以前からキリスト教が伝播していた天草を除く宇土・八代などの地域では、行長が入国後すぐに領民に対して布教を推進した形跡は認められず、イエズス会報告書にも記述は全くみられない。これは、1587年6月に発令された秀吉のキリシタン禁制を行長が強く意識していたからであり、実際に宇土・八代で布教活動が始まったのは秀吉没後の1599年（慶長4）のことである。

イエズス会報告書によれば、八代では朝鮮から帰国した行長重臣の小西末郷（ジャコベ作右衛門）が宣教師バプティスタの援助を受けて布教活動を推進したことで「二万五千人」が洗礼を受け、「新たに十四の教会」が建てられたという。こうした洗礼者などの数値にどこまで信用がおけるか問題であるが、少なくともこの時期から小西領において布教活動が行われ、キリシタンとなった人々がいたことは確実である。しかし、このころの八代のキリスト教の繁栄を物語る遺物はほとんど現存しておらず、麦島城跡からもその痕跡は見つかっていない。1600年（慶長5）9月、小西行長は関ヶ原合戦により敗死。これに伴い、麦島城は加藤清正の攻撃を受け、八代は清正の支配下におかれることとなった。そして、その翌年には旧小西家臣に対するキリスト教弾圧が始まり、1603年（慶長8）には八代で徳川期最初の殉教者が生まれることになるのである。

このように、16世紀末から17世紀初頭における八代の歴史は、小西行長の個性と表裏一体だったことが明らかになりつつある。その実態解明に向けた研究はまだ始まったばかりである。

〔参考文献〕

八代市教育委員会編『八代市文化財調査報告書第30集　麦島城跡』（2006年）

八代市立博物館未来の森ミュージアム特別展覧会図録『小西行長-Don Agostinho-』（2007年）

II

キリシタン遺物は語る

豊後府内出土のキリシタン遺物
―― 府内型メダイの再考を中心として ――

後 藤 晃 一

はじめに

　大分市の中心部に位置する府内は、16世紀段階キリシタン大名大友宗麟の保護のもとで、キリスト教文化が栄えた町であった。現在この府内では発掘調査が実施されており、当時のキリスト教文化を示す品々が発見されている。遺跡名は「中世大友府内町跡」と呼称し、現在までにその調査次数は80次を超えている。発見されたキリシタン関係の遺物は、メダイ・コンタツ・指輪・真鍮製チェーン等で、さらに府内町跡のはずれの方ではキリシタンのものと思われる墓も発見されている。まずはこれらの発見された資料について、概観していきたいと思う。

　まず、キリシタン墓は、中世大友府内町跡の西のはずれに位置する第10次調査区で発見された。この地は幕末に製作された「府内古図」に描かれたダイウス堂（教会）推定地の南側部分にあたり、調査当初は教会関係の遺構の発見が期待されていた地域でもあった。この第10次調査区において、2002年に1基の墓が検出された（1号墓ST130、図1参照）。埋葬されている人物は、体を伸ばした状態のいわゆる伸展葬で、腕を胸元で交差させて埋葬されていた。副葬品は何も持たず、底が簀の子状になった木製の棺に入れられていた。遺構の時期は周囲の層位関係から16世紀後半段階に比定される。16世紀後半期の国内における一般的埋葬形態は、座葬や屈葬が主流であり、副葬品ももたず、伸展葬で埋葬されるこの人物は、極めて特異な存在であった。

　ところが、こうした伸展葬の墓が東京と大阪で数多く発見された。一つは東京駅八重洲北口の調査で発見され[1]、もう一つはキリシタン武将として著名な高山右近の居城、大阪高槻城で発見された[2]。そこで発見された木棺には十字架が印されており、さらには木製のロザリオやメダイがみつかるなどして、キリシタン墓であることが判明したのである。とくに高槻城の木棺は底が簀の子状であり、府内で発見された1号墓ST130と、その埋葬形態が酷似していた。以上の類例と、さらには府内教会推定地に近接するという位置関係から、府内で発見された1号墓ST130は、キリシタン墓である可能性が高いことが判明した。

また、このキリシタン墓の周囲では合計18基の墓が発見されているが、その中でも1560年代を中心とする時期に8歳以下の小児・乳幼児の墓が8基形成されていることがわかった。府内教会には当時育児院が併設されていた記録があり、その関係が推測される注目すべき遺構である。

　次に府内で出土したキリシタン関係の遺物について触れていこうと思う。まず、コンタと呼ばれるガラス製の珠が出土している。コンタとは「数える」に由来する、キリスト教徒の数珠の珠で、カトリック教徒はコンタを環状につなぎ、祈りをささげながら指先で数えていた。コンタが複数で「コンタツ」と称す。府内では花弁状の形をした[3]ガラス製のコンタが現在までに5点出土し（第8次調査区で1点[4]〈図2・図5〉、第28次調査区で1点[5]〈図6〉、第48次調査区で2点〈図3～5〉[6]、第80次調査区で1点〈報告書は未刊行〉）、さらに第12次調査区や第51次調査区（図7）においてはガラス製の小玉が固まって数十点出土している[7]。花弁形のものはカリガラス製のものと鉛ガラス製の物があるが、そのうち鉛ガラス製のものについては、鉛同位体比分析の結果、華南産の素材が使用されていることが判明している（図51・52参照）。

　次に指輪については、1570年代に埋まったと考えられる土坑から出土している（図8～10）。指輪の素材は、蛍光X線分析によって鉛と錫の合金であることが判明している[8]。この府内で出土した指輪とほぼ同形態の指輪が、島原旧教徒からの没収品（神戸市立博物館所蔵）の中に納められている。理化学分析が行われていないので正確なことはいえないが、実見したところでは鉛製の可能性が高く、府内出土の指輪と近い素材と考えられる。

　真鍮製チェーン（図11・12）については、このもの自体からこれがキリシタン遺物である確たる証拠は得られない。しかし素材が真鍮であり、真鍮は当時の国内では独自に製作することができないとされていることから、搬入品である可能性が高い。また、博多ではヴェロニカのメダイと十字架がこのようなチェーンのようなものに通されている状態で、鋳型に取られているものが出土している[9]（図15）。こうしたチェーンを使用する物にはロザリオなどもあることから、キリシタン遺物である可能性を指摘しておきたい。

　そして、府内で最も多くの数出土しているのがメダイである。メダイとは金属製のメダル状製品で、表裏にキリストやマリア、聖人等が描かれる。ポルトガル語でメダーリャ medalha、フランス語でメダイユ médaille で、これらの発音からメダイとなったものと考えられる。当時の記録や現存する伝世品をみると、首からぶら下げたり、ロザリオに付けたりして所持していたようである[10]。府内で最初に発見されたメダイは、片面にキリストの正面像と布、もう片面にキリストを抱くマリアの像（聖母子像）が描かれていた。特にキリスト像のモチーフはヴェロニカと呼ばれ、キリストの真の像を表しているといわれる。蛍光X線分析によれば、鉛84.5%、錫13.9%と2つの金属が主成分をなし、ピューターであることがわかる。

　現在ヴェロニカのメダイは知りうる限りでは全部で4点（神戸市立博物館所蔵1点、天草ロザ

リオ館所蔵2点（図16・17）、府内1点）ある。ところがこの4点の内、府内のものだけがモチーフが異なっている。具体的には他の3点はいずれもイバラの冠をかぶっているのに対して、府内のものはイバラの冠をかぶっていない。また後ろに描かれるヴェールについては、他の3点はいずれも単線で区画するだけの比較的簡素な描写であるのに対して、府内のものはヴェールのしわまで描写されている。

その後、府内ではこのヴェロニカのメダイとは異なり、茄子のような形をした鉛製や銅製の金属製品が27点確認された（図20～29、33～50）。これらの金属製品は大半が円盤状を呈し、上には紐等を通すための孔が穿たれているなど、メダイと同様の特徴を有している。そしてサイズもメダイのそれに近いことや、キリシタン文化が栄えた府内で出土することなどを勘案し、これらは宣教師がもたらしたメダイを模倣して、府内で独自に製作されたメダイではないかと考え、「府内産メダイ」[11]あるいは「メダイ様金属製品」[12]と呼称した。

ところがここ数年、別府大学の平尾良光教授のご協力の下、金属の組成と鉛同位体比分析を進めていく内に、これまでとは若干異なった様相がみえるようになってきた。本稿では、近年の理化学分析成果と、新たに得られた平戸の資料、そしてさらに府内出土資料の型式学的面からの再考察に基づいて、「府内産メダイ」「メダイ様金属製品」の新たな位置づけを試みるものである。そしてその位置づけから当時の府内における南蛮貿易の様相にもアプローチしていきたいと考える。

1　メダイ様金属製品における型式的序列

メダイ様金属製品の中には、同形態にもかかわらず、明らかに型式上の序列が存在するものがある。最も顕著な例が、図33・34の資料M12と図38の資料M19である。両者とも一方の面が窪んで何かをはめ込めるようになっており、もう一方の面は平らで何か模様を刻む（M12は何か十字のようなものを刻んでいる）。また面は両者とも円形を呈し、上につく鈕の部分は一段、段を設けている。サイズもほぼ同サイズで、両者は明らかに同一形態のものである。しかしながら決定的に異なる点が1か所ある。それは、鈕として施される穿孔部分である。M12は面に対して横方向に穿孔が施され、それは鈕の一番上位に施されている。ところが、M19は穿孔が面に向かって正面方向に施されており、しかもそれは鈕を形成する段の中央部に穿たれている。本来メダイが吊されたときを考えると、穿孔は面に向かって横方向に施される方が、メダイ自体が正面を向いて自然である。この形態のメダイは本来そうした鈕を施すために、円形面の上に段をつけてその上に穿孔部分を持ってきたのであろうが、そうした本来の機能から考えると、M19の穿孔は極めて不自然である。つまり、M19はM12の形態を模倣して作成し、その後吊すための穿孔を後出的要素として付加したと考えられる。よって、M12とM19の間には明らかに型式上の序列、考古学的編年上では前後関係が存在する。

この型式的序列の存在はすなわち、メダイ様金属製品の中に実はプロトタイプが存在している可能性を示す。そうした眼で見てみると図42の資料M14と図46・47の資料M05の資料

との間でも同様の関係が認められる。両者とも鈕部分がペディメント風に作られ、同形態であることがわかる。しかしながら、M14が両面に文様を施すのに対し、M05はそれが全く見られず、穿孔も認められない。型式的には退化傾向が認められ、これもやはりM14を模倣して、M05が作られた可能性を示唆している。つまり、M14がプロトタイプで、M05が模倣品と考えられる。ただM05に穿孔部分が認められない点は、本来のメダイの機能を失うこととなるため別の要素を考えねばならない。近くに焼土層が散っていたことから被熱による消失、もしくは製作途中段階のものである可能性等が考えておく必要があろう。

　ところで、このプロトタイプと模倣したものとの間には、形態的差異の他に素材上でも差異が認められることが判明してきた。次に理化学分析成果を踏まえ見ていきたいと思う。

2　メダイ様金属製品の素材

　ここでとりあげるのは蛍光X線分析によって得られる金属組成と、鉛同位体比分析による産地同定である。分析は別府大学の平尾良光教授に依頼した。

　前述のM12（図34）とM19（図38）、M14（図42）とM05（図46）についてデータを示す。図35・39・43・48のグラフは、蛍光X線分析による各資料の金属組成を表す。例えば、図35を見るとM12はスズ43.2％、鉛46.5％とこの2つの金属が主成分をなし、ピューターであることがわかる。次に図36・37、図40・41、図44・45、図49・50のグラフは各資料の鉛同位体比分析による、産地同定結果を表している。この鉛同位体比分析とは金属に含まれる鉛の産地を同定する分析である。ほとんどの元素の同位体比は時間が経っても変化しないが、鉛は例外的な元素で、その性格を利用して鉛の産地を導き出す。具体的には同位体の量が地球の誕生から変わっていない^{204}Pb量と、変化した^{206}Pb、^{207}Pb、^{208}Pb量との比を調査し、これを世界の鉛鉱山の同位体比と比較することによって、鉛の産地の違いを判別することができるのである[13]。鉛同位体比のグラフについては、通常x-y軸に^{207}Pb/^{206}Pb-^{208}Pb/^{206}Pbをとるグラフ（図36・40・44・49）と、^{206}Pb/^{204}Pb-^{207}Pb/^{204}Pbのグラフ（図37・41・45・50）の2つが使用される。このグラフにはこれまで蓄積されたデータをもとに、華南産・華北産・日本産・朝鮮産の各領域が示されている。さらに、近年の成果により新たに点線楕円の領域が確認され、この領域は東南アジア周辺の可能性が高いとされている[14]。これらいずれかの領域に入ればその産地が特定できるわけであるが、前述の2種類のグラフの両者において同一領域に入っていなければならない。つまり一方のグラフで華南産に入っていても、もう一方のグラフでは日本産に入っているとしたら、これは産地の特定が現段階では不可能ということになる。そうした観点から例えば、M12の資料は図36では前述の点線楕円で囲まれた東南アジア領域に入っており、もう一つのグラフである図37でも同じ点線楕円の領域に入っている。したがってM12の資料の鉛産地は東南アジア周辺に求めることができるといえる。

　そこでM12と形態的に非常に近いM19について見てみると、鉛同位体比によれば、いずれも同じ領域内に位置することがわかる。つまり近い産地の鉛素材が使用されている可能性

が高い。しかし、金属の組成について見てみると、図39からわかるようにM19はほぼ純鉛製品である。先に触れたように、M12は鉛と錫が半々のピューターであり、さらにヒ素を含んでいる点で大きく異なっている。

次にM14とM05については、M05が若干錫を含むもののほぼ鉛主体の金属である（図48）のに対して、M14は鉛が主体ではあるが、ヒ素を意図的に混入させている（図43）。また、鉛同位体比によれば、M05は前述のM19と非常に近い数値を示し（図49・50）、ほぼ同産地の鉛を使用していると考えられるが、M14については、前述のM12・M19・M05とは全く異な

表1　府内出土キリシタン遺物一覧

遺物No.	遺物名	出土遺跡	金属組成	長径	短径	厚さ	重量(g)
M01	メダイ	府内町跡第12次	鉛製	2	1.6	0.4	9
M02	メダイ	府内町跡第12次	純銅製	2.4	2.2	0.3	9.7
M03	メダイ	府内町跡第12次	鉛（錫）製	1.5	1.2	0.3	4
M04	メダイ	府内町跡第12次	鉛製	2	1.8	0.3	7.9
M05	メダイ	府内町跡第12次	鉛（錫）製	2.5	1.6	0.2	4.7
M06	メダイ	府内町跡第12次	鉛製	2.2	2	0.3	9.6
M07	メダイ	府内町跡第12次	ピューター	1.65	1.51(1.18)	0.36	3.4
M08	メダイ	府内町跡第13次	ピューター	2.0	2.0	0.2	2.0
M09	メダイ	府内町跡第13次	鉛製	1.9	1.3	0.3	4.8
M10	メダイ	府内町跡第13次	鉛製	1.82	1.79	0.32	6.7
M11	メダイ	府内町跡第18次Ⅳ区	青銅製（ヒ素）	1.99	1.79(1.81)	0.38	7.3
M12	メダイ	府内町跡第21次	ピューター（ヒ素）	2.4	1.8	0.4	5
M13	メダイ	府内町跡第28次	鉛製（ヒ素）	2.3	1.68	0.56	11.2
M14	メダイ	府内町跡第41次	鉛製（ヒ素）	2.16(1.21)	1.68	0.4	7
M15	メダイ	府内町跡第41次	鉛製	1.65	1.31	0.30	3.6
M16	メダイ	府内町跡第43次	鉛製	1.7	1.36	0.32	4
M17	メダイ	府内町跡第43次	純銅製	1.72	1.6	0.47	4.6
M18	メダイ	府内町跡第43次	鉛製	1.48	1.26(1.22)	0.45	5.2
M19	メダイ	府内町跡第51次	鉛製	2.12(1.47)	1.7	0.28	3.9
M20	メダイ	府内町跡第51次	鉛製	1.9(1.1)	1.36	0.45	6.2
M21	メダイ	府内町跡第51次	ピューター	1.66	1.66	0.29	3.6
M22	メダイ	府内町跡第20次C区	鉛製	1.85	1.15	0.3	3.47
M23	メダイ	府内町跡第69次A区	青銅製	1.93	1.48	0.45	4.5
M24	メダイ	大友氏館跡第1次	鉛製	―	―	―	―
M25	メダイ	府内町跡第53次	鉛製	1.75(1.34)	1.24	0.43	5
M26	メダイ	府内町跡第53次	鉛製	1.57	1.31	0.44	5.4
K01	指輪	府内町跡第43次	ピューター	縦2.3	横1.9	―	1.8
K02	チェーン	府内町跡第43次	真鍮製	長さ11.0	―	―	―
C01	コンタ	府内町跡第48次	鉛ガラス	1.5	1.0	孔径0.4	3.6
C02	コンタ	府内町跡第48次	鉛ガラス	1.5	1.2	孔径0.4	4.3
C03	コンタ	府内町跡第8次	鉛ガラス	1.2	1	孔径0.4	―
C04	コンタ	府内町跡第28次	カリガラス	2	1	―	1.1

る数値を示している（図44・45）。

　以上より、プロトタイプを模倣して作成したと思われるM19とM05の資料は、金属組成（純鉛製）と鉛の産地の両方において、非常に近いものであることがわかる。それに対して、プロトタイプと思われるM12とM14については、M19やM05とは金属組成あるいは鉛の産地において、異なるものであることがわかる。ここで、図51・52を見てもらいたい。中世大友府内町跡で出土する27点のメダイ様金属製品の内、半数近くの12点（M03・M04・M05・M06・M10・M15・M16・M19・M22・M25・M26）が、鉛同位体比でほぼ同じ数値を示している。そしてそれらは若干の錫を含むものが2点（M03・M05）あるものの、すべて純鉛製である（表1参照）。

　この分析データから考えられることは、まず鉛同位体比におけるこの数値の集中度合いは、これらのメダイ様金属製品の素材が同じ産地のものであること、さらにいえば同じ鉛の固まりから作り出されたものである可能性を示すものである。つまりインゴットの存在を示唆するものである。そして作り出されたメダイ様金属製品は、そのほとんどが純鉛製であることに着眼すると、府内に持ち込まれたインゴットをそのまま使用していることが推測される。つまり、メダイ様金属製品のうち半数近くを占める鉛製のものは、ある地域から府内にもたらされた鉛インゴットを使用し、プロトタイプを模倣して製作された府内製のメダイであると考えられるのである。以上より、これまで「メダイ様金属製品」としてきた一群（プロトタイプと模倣したものを含めて）は「府内型メダイ」と呼称することとする。

　ところで、純鉛製以外の製品についてはどうであろうか。前述のように鉛製でも錫の含有量が高かったり、ヒ素を含む物は、プロトタイプの可能性が高い。しかしそれ以外に、府内では銅製のものが何点か出土している。次に銅製の府内型メダイについて見ていきたいと思う。

3　銅製の府内型メダイ

　府内で出土した銅製メダイとしては図27・28（M02）がある。まず、平戸に府内型メダイと同形態の物が伝世されているので、それと比較してみようと思う。

　平戸市飯良町在住の作尾藤四郎氏宅において、祖先が代々伝世してきたキリシタン遺物の中に、府内型メダイと同形態のものが含まれていた[15]。図30・31がそれである。これは、キリスト・マリアのメダイ、キリスト・聖母子像のメダイ、鉛製メダイと共に、聖遺物箱の中に納められて伝世されてきた。このメダイは、円形の金属製品で、上部に逆台形の鈕の台部分を造り、その上に面に平行する方向で穿孔が施される。形態的には図24・25（M01）や図27・28（M02）の府内型メダイと同形態である。また円形の面の部分には、両面共に中央部分に窪みが見られる。この窪み部分の左右には横方向に擦痕が認められ、中央部分に何らかのキリストに関係する画像が貼付されていた可能性がある。

　この平戸の府内型メダイについては蛍光X線分析を平尾良光教授にお願いした。その結果が図32である。グラフからわかるように、このメダイは純銅製であった。ここで府内の銅製

府内型メダイで、この平戸のメダイに形態的に非常に似ているM02に眼を転じてみると、金属組成が平戸のものと同じ純銅製であることがわかる（図29）。さらにM02は鉛同位体比分析の結果、華南産の鉛を使用していることが判明している（図51・52）。当時ポルトガルの船が直接来航していた平戸の資料と、府内の資料の共通性、これは府内の資料M02が搬入されたものである可能性を示唆する[16]。

　以上より、純銅製の府内型メダイやヒ素や錫を多く含む府内型メダイの中には、プロトタイプが含まれ、それは搬入されたということが一つの可能性として示唆された。つまり府内型メダイはすべて府内で製作されているとは限らないということである。図51・52をみると、純銅製、もしくは青銅製の府内型メダイ（M02・M11・M17・M23）は、その鉛の産地がすべて華南であり、産地未確定の領域（点線楕円）に集中する一群とは明らかに様相が異なる。ただし、原料の産地イコール製作地ではないため、産地が華南であるという結果だけでは、プロトタイプが府内で製作されていないという立証をする要素にはなりえない。一ついえるのは、模倣品のうち図51・52の点線楕円の中に集中する一群が、府内で製作されたメダイである可能性は極めて高いことである。

結　語

　ヴェロニカメダイをはじめ、当時メダイは人気の品であった。そのため日本での需要を満たすため、急遽手に入れる必要が生じた。その任務を背負ったのが宣教師であり、ポルトガル商人であった[17]。彼らはゴア→マラッカ→マカオ→日本の航路において、その途中段階でメダイを確保（製作）し、いわゆる南蛮貿易ルートに乗ってもたらした。これは、コンタツなど他のキリシタン遺物についても同様の事がいえる。

　そしてメダイについてはさらなる需要に応えるため、府内では独自に生産された。そのさい使用された素材は、当時南蛮貿易の主要輸入品であった鉛（恐らくインゴット）であった。鉛は、恐らく軍事的要素を主としてもたらされたと思われるが、府内ではメダイ製作にも用いられた。鉛はその素材の性質から容易に加工できるため、府内型メダイは大量に生産された可能性がある。

　また府内型メダイは、何点かが明らかに島津侵攻による焼土層直下から出土しており、その製作年代は1570年代から1587年までの間に限定できる。とすると、同形態を呈する平戸で伝世されてきたメダイも1587年以前に遡らせることが可能である。現在、国内におけるメダイで、16世紀後半以前の具体的年代設定（1587年以前）が可能なのは、この府内型メダイのみである。これに加えて、ヴェロニカのメダイも発掘調査時の所見等より1587年以前に遡らせることが可能であり、そうすると1587年以前のメダイは形態的に円形のものが主体であったと想定される。そしてこの1587年頃という時期は、府内にとっては島津侵攻が大きな事件であったが、国内のキリスト教や南蛮貿易においても一つの画期であった。この1587年、豊臣秀吉はバテレン追放令を発布、一方で同年天草のサシノツ港に初めてフィリピンからエスパ

ニア船が来航した。ポルトガル独占の南蛮貿易ルートに、新たなマニラとの通商航路が加わってきたのである。そしてやがてスペイン系ドミニコ会やフランシスコ会が国内に入ってくる。

　1587年以前、イエズス会の宣教がポルトガルの南蛮貿易ルートと共存してきた背景から、国内には日本以外のアジア諸国で製作されたキリシタン遺物も多く搬入されていたと思われる。府内型メダイの中にもそうしたものが入っていた可能性がある。それゆえこの南蛮貿易の様相が変化すると、それに伴い流入してくるキリシタン遺物も変化していったことが想定される。さらには天正遣欧使節の帰国、あるいはスペイン系托鉢修道会の宣教開始などが、国内におけるキリシタン遺物の変化へ影響を与えていったと思われる。今後、東アジアのキリシタン遺物、さらには西洋のキリシタン遺物との型式的・理化学的両側面からの比較が行われればさらに明確になってくるであろう。

（１）　千代田区東京駅八重洲北口遺跡調査会『東京都千代田区　東京駅八重洲北口遺跡』、2003年。
（２）　高槻市教育委員会『高槻城キリシタン墓地』、2001年。
（３）　興善町遺跡（長崎県長崎市興善町）でほぼ同形態のガラス製コンタが出土しており、鑑定した結城了悟氏はこの形態を「カボチャ形」と呼称している。
（４）　大分県教育庁埋蔵文化財センター『豊後府内１』（大分県教育庁埋蔵文化財センター調査報告書第１集）、2005年。
（５）　大分県教育庁埋蔵文化財センター『豊後府内４』（大分県教育庁埋蔵文化財センター調査報告書第９集）、2006年。
（６）　注（３）に同じ
（７）　第12次調査区については、注（３）の報告書に掲載。第51次調査区は未報告である。
（８）　大分県教育庁埋蔵文化財センター『豊後府内８』（大分県教育庁埋蔵文化財センター調査報告書第23集）、2008年。
（９）　福岡市教育委員会『博多八五――博多小学校建設に伴う埋蔵文化財発掘調査報告書――』、2002年。
（10）　後藤晃一「豊後府内のキリシタン遺物」鹿毛敏夫編『戦国大名大友氏と豊後府内』高志書院、2008年。
（11）　後藤晃一「メダイの考古学的研究――中世大友府内町跡出土資料を中心として――」『考古論集　川越哲志先生退官記念論文集』、2005年。
（12）　注（５）に同じ。
（13）　平尾良光編『古代青銅の流通と鋳造』鶴山堂（東京）、1999年。
（14）　平尾良光教授のグループは、Ｎ領域という名称で設定している。
　　　魯禔玹「南蛮貿易と金属材料――自然科学的方法を用いた中世キリスト教関連遺物の研究――」九州考古学会夏季（大分）大会発表資料『キリシタン大名の考古学』、2007年。
（15）　平戸市在住の川上茂次氏によって紹介していただいた。
（16）　穿孔方向が平戸のそれが横方向なのに対して、府内のそれは正面方向である点は、メダイの機能からすると退化的傾向として捉えることも可能である。
（17）　「またこの目的のために定航船から十分に仕入れておいた鉛と硝石を提供した。これらのことで彼は六百クルザードを費やした」（フロイス「日本史」第39章（第２部20章））松田毅一・川崎桃太『完訳フロイス日本史』中央公論新社、2000年）。

〔掲載図版一覧〕
1　中世大友府内町跡第10次調査区出土キリシタン墓1号墓ST130（大分県教育委員会所蔵）
2　中世大友府内町跡第8次調査区出土ガラス製コンタ（同上）
3〜4　中世大友府内町跡第48次調査区出土ガラス製コンタ（同上）
5　中世大友府内町跡第8・48次調査区出土ガラス製コンタ（同上）
6　中世大友府内町跡第28次調査区出土ガラス製コンタ（同上）
7　中世大友府内町跡第51次調査区出土ガラス製コンタ（同上）
8〜10　中世大友府内町跡第43次調査区出土指輪（同上）
11・12　中世大友府内町跡第43次調査区出土チェーン（同上）
13・14　中世大友府内町跡第13次調査区出土ヴェロニカメダイ（同上）
15　博多遺跡群第111次調査出土メダイと十字架の鋳型（福岡市埋蔵文化財センター）
16・17　天草伝世品ヴェロニカメダイ（天草ロザリオ館所蔵）
18・19　中世大友府内町跡第12次調査区出土府内型メダイ（大分県教育委員会所蔵）
20・21　中世大友府内町跡第28次調査区出土府内型メダイ（同上）
22〜25　中世大友府内町跡第12次調査区出土府内型メダイ（同上）
26　蛍光X線分析グラフ（データは別府大学提供、グラフは著者が作成）
27・28　中世大友府内町跡第12次調査区出土府内型メダイ（大分県教育委員会所蔵）
29　蛍光X線分析グラフ（データは別府大学提供、グラフは著者が作成）
30・31　平戸伝世府内型メダイ（個人蔵／作尾藤四郎氏）
32　蛍光X線分析グラフ（データは別府大学提供、グラフは著者が作成）
33・34　中世大友府内町跡第21次調査区出土府内型メダイ（大分県教育委員会所蔵）
35　蛍光X線分析グラフ（データは別府大学提供、グラフは著者が作成）
36・37　鉛同位体比グラフ（同上）
38　中世大友府内町跡第51次調査区出土府内型メダイ（大分県教育委員会所蔵）
39　蛍光X線分析グラフ（データは別府大学提供、グラフは著者が作成）
40・41　鉛同位体比グラフ（同上）
42　中世大友府内町跡第41次調査区出土府内型メダイ（大分県教育委員会所蔵）
43　蛍光X線分析グラフ（データは別府大学提供、グラフは著者が作成）
44・45　鉛同位体比グラフ（同上）
46・47　中世大友府内町跡第12次調査区出土府内型メダイ（大分県教育委員会所蔵）
48　蛍光X線分析グラフ（データは別府大学提供、グラフは著者が作成）
49〜52　鉛同位体比グラフ（同上）

図1

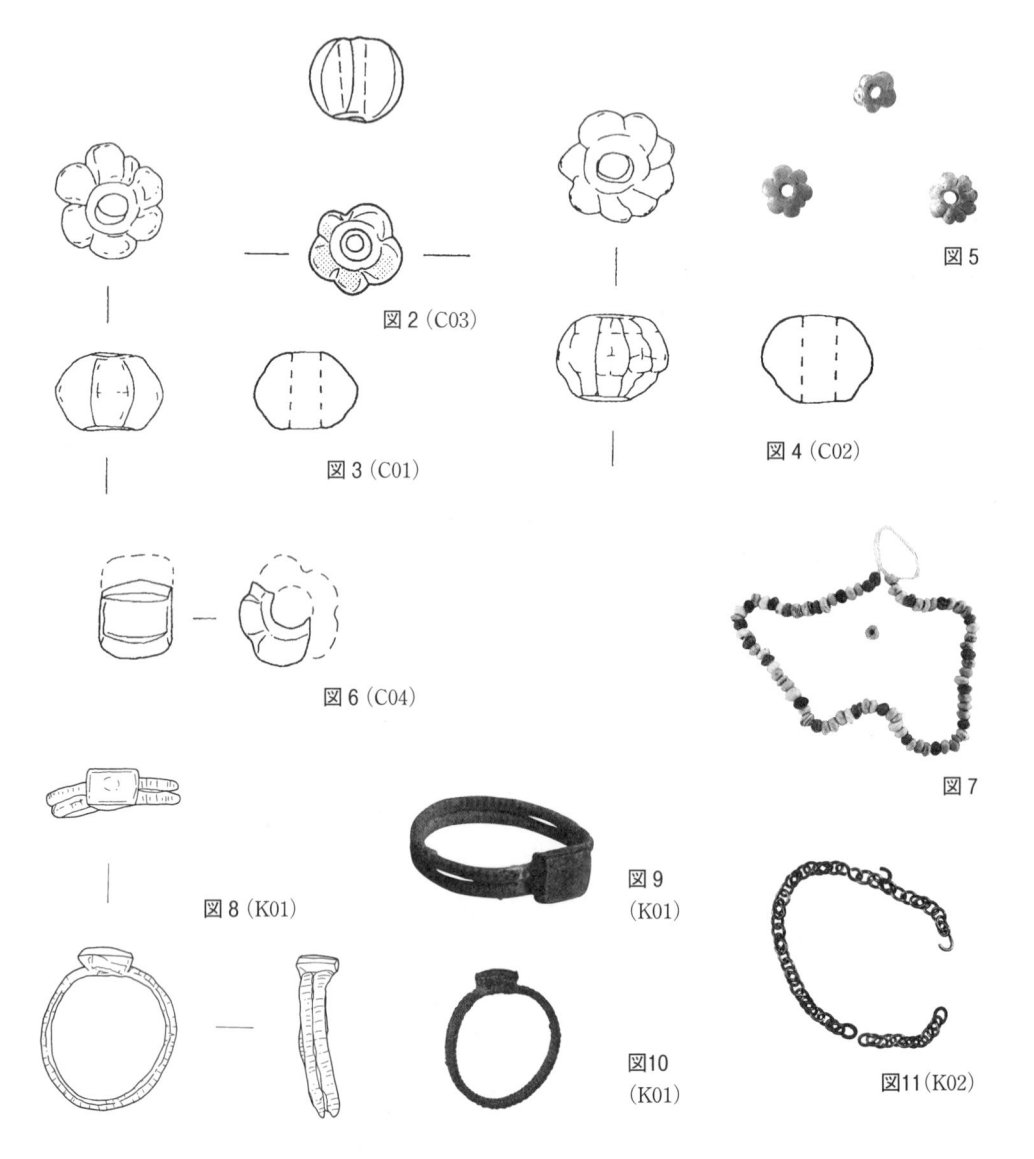

図2（C03）

図3（C01）

図4（C02）

図5

図6（C04）

図7

図8（K01）

図9（K01）

図10（K01）

図11（K02）

図12（K02）

※実測図はすべて原寸大

図13（M08）

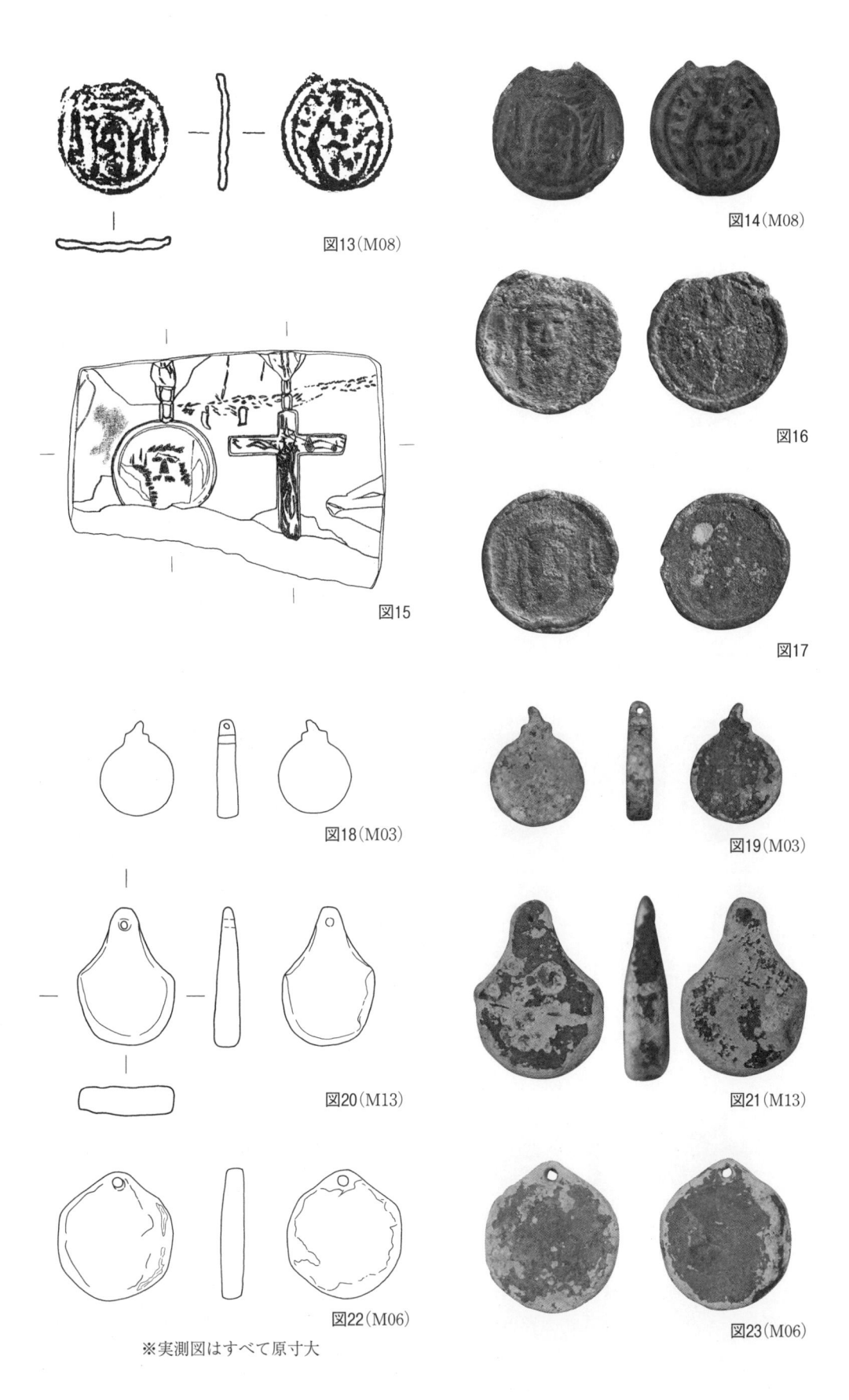

図14（M08）

図16

図15

図17

図18（M03）

図19（M03）

図20（M13）

図21（M13）

図22（M06)

図23（M06）

※実測図はすべて原寸大

図24（M01）

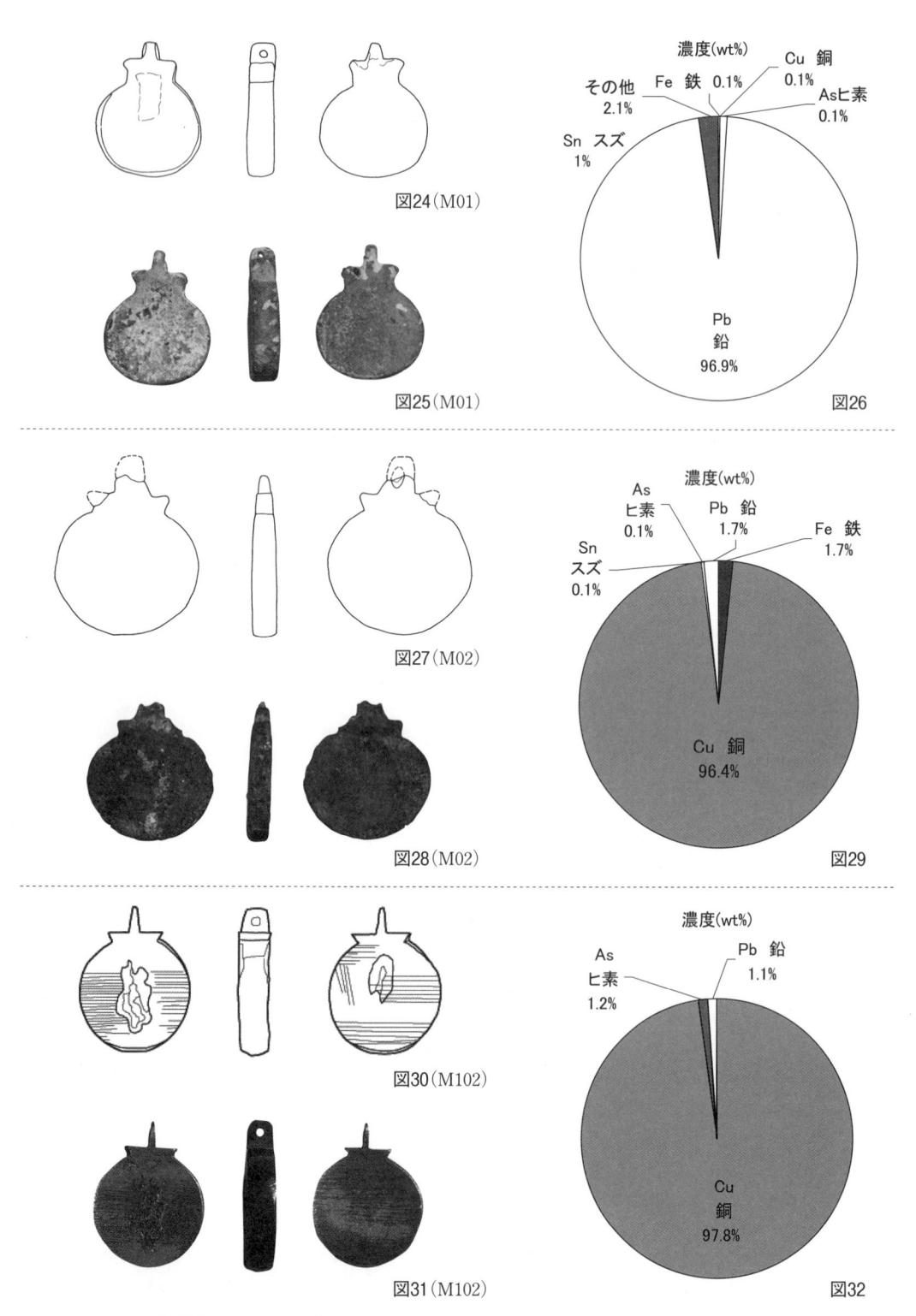

図25（M01）

図26
濃度(wt%)
その他 2.1%
Fe 鉄 0.1%
Cu 銅 0.1%
As ヒ素 0.1%
Sn スズ 1%
Pb 鉛 96.9%

図27（M02）

図28（M02）

図29
濃度(wt%)
As ヒ素 0.1%
Pb 鉛 1.7%
Fe 鉄 1.7%
Sn スズ 0.1%
Cu 銅 96.4%

図30（M102）

図31（M102）

図32
濃度(wt%)
As ヒ素 1.2%
Pb 鉛 1.1%
Cu 銅 97.8%

※実測図はすべて原寸大

図33（M12）

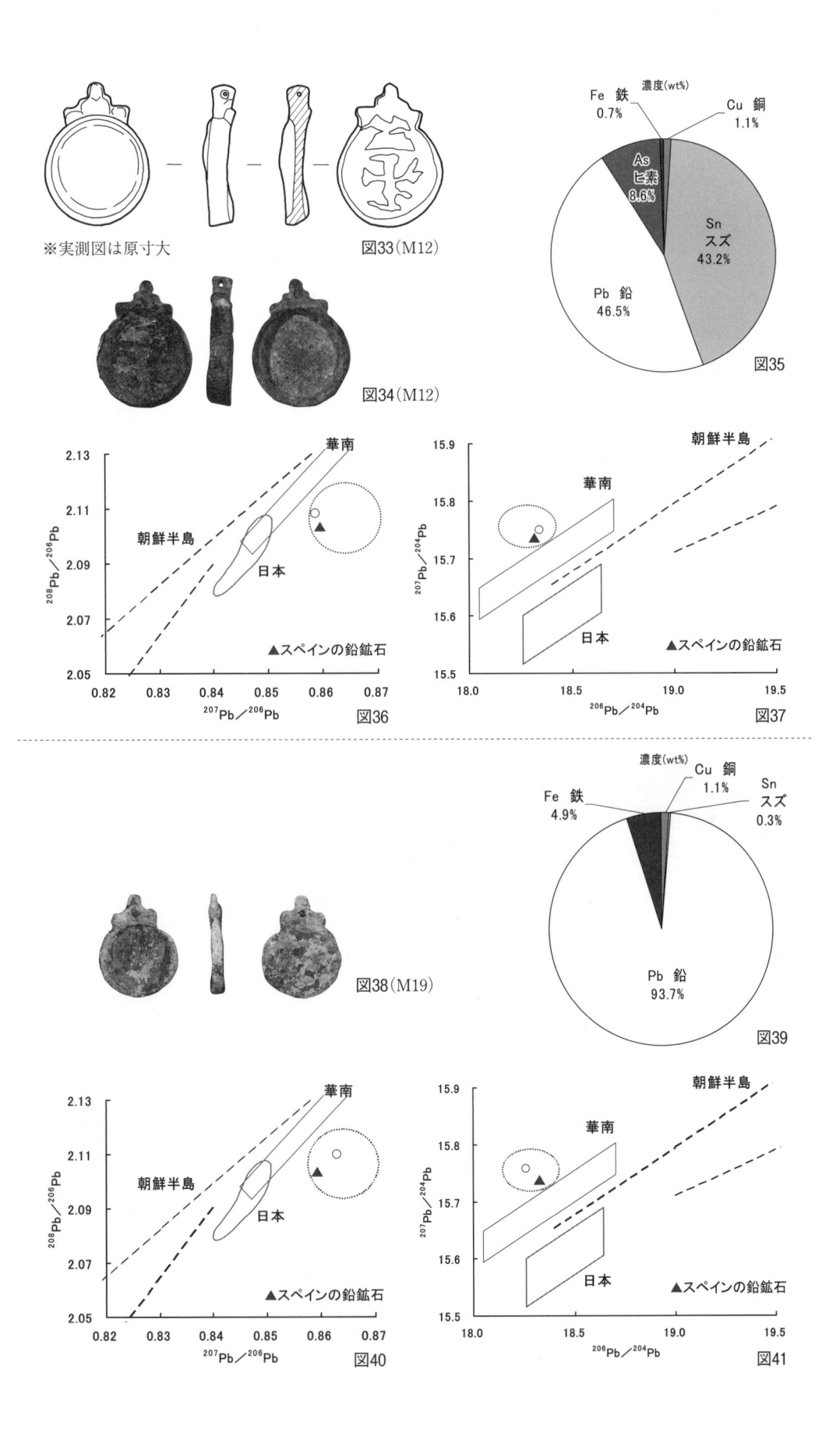

図34（M12）

図35

図36

図37

図38（M19）

図39

図40

図41

図42（M14）

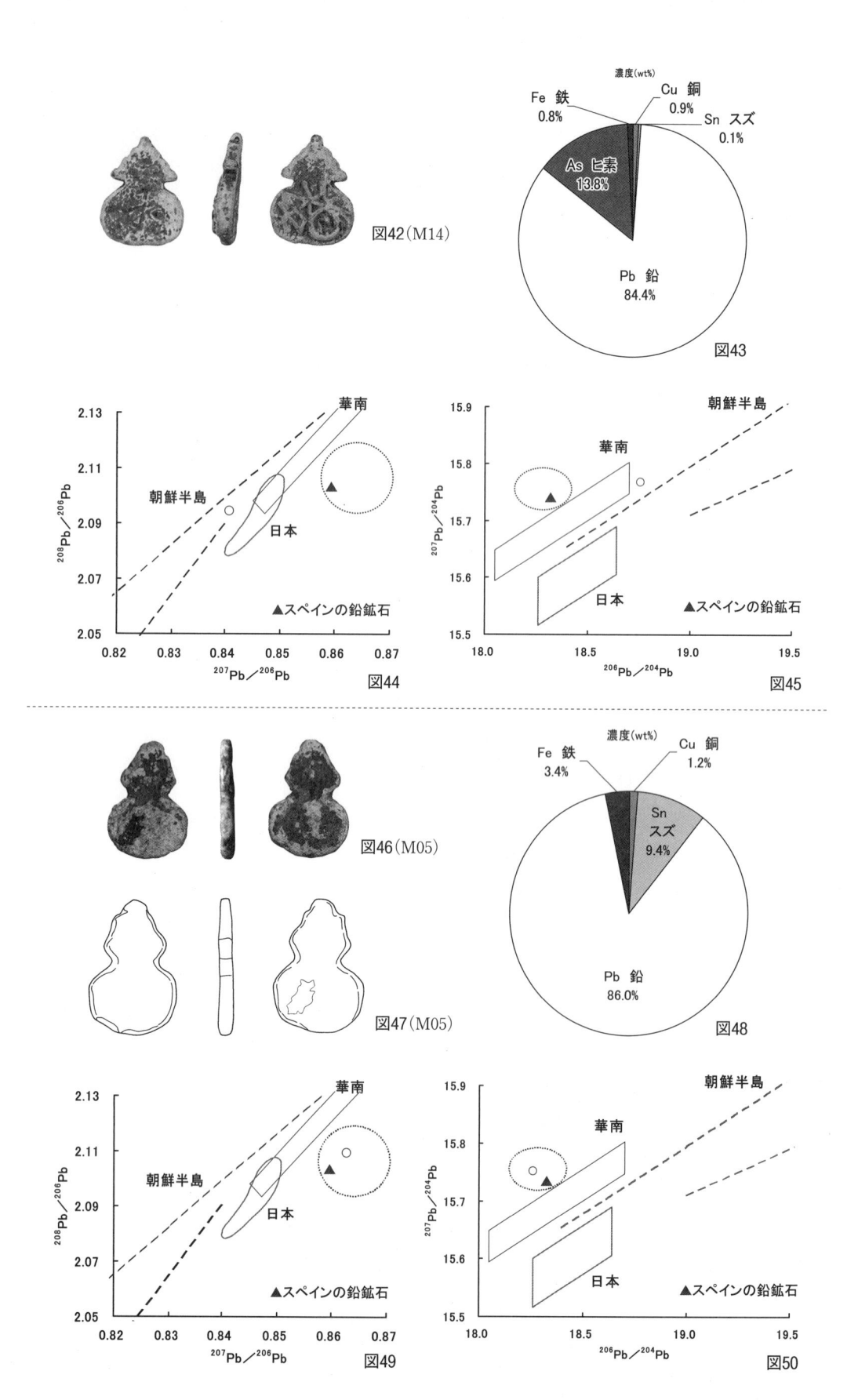

図43

図44

図45

図46（M05）

図47（M05）

図48

図49

図50

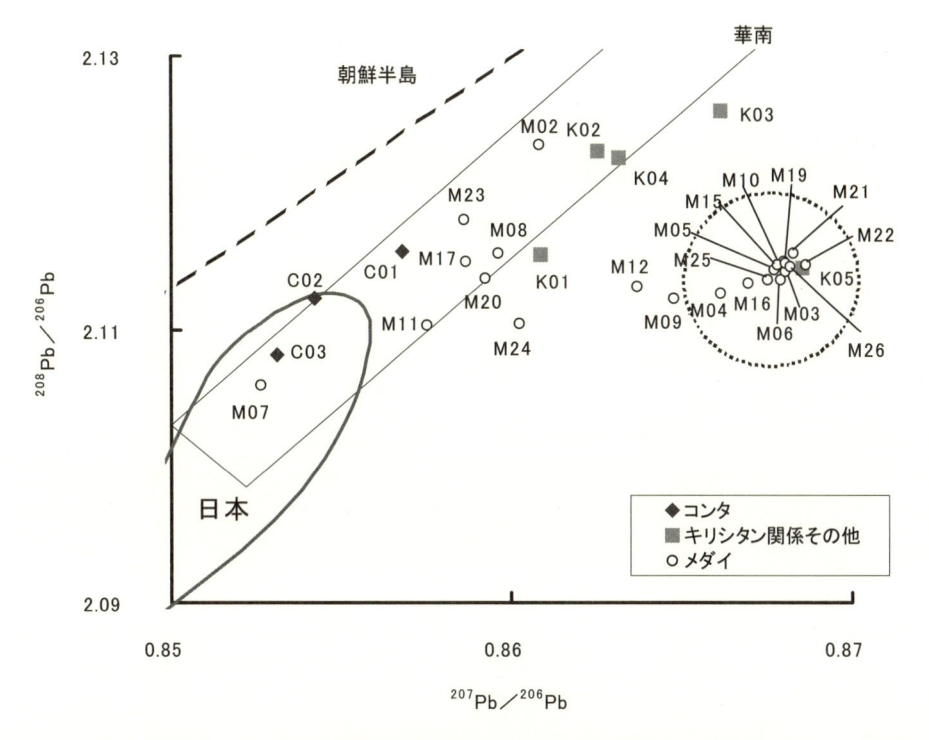

府内出土キリシタン遺物の鉛同位体比分布図(^{207}Pb/^{206}Pb–^{208}Pb/^{206}Pb)　　図51

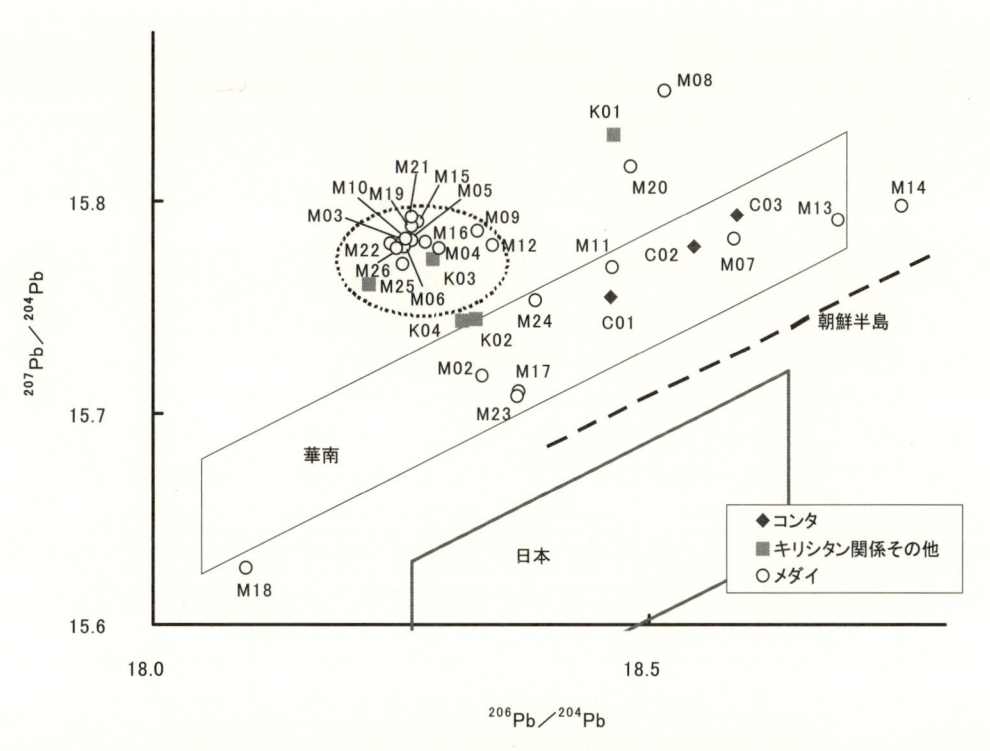

府内出土キリシタン遺物の鉛同位体比分布図(^{206}Pb/^{204}Pb–^{207}Pb/^{204}Pb)　　図52

【コラム】

博多出土のキリシタン遺物

佐藤 一郎

▶キリシタンと博多◀

 史料上、博多における宣教師やキリシタン大名たちの活動は、天文19年（1550）にフランシスコ・ザビエルが上洛の途、博多で布教したことに始まる。その後、永禄元年（1558）には大友義鎮が与えた土地に教会を建立、さらに慶長9年（1604）には黒田如水の葬儀を機会に教会を建立したといった記録が見える。しかし、建立された教会は地上には何らの痕跡も残っておらず、所在した場所すら不明である。記録上での彼らの活動の物証となるものとしては、発掘調査により地中から出土したものに限られよう。

 都市再開発に伴い博多遺跡群が発掘調査されるようになって30年が経過し、嚆矢となった地下鉄建設に伴う調査を除いても、調査次数は現在までに180次を超える。しかし、現在のところキリシタン関連遺物が出土したのは、博多遺跡群の中でも北の海側の砂丘「息浜」東北部に位置する第111次調査区のみである。

▶メダイ◀

 第111次調査Ⅳ区からは、キリシタンの護符であるメダイが出土している。メダイの材質は鉛で、全長3.2cm、最大幅2.3cmの楕円形を呈する。周縁は断面楕円形で一段厚くなっており、表裏にキリストと聖母マリアの左向き半身像を鋳出している（図1）。キリストはひげをたくわえ、長髪は肩まで垂れ、ドレープをまとう。聖母はヴェールとドレープをまとう。メダイ作家アントニオ・アッボンディオの作を祖形とするものであろう。遺物包含層からの出土であるが、下面で検出したピット状遺構に伴う可能性もある。既存の建物によって上面の近世以降の層の大半は失われているので、検出された近世以降の遺構は掘り込みが深いものに限られ、柱穴のような浅い遺構は検出されなかった。

 大友氏の本拠でよくみられる赤褐色のロクロ成形土師器の分布が息浜東北部にも集中していることから、第111次調査地周辺はとりわけ大友色が強い地域といってもよい。実際、天文20年（1551）の大内氏滅亡以後、博多は大友氏による一元支配となる。一方、同じ頃に京都系土師器の分布も拡大している。出土した層位から大友氏支配の時代である16世紀後半にもたらされたもので、16世紀末まで下るものではないと考えている。大友氏の本拠で非ロクロ成形の京都系土師器が主流になると、その分布は息浜でも全域に広がる。

 なお、同笵ではないが、酷似したメダイが同じ筑前国の黒崎城跡（北九州市八幡西区）から出土している。

▶メダイと十字架の踏み返し◀

 Ⅱ区SK20土坑からはメダイと十字架の踏み返しの鋳型が出土している（図2）。残長4.0cm、幅5.5cm、厚さ1.4cmの赤褐色粘土板に、メダイと十字架の型を配す。鎖通しの環の上部に湯口を配している。十字架の環に通るように鎖、あるいはひもの圧痕が見られることから、完成品からの踏み返しであることがわかる。原型のメダイには茨の冠を戴く正面を向いたキリスト頭部像、十字架にはキリスト磔刑図が鋳出されていたとみられる。メダイのキリストはひげをたくわえた長髪で、聖ヴェロニカのヴェールに転写された聖顔をモチーフとしたものであろう。共伴の唐津系陶器から遺構に廃棄された時期は17世紀初頭を下らない。

博多出土のキリシタン遺物

図1　メダイ（左が表面）　　図2　メダイと十字架の踏み返しの鋳型　　図3　メダイか
※いずれも福岡市埋蔵文化財センター所蔵

▶メダイ状金属製品◀

　もう一点、Ⅲ区包含層からメダイではないかとされる金属製品が出土している（図3）。全長2.1cm、最大幅1.9cm、厚さ0.8cmで、円形の本体の上部に凸字状の突起が付く。大分市内でよくみられる型で、府内町跡第21次調査地ではメダイ状金属製品として1点出土が報告されている。

　府内町跡の1点は全長2.4cm、最大幅1.8cm、厚さ0.4cmである。表には十字風の線刻が認められ、裏にはガラス等はめ込んだと推定される窪みがある。円形の本体の上部に凸字状の突起が付き、その上端には紐孔が横方向に穿たれている。鉛と錫の合金製である。同13次調査でも2点出土している。

　これに対し、博多出土のメダイ状の金属製品にはガラス等をはめ込んだとみられる窪みはなく、手形の一種である円牌をかたどったものではないかと考えている。

　円牌は元朝駅伝制度において役所が発行したもので、宿駅で提供される交通手段や食事を享受するさいに所持する必要があった。専ら軍務に使用されていたが、しばしばそれ以外の派遣にも用いられ商人の交易にさえ発行されたこともある。外形は米ナス形を呈しており、ナスのヘタに当たる部分は蓮の葉をかたどっている。標準的な大きさは10～15cmの銅鏡程度の大きさであり、博多や府内で出土したものはミニチュアと考えられる。中国内蒙古盟涼城三泉村では銅製円牌の出土例が報告されている。他に同村では、材質が異なるが、ミニチュアの藍色ガラス製円牌についても報告されている。全長2.9cm、最大幅3.7cm、厚さ0.4cmという。博多で出土したものは、元朝の遺制にならって交易のために発行され、円牌をかたどった可能性も考えられる。

〔参考文献〕

福岡市教育委員会『博多85』福岡市文化財調査報告書第711集、2002年。

佐藤一郎「太閤町割以前——息ノ浜の発掘調査から——」『福岡市博物館研究紀要』第17号、2007年。

西日本新聞社・福岡市博物館・アルビオンアートジュエリーインスティテュート編『カメオ展　宝石彫刻の2000年——アレキサンダー大王からナポレオン3世まで——』西日本新聞社、2008年。

北九州市芸術文化振興財団『黒崎城跡3』北九州市埋蔵文化財調査報告書第375集、2007年。

關善明『中国古代玻璃』香港中文大学文物館、2001年。

原城出土のキリシタン遺物

松 本 慎 二

1 有馬氏とキリスト教

　長崎におけるキリスト教の布教は、1550年（天文19）、イエズス会宣教師フランシスコ・ザビエルが平戸の地を訪れたことに始まる。戦国時代の大名たちにとって、南蛮との貿易は魅力的であった。日本で最初のキリシタン大名となった大村純忠をはじめ、有馬晴信、大友宗麟などは、貿易を誘致するため、イエズス会と接近し、港としての町の整備をし、布教を許可しキリスト教信者を多く生み出した。

　有馬氏は、鎌倉時代に地頭・御家人として肥前高来郡南部を領し、南北朝から室町時代においては国人領主として所領の知行を行っていた。1494年（明応3）、藤津・杵島両郡内などを所領したことが契機となり戦国大名として成長した。やがて有馬氏は、肥前守護となり、領国は高来郡北部の他、藤津・杵島・小城各郡に拡大し、その全盛時代を築いた。そして1563年（永禄6）、有馬氏は龍造寺隆信と戦った丹坂峠合戦での大敗や、キリスト教との出会いなど大きな転機をむかえる。

　有馬氏の所領では、1563年、イエズス会修道士ルイス・デ・アルメイダが大村領から口之津に派遣され、布教活動を始めた。その後キリスト教は島原半島全域に広がった。

　1579年（天正7）イエズス会巡察師ヴァリニャーノが口之津に来航した。翌1580年（天正8）、有馬晴信は受礼してキリシタン大名となり、有馬領内にはキリスト教が深く根付いていった。当時、口之津は有馬領におけるキリスト教の中心地となり、また貿易港としても栄え、町として発展していた。ヴァリニャーノによって口之津に召集された宣教師会議では、日本人司祭養成の必要と教育機関設置が決議され、有馬氏の居城である日野江城下に、日本で最初のセミナリヨが設けられた。セミナリヨの第1期生である4人の少年達は、天正遣欧使節としてヨーロッパに渡りローマにおいてグレゴリウス13世に謁見し、日本におけるキリスト教の進展と定着、さらにはそれまであるかないかわからない伝説の島であった日本が高度で秩序をもった文明国であることをヨーロッパに知らしめた。また、彼らの帰国の際に持ち込まれた活字印刷機は、日本におけるキリスト教の広がりに大きな役割を果たした。

有馬晴信は、1592年（文禄元）3月からの文禄・慶長の役で、同じキリシタン大名の小西行長の軍に属した。1609年（慶長14）12月マードレ・デ・デウス号事件後の岡本大八事件に巻き込まれ、1612年（慶長17）、所領を没収されたうえ甲斐国に流され死罪となった。その後、1614年（慶長19）に晴信の子、直純は日向国臼杵郡県（宮崎県延岡市）に転封となり、原城や日野江城は、翌年に発令された一国一城令によって廃城となった。
　1616年（元和2）、大和五条（奈良県五条市）の領主、松倉重政が日野江城主として入部するが、日野江城と原城は領内南端に位置し、近世大名の居城としては形式・規模ともに不適であり、また、中世以来の有馬氏故地の離反と、近世的領国経営の必要から森岳城（島原城）を築城した。
　キリスト教界が栄えた有馬地域であったが、1637年（寛永14）10月25日、「島原・天草一揆」は勃発した。九州西部の島原と天草の両地域において大規模な一揆が起き、島原地方では島原城で、天草地域では富岡城などで戦闘が繰り広げられた。一揆軍は島原で合流し、天草四郎時貞を盟主とし原城に立籠り、幕府と対立した。12月から翌年2月までの約3か月におよび原城に籠城したが、圧倒的な幕府軍の総攻撃により一揆は鎮圧された。原城は、一揆後の現地処理による徹底的な破壊により、その存在をも否定するかのように埋め尽くされてしまった。その後、全国的に禁教令が出され、宣教師や信者は国外へ追放となり、長崎にあった教会群も全て破壊された。同時に仏教への改宗が強制され、転宗しない信者には厳しい迫害が加えられた。キリシタンは、その迫害の中で潜伏してキリスト教の信仰を守り続けてきた。そして、1873年（明治6）、禁制の高札が撤去されると、県内各地に祈りの場である教会が信徒自らの財産と労力を捧げて建設され、今日に至っている。

2　有馬の城

　有馬氏の城である原・日野江の両城は、長崎県の南東にある島原半島の南西部に位置する（図1）。日野江城は北有馬町に原城は南有馬町に所在して、南東は有明海、北は雲仙山麓を望む。両町は有馬川を境界にして、東は西有家町、南西は口之津町に接している。
　日野江城は中世から江戸時代の初めにかけてこの地域の領主であった有馬氏の居城であり、14世紀の南北朝時代に築かれたと伝えられている。
　城は、標高78m付近の本丸と、東の二ノ丸、西の三ノ丸から構成され、大手口は二ノ丸にあった。本丸北方の尾根つづきには堀をめぐらし、西側に浦口川、東側には大手川があって守りを固めた。また川を通じて海へとつづく水運に直結していた（図3）。
　イエズス会の報告書に、1590年（天正18）に内部の建物を改築したことが記されている。また1595年（文禄4）に城を訪れたイスパニア（スペイン）商人アビラ・ヒロンは、城内にはいくつもの部屋や茶室、庭園があったと詳しく記した。
　原城は、海岸に突き出した丘に築かれ、本丸、二ノ丸、三ノ丸、天草丸、鳩山出丸などから構成されていた。周囲は約4km、東は有明海、西と北は一部をのぞいて低湿地に囲まれ

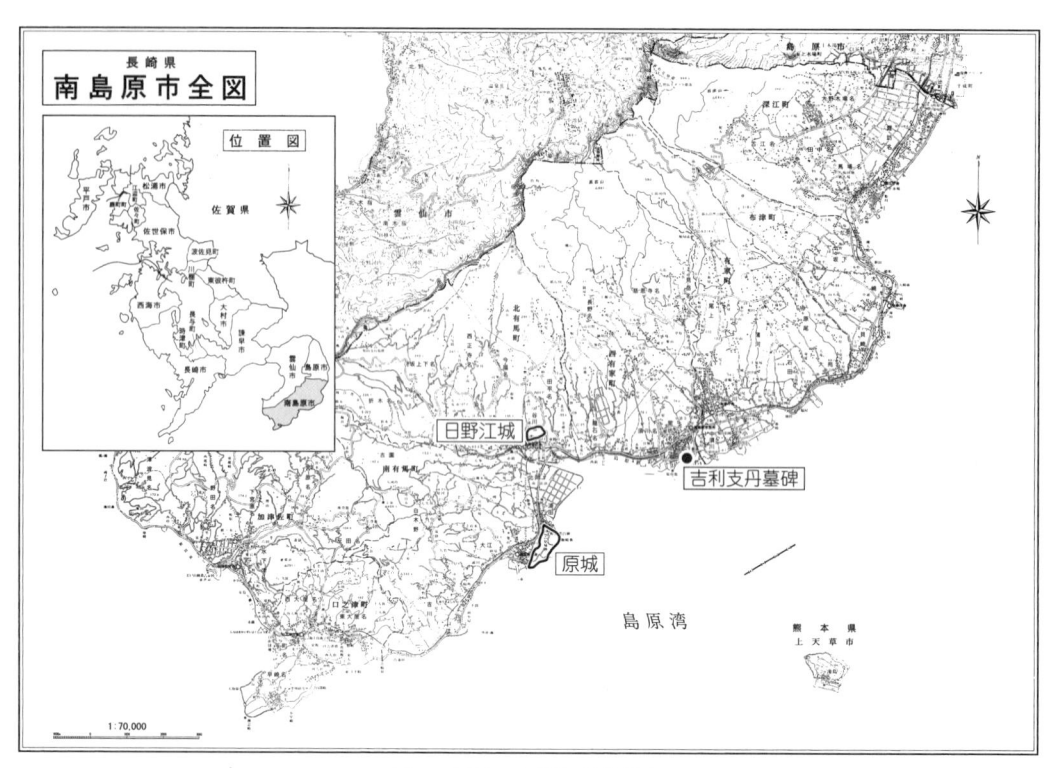

図1　原城・日野江城位置図

図2　原城跡平面概略図

図3　日野江城跡概念図
（図2・図3は、同一スケール）

た天然の要害であった（図2）。

　本丸は石垣で囲まれ出入口は桝形となり、織田信長や豊臣秀吉の時代に完成された石積み技術が用いられ、近世城郭の特徴をもった。その特徴とは、高い石垣、建物に瓦を使用、建物を礎石上に備えていた点である。一方、二ノ丸と三ノ丸は自然の地形を活かした土づくりであった。

　原城の工事は、1599年（慶長4）10月10日付のヴァリニャーノの『報告書』に記されており、同年にはじまり、1604年（慶長9）11月23日付作成の『1604年度日本準管区年報』に完成したことが記されている。『報告書』には、文禄・慶長の役後に有馬晴信が居住している日野江城よりも一層適地にして、堅固で防御しやすい新しい城を築城中であるとし、城内には晴信の屋敷のほか、家臣の屋敷、弾薬や食糧を蓄えた三層の櫓があったと記されている。

3　原城発掘

　1992年（平成4）から実施している発掘調査によって、本丸地区から多くの遺構・遺物が出土した（図4）。特に、十字架、メダイ、ロザリオの珠などのキリシタン関係遺物は、島原・天草一揆にまつわる資料である。また、一揆後、幕府軍により壊され埋められた出入口や櫓台石垣、本丸の正面玄関に相当する出入口などが検出され、原城築城時の遺構や島原・天草一揆に対した幕府の対応を示す資料を発見した。

　他に火縄銃の玉、輸入陶磁器、瓦など、築城当時から一揆で封印されるまでの原城を物語る資料がある。出土したキリシタン関係遺物の主なものは、十字架、メダイ、ロザリオの珠、花十字紋瓦である。

（1）十字架

　十字架は、鉛製十字架が29点、銅製の十字架が2点の計31点が出土している。調査報告書（『原城跡Ⅰ』）の作成に際しては、十字架は材質により2種類に区別し、さらに7種類に細分類していたが、今回、再整理して形状的に2種類に分類した。旧分類Ⅳ～Ⅵ類は、縦横軸が直線的なものとしてまとめⅠ類とし、さらにⒶ～Ⓒの3種類に細分した。旧分類Ⅰ～Ⅲは、縦横軸に膨らみを持つもので、木製十字架玉を表したものとしてまとめⅡ類とし、さらにⒶⒷの2種類に細分した。他に、聖遺物容器と十字架レリーフ状のものを分けた。

◎Ⅰ-Ⓐ　（図5　7・8・13・23・25・29）　　　　　　　　　〔図5～8は章末掲載〕

　Ⅰ-Ⓐは、縦横軸は直線的で、縦軸は中空の筒状のものである。磔刑像は付かない。7、8、13は鉛製で、縦横軸の断面は円形をしている。23、25、29は鉛製で、縦横軸の断面はほぼ方形となる。

◎Ⅰ-Ⓑ　（図5　16）

　Ⅰ-Ⓑは、縦横軸は直線的で、縦軸の上部に紐を通す孔を持つ。磔刑像は付かない。16は鉛製で、平板状になり、紐を通す孔は十字架面に対し垂直に付く。下部は欠損している。

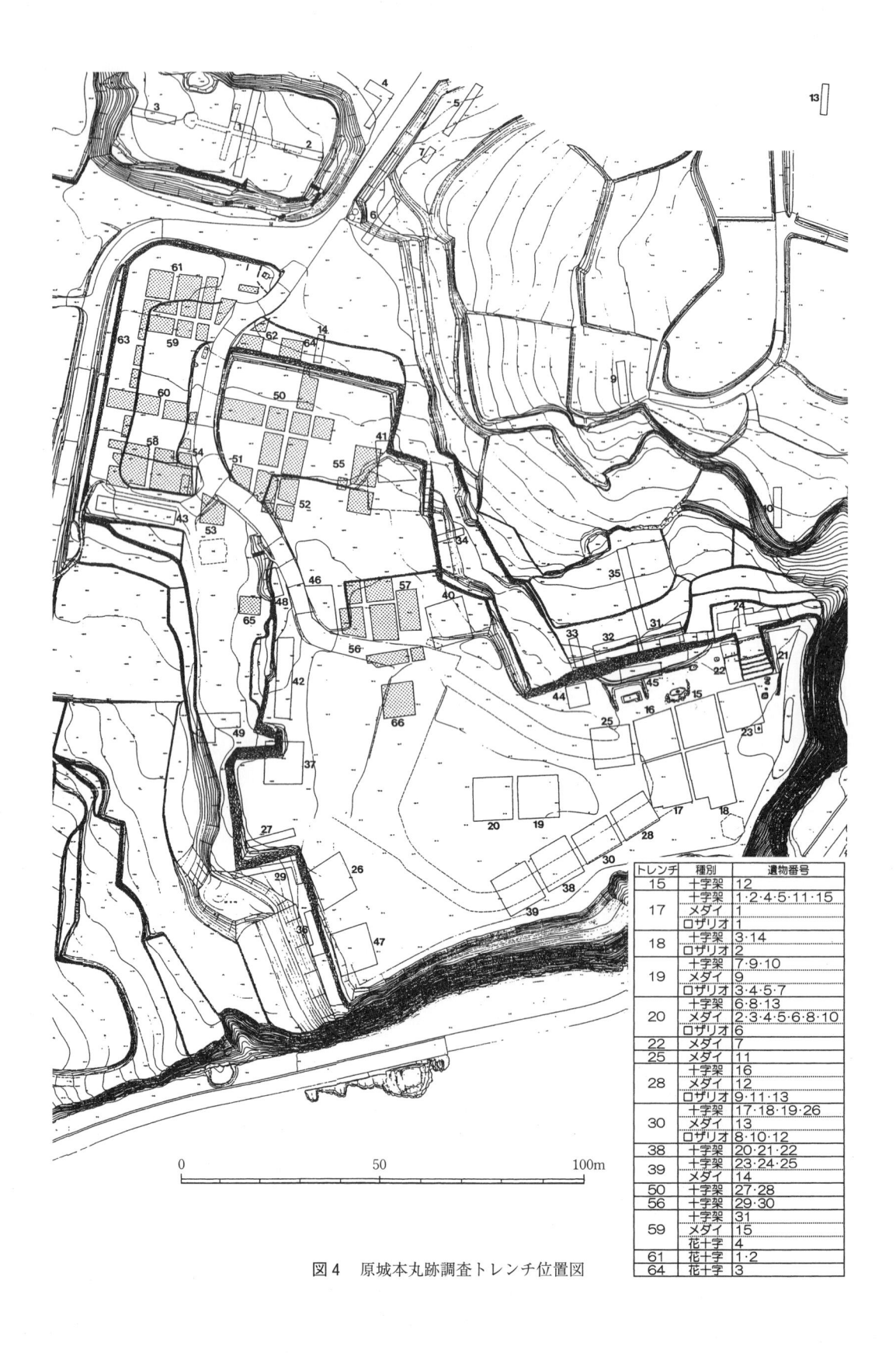

トレンチ	種別	遺物番号
15	十字架	12
17	十字架	1・2・4・5・11・15
	メダイ	1
	ロザリオ	1
18	十字架	3・14
	ロザリオ	2
19	十字架	7・9・10
	メダイ	9
	ロザリオ	3・4・5・7
20	十字架	6・8・13
	メダイ	2・3・4・5・6・8・10
	ロザリオ	6
22	メダイ	7
25	メダイ	11
28	十字架	16
	メダイ	12
	ロザリオ	9・11・13
30	十字架	17・18・19・26
	メダイ	13
	ロザリオ	8・10・12
38	十字架	20・21・22
39	十字架	23・24・25
	メダイ	14
50	十字架	27・28
56	十字架	29・30
59	十字架	31
	メダイ	15
	花十字	4
61	花十字	1・2
64	花十字	3

図4　原城本丸跡調査トレンチ位置図

◎Ⅰ-ⓒ　（図5　6・9・28・30・14・3・15・21）

　Ⅰ-ⓒは、縦横軸は直線的で、縦軸の下部に紐を通す孔が開いているものである。6、9、28、30、14は断面が方形となる。3、15、21は、縦軸は中空の筒状ではなく板状となり、縦軸の下部に紐を通す孔が開いている可能性があるもの。この遺物については、下部が欠損しており、詳細は不明であるが、紐を通す孔が上部にはなく、また、中空の筒状でもないため、縦軸の下部に紐を通す孔が開いている可能性があると考えられる。

　Ⅰ-ⓑとⓒにおいて、紐孔の位置により、現在普通に思われている、正常方向に吊されるものと、上下逆方向に吊されるものであることがわかる。この上下逆方向に吊される十字架については、長軸の下側に紐孔が開いているものであり、現代の十字架では見られない形態のものである。現段階では解明できていないが、キリシタン時代の十字架はロザリオに付く十字架と吊し用の十字架があるとされる。ロザリオの十字架は、ロザリオの環状部につなげるもので、横軸1点、縦軸2点の木製十字架玉3種3個で構成され、紐でつながれるものであり、上下逆方向となる。吊し用十字架は、十字架単独で首から吊すものである。

◎Ⅱ-ⓐ　（図6　5・10・12・18・22・2・24）

　Ⅱ-ⓐは、木製三玉型状のものである。木製の三つの玉を組み合わせた十字架を型取りし、鉛で一体成型したもので、縦軸は中空の筒状となる。5、10、12、18、22、2は鉛製である。24は、銅製で、縦軸の下部に紐を通す孔が開いている。

◎Ⅱ-ⓑ　（図6　4・11・17・19・31・27）

　Ⅱ-ⓑは、縦横軸端に膨らみをもつもので、縦軸は中空の筒状となる。27はガラス製で、三玉型の一部と思われる。31は、縦軸の下部に紐を通す孔が開いている。

◎聖遺物容器　（図7　十字架20）

　20は、青銅製の箱型十字架で、聖遺物容器である。出土した中では最大のもので縦7.35cm、横4.70cmである。両面に図柄を施し、表面には、星、茨冠、金槌、釘抜、3本の釘、2本の槍、一つは先端に葡萄酒を染み込ませた槍が描かれるなど「受難の道具」の模様が描かれている。裏面には蔦状の植物が描かれている。両面とも背景には魚子文様が細工され、縁には縄状の文様が刻まれている。上部には環が付き、左右端に突起物が付く。下部にはこの突起物が外れた痕がある。側面は無柄である。

　同様のものが東京国立博物館に所蔵されている。表面には、釘、鎚、釘貫などの「受難の道具」の模様が描かれている。また、表面中央部に「HIS」の刻銘がある。裏面には竹葉が描かれている。両面とも背景には魚子文様が細工されている。表側を開けると内部が仕切られており、聖遺物容器とされている。時期は16世紀後期～17世紀初期の日本製である。

　この2点の共通点は「受難の道具」を描き、背面には魚子文様が細工されていることで、東京国立博物館所蔵の聖遺物容器と同じく、原城出土の聖遺物容器は日本製の可能性がある。

　また、1951年（昭和26）2月に原城本丸跡から出土した金製十字架がある。

　縦4.8cm、横3.2cmで、金線を縒り合せた緻密なデザインが施され、籠状筒型となり、聖遺

物容器と思われる。現在この十字架は大阪の南蛮文化館に所蔵されているが、非公開の資料となっている。

◎十字架のレリーフ（図7　26）

　26は、鉛製の平板状の片面に十字架のレリーフがついたものである。鋳型に鉛を溶かし込んだ状態であり、十字架製作過程の途中のようであると思われたが、十字架部の縦軸が1.9cm、横軸が1.3cmであり、出土した他の十字架と比較するとあまりにも小さいため、十字架単体での使用は考えにくい。上部縁に残るカーブや下部は変形しているが楕円状の形状を残しているようであり、復元してみると、円形ないし楕円形となり、上部に穿孔を施すと、ペンダントとして利用できると思われる。裏面は無文である。

（2）　メダイ

　メダイは主に真鍮製である。形状は全て楕円形で、横両縁部と下縁部に突起物が付くものがある。大きさから3種類（Ⅰ〜Ⅲ）に、さらに形状から2種類（ⒶⒷ）に分けられ、それぞれの表裏には絵が描かれている。小さいものはロザリオの先端に付けられるものである。

　楕円形の長径・短径で種別し、Ⅰ類は長径2cm以上、Ⅱ類は長径が1.5cm以上で縁部の形状から2タイプに分けられる。Ⅱ類-Ⓐは、横両縁部と下縁部に突起物が付くもの。Ⅱ類-Ⓑは、突起物が付かないもの。Ⅲ類は長径が1.5cm以下で、縁部の形状から2タイプに分けられる。Ⅲ類-Ⓐは、横両縁部と下縁部に突起物が付くもの。Ⅲ類-Ⓑは、突起物が付かないものである。他に聖遺物容器を別枠とした。

◎Ⅰ-Ⓐ　（図7　5・9）

　5は、表面は「福者フランシスコ・ザビエル」、裏面は「福者イグナチオ・デ・ロヨラ」を描く。ロヨラの列福は1609年、ザビエルの列福は1619年に行われ、列聖は1622年（元和8）であった。したがってそのメダイは、その間に製作され日本に送られたものであろう。1621年（元和7）9月25日、加津佐の庄屋ミゲル助ヱ門の家に隠れていた中浦神父（中浦ジュリアン）は、ローマのマスカレニア神父に宛てた手紙で、その神父から受けたメダイなどに感謝して直ちに信者たちに分け与えたと書いている。出土したメダイはその時のものかもしれない。

　9は、表面は「聖杯とホスティアを拝む天使の絵」、裏面は文字で刻銘はポルトガル語で「LOVVADO SEIA O SANCTISSIMO SACRAMENTO」（いとも尊き聖体の秘蹟はほめ尊まれ給え）とある。

◎Ⅱ-Ⓐ　（図7　3・4・6・7・12）

　3は、表面は「天使聖体礼拝図」、裏面は腐食のため図像が不明である。4は、表面に「天使聖体礼拝図」、裏面は不明である。6は、表面に「無原罪の聖母像」、裏面は不明である。

　7は、表面は文字、裏面は不明である。12は、図像は腐食により図像が明らかでないが、表面に「聖人立像」、裏面には「両手を広げた人物像」が読みとれる。

◎Ⅱ-Ⓑ　（図7　11）

　11は、表面に十字架と文字、刻銘は不明である。裏面に文字、刻銘は不明である。

◎Ⅲ-Ⓐ　（図7　2・8・10・13・14）

　2、8は、ともに表面に「無原罪の聖母像」、裏面は不明である。10は表面に「無原罪の聖母像」、裏面は「十字架上のキリスト」である。13は、表面は「聖杯とホスティアを拝む天使の絵」、裏面は文字である。このタイプのメダイの図像は表面には天使聖体礼拝図、裏面には銘文を記したものしか存在せず、神戸市立博物館収蔵のメダイと比較され同型であることがわかった（今野2007）。また、今野春樹氏は、「無原罪の聖母像」を、「アウレオーラの形状」「星の数」「結び目の数」「マリアの体の向き」の4点から分類している（今野2008）。ただし、原城出土の「無原罪の聖母像」は腐食により図像が明らかでないため、この分類は現状では行いえない。14は、上部の穿孔部分が欠損しているが、表面には人物像と裏面には人物立像らしき図像がある。

◎Ⅲ-Ⓑ　（図7　1）

　1は、原城出土最小のメダイである。表面に「キリスト像」、裏面には「聖母像」である。

◎聖遺物容器　（図7　メダイ15）

　15は、青銅製の箱型メダイで、聖遺物容器である。表裏面は腐食のため図像は見えないが、X線写真で図柄が僅かに判明できる。浮かび上がった図柄は箱内面か裏面のどちらに描かれているかは分からないが、楕円形の圏線の中に罪票十字架が描かれ、圏線の外側には波状の文様が描かれている。箱形であるため何か蓋状のものがあると思われるが出土していない。

　以上、原城出土のメダイについて分類を行ったが、16世紀以降、ヨーロッパでは同様のメダイが大量に生産され、多種多様なものが存在しているという美術史学側からの報告もあり（浅野2008）、今後ヨーロッパなどで伝世している資料との比較研究や各分野からの学融合的な調査研究が必要とされている。

（3）　ロザリオの珠　（図8　ロザリオの珠1～13）

　ロザリオの珠は、青色・緑色・白色のガラス製で、花形や球形また14面にカットされたものがある。すべてのものは中央に穴が開けられており紐を通すようになっている。

　花形のものは、本珠の貫孔径が大きいので、通常のロザリオの珠として使用されたのではなく、根締めに使用したり、飾り珠の可能性もある。白色の珠は、ロザリオの小珠であると思われる。

（4）　花十字紋瓦　（図8　花十字瓦1～4）

　花十字紋瓦片は、軒丸瓦と呼ばれる瓦の破片であり、瓦当面に花十字紋の模様を有する瓦である。1613年（慶長18）のキリシタン禁教令が出されるまでの間、長崎市では万才町遺跡のミゼリコルディア（福祉事業団）、勝山町遺跡のドミンゴ教会などキリスト教関係施設の屋

根瓦に使用されていた。長崎市内からの出土は多いが、16世紀末キリシタン文化の中心地であった有馬の地では初めての出土で、しかもキリシタン大名の居城からの出土であった。島原半島におけるキリシタン関係施設は半島南部において、セミナリヨ・コレジオなどの施設があったが、建物跡などは未だ検出されていない。

　今回の原城での出土は、キリシタン大名である有馬晴信が築城した城からの出土であり、この瓦の使用施設・場所は不明であるが、出土した場所は本丸に入る最初の大きな門跡で、その施設に使用されていた可能性もある。宣教師の『1604年度日本準管区年報』によれば、晴信の新城が完成しキリスト教による祝福を受けたことが書かれている。このことから、原城を象徴するような施設に使用されていたことが推定されるが、出土した花十字紋瓦片の断面はかなり磨耗しており、他に多く出土している瓦片の断面とは異なった様相であるため疑問が残るところである。1614年（慶長19）に長崎の諸教会やキリスト教施設がことごとく破壊されている。この瓦礫の山と化した教会跡から、この花十字紋瓦の破片を拾い大切にしていたものを、原城籠城の際に持ち込んだものと考えられないだろうか。破片面がきれいに磨耗しているのはそのためではないかと思われる。

　これらの花十字紋瓦について、文様形態の分類が行われている。文様は、花十字紋とその周囲に配された連珠文で構成される。配置としては、花十字を圏文で囲み、その外側に連珠が配されるものと、圏文がないものの2種類に分類される。花十字の形態によってA～D類の4種、連珠文は、8個、12個、16個、20個の4種類に分類され、全7種の文様形態が存在していることが確認されている（宮下2006）。

　しかし、花十字紋瓦の生産地や生産者に関しては一切不明であるため、島原半島での検出および長崎市出土瓦との比較研究が今後の課題である。

おわりに

　発掘調査によって検出した虎口遺構や石垣遺構、キリシタン関係遺物などは「原城」の姿を現しただけでなく、「島原・天草一揆」を考察するうえでかなり貴重な資料となった。今まで勝者であった幕府側の文字史料や絵画資料でしか研究されなかった島原・天草一揆を、敗者である一揆軍側から見つめ、考え直すことができるようになったことは、画期的なことであった。

　キリシタン遺物の出土で注目すべきことは、必ず人骨が伴って出土していることであり、籠城中の信者が最後まで握りしめていたのであろう。一揆の壮絶な最後の様子がうかがえるものである。人骨は、原城本丸の壊された虎口や石垣の下から多く出土する。完全に揃った骨はほとんどなく、みな部分的な骨であり、頭部がない上半身部、下半身部、腕、足、頭だけが散乱している。

　幕府の記録の中にも、一揆鎮圧のわずか2日後に石垣を壊し始めている様子がうかがえ、一揆勢の遺体は早い時期に埋められたと考えられる。幕府軍は、一揆後の現地処理の時、周

りに散乱する一揆軍の遺体を集め、石垣の下や門の空間に投げ込み、石垣の石材である巨石を上から壊して落とし、さらに土で覆い埋め尽くしたと思われる。幕府軍は籠城した一揆軍やキリシタンに対し、かなりの憎しみや恐怖感があったのではないか、それを封じ込めるかのように、原城本丸を封印した。原城本丸はまさしく巨大な墓ともいえる。この骨の出土により、一揆の悲惨さをあらためて再認識させられた。

　出土したキリシタン遺物は、16世紀後半～17世紀初頭にかけて、イエズス会によってわが国に到達、あるいはその影響下で製作されたものであると思われるが、それぞれの時代的区分や特徴は把握されていないのが現状である。しかし、近年の調査で出土事例が報告され、考古学的、美術史学的、科学的観点から次第に明らかになってきている。さらなる出土事例を期待し比較検証を行い、キリスト教の布教の実態など含め、総合的な解明ができると思われる。また、隣接する有馬氏の本城である日野江城の調査をふまえ、この両城を比較し近隣の地域を含めて総合的にみることによって、16世紀後半～17世紀初頭にキリシタン文化が栄え、島原・天草一揆で終焉を迎えた有馬の地が、いかに日本史上で重要な役割を果たしていたのか、その実態が解明できると思われる。

〔参考文献〕
南有馬町（1969）『南有馬町郷土史』
五野井隆史（1980）「有馬晴信の新城経営と原城について」『キリシタン文化研究会会報』21年2号
鶴田倉造（1994）『原史料で綴る天草島原の乱』本渡市
南有馬町教育委員会（1996）『原城跡』南有馬町文化財調査報告書　第2集
外山幹夫（1997）『肥前　有馬一族』新人物往来社
南有馬町監修（2000）『原城発掘』石井進・服部英雄編集　新人物往来社
東京国立博物館（2001）『東京国立博物館図版目録　キリシタン関係遺品篇』
宮下雅史（2003）「花十字紋瓦考」『西海考古』第5号
南有馬町教育委員会（2004）『原城跡Ⅱ』南有馬町文化財調査報告書　第3集
南有馬町教育委員会（2006）『原城跡Ⅲ』南有馬町文化財調査報告書　第4集
井藤暁子（2006）「キリシタン数珠ロザリオの我が国における態様」『研究調査報告』第4集　（財）大阪府文化財センター
浅野ひとみ（2003）「キリシタン時代の図像受容――中世大友府内町跡出土「ヴェロニカのメダイ」をめぐる一考察――」
今野春樹（2008）「「無原罪の聖母」の分類について」
南島原市監修（2008）『原城と島原の乱』服部英雄・千田嘉博・宮武正登編集　新人物往来社

十字架
I-Ⓐ

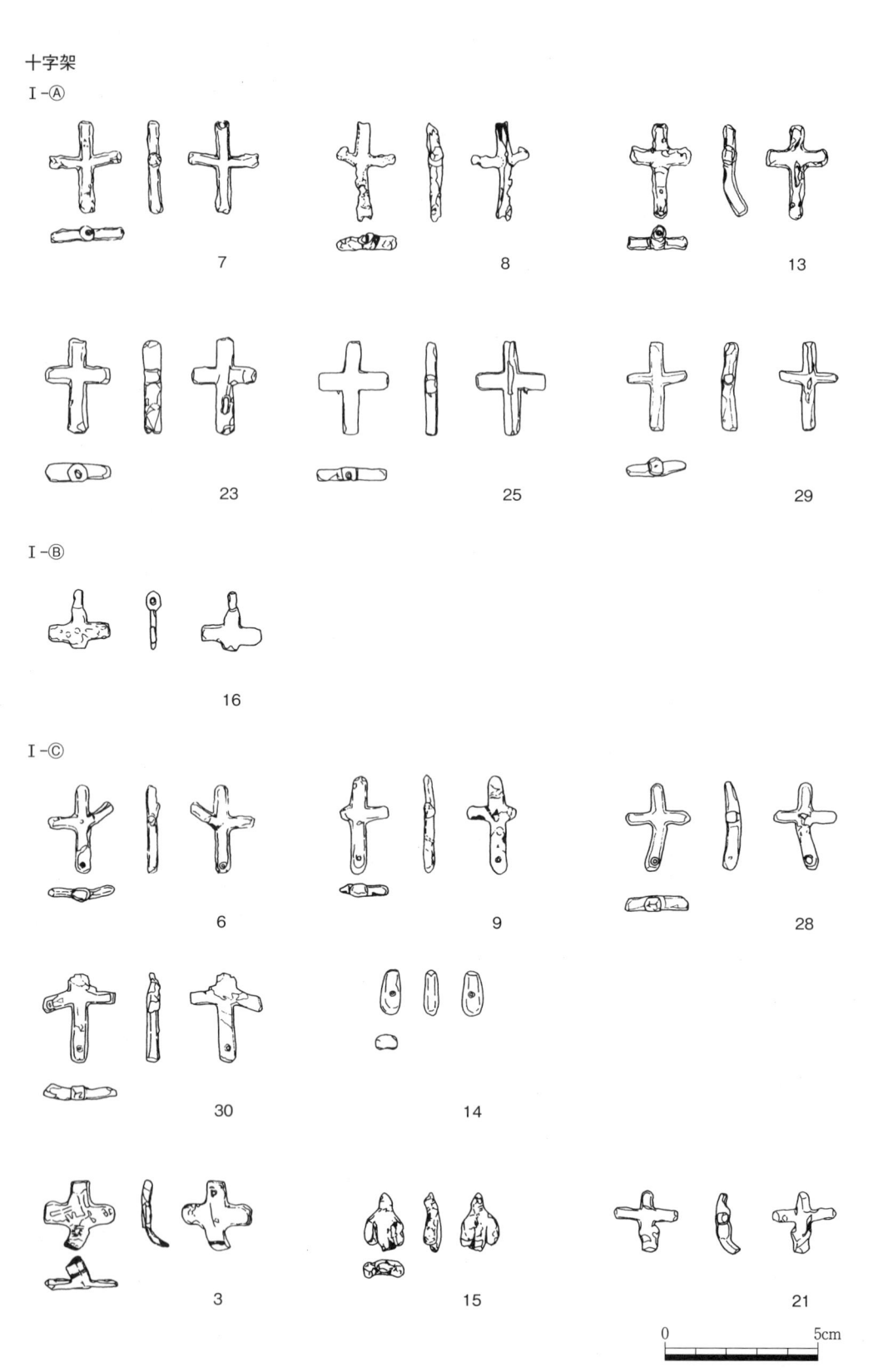

7   8   13

23   25   29

I-Ⓑ

16

I-Ⓒ

6   9   28

30   14

3   15   21

0   5cm

図5　原城跡出土キリシタン遺物

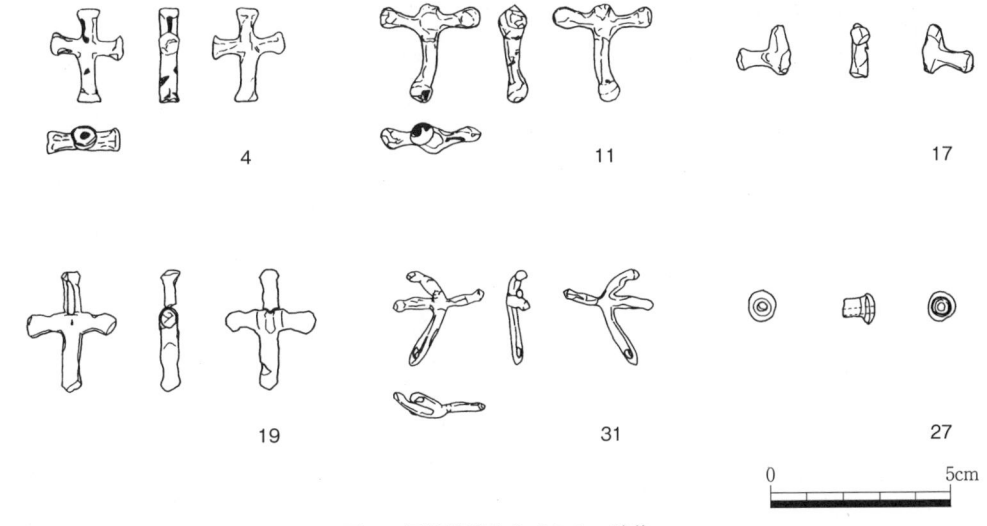

図6　原城跡出土キリシタン遺物

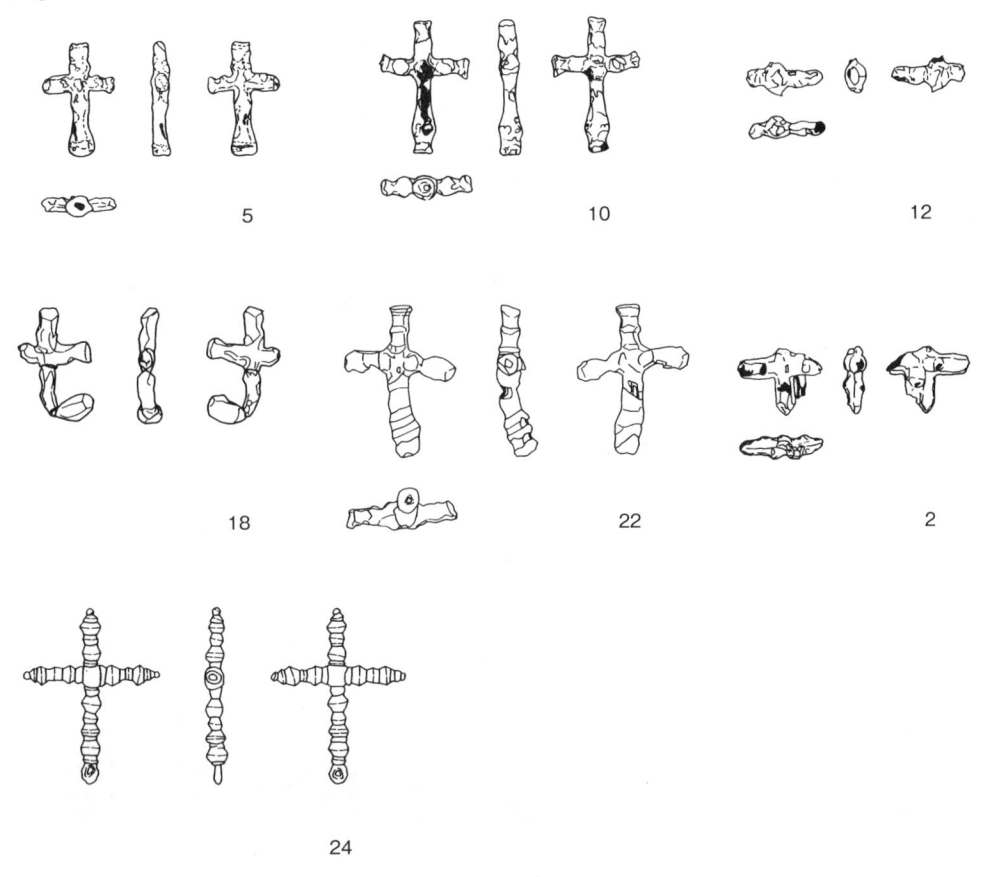

十字架　聖遺物容器　　　　　　　　　レリーフ十字架

26

20

メダイ　　　　　　　　　　　　　　メダイ　聖遺物容器

Ⅰ-Ⓐ

5　　　　　　9　　　　　　　　　　15

Ⅱ-Ⓐ

3　　　　4　　　　6　　　　7

Ⅱ-Ⓑ

12　　　　　　11

Ⅲ-Ⓐ

2　　　　　8　　　　　10　　　　13

Ⅲ-Ⓑ

14　　　　　　1

0　　　　5cm

図7　原城跡出土キリシタン遺物

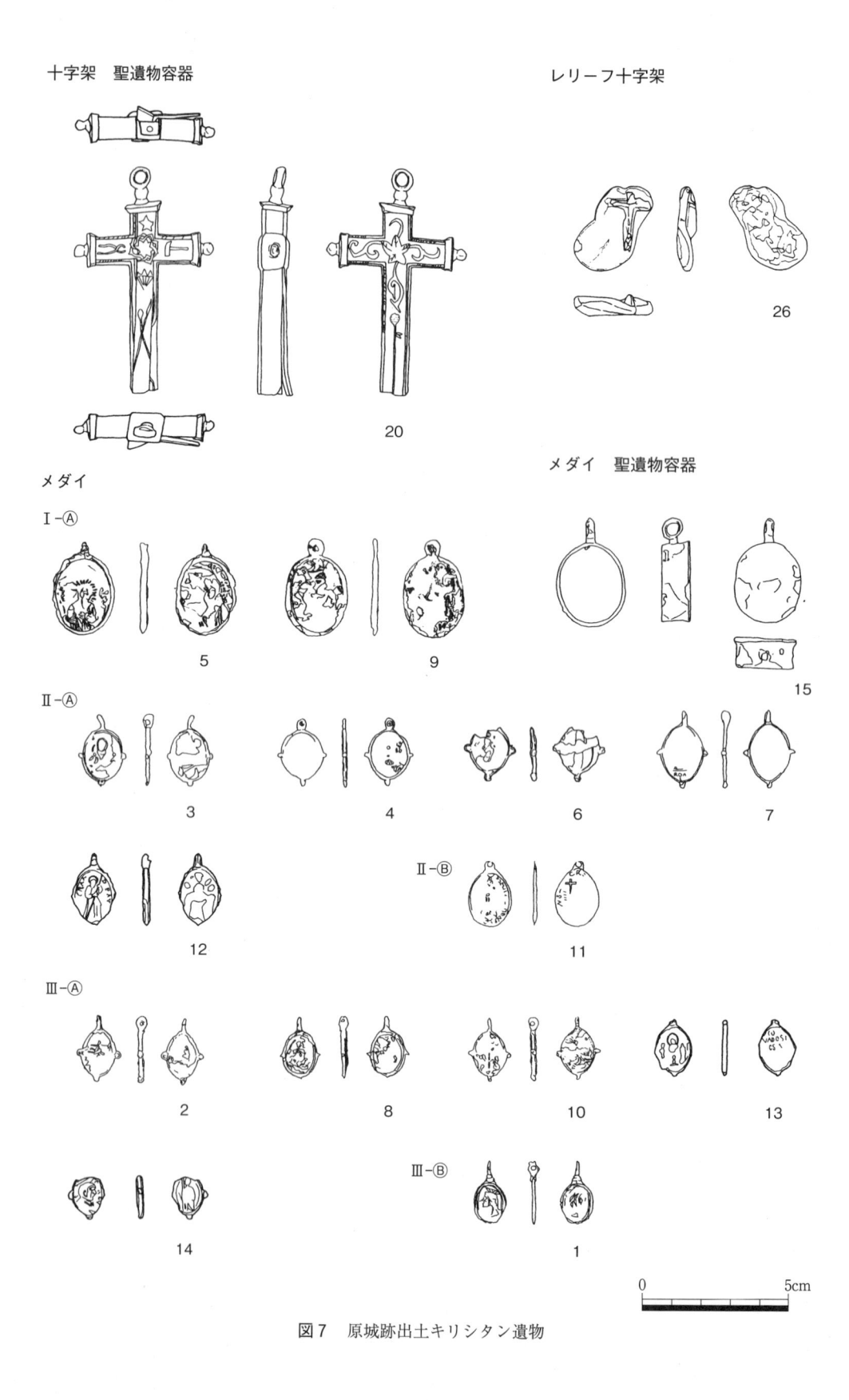

ロザリオの珠

1　2　3　4　5　6　7　8

9　10　11　12　13

花十字紋瓦

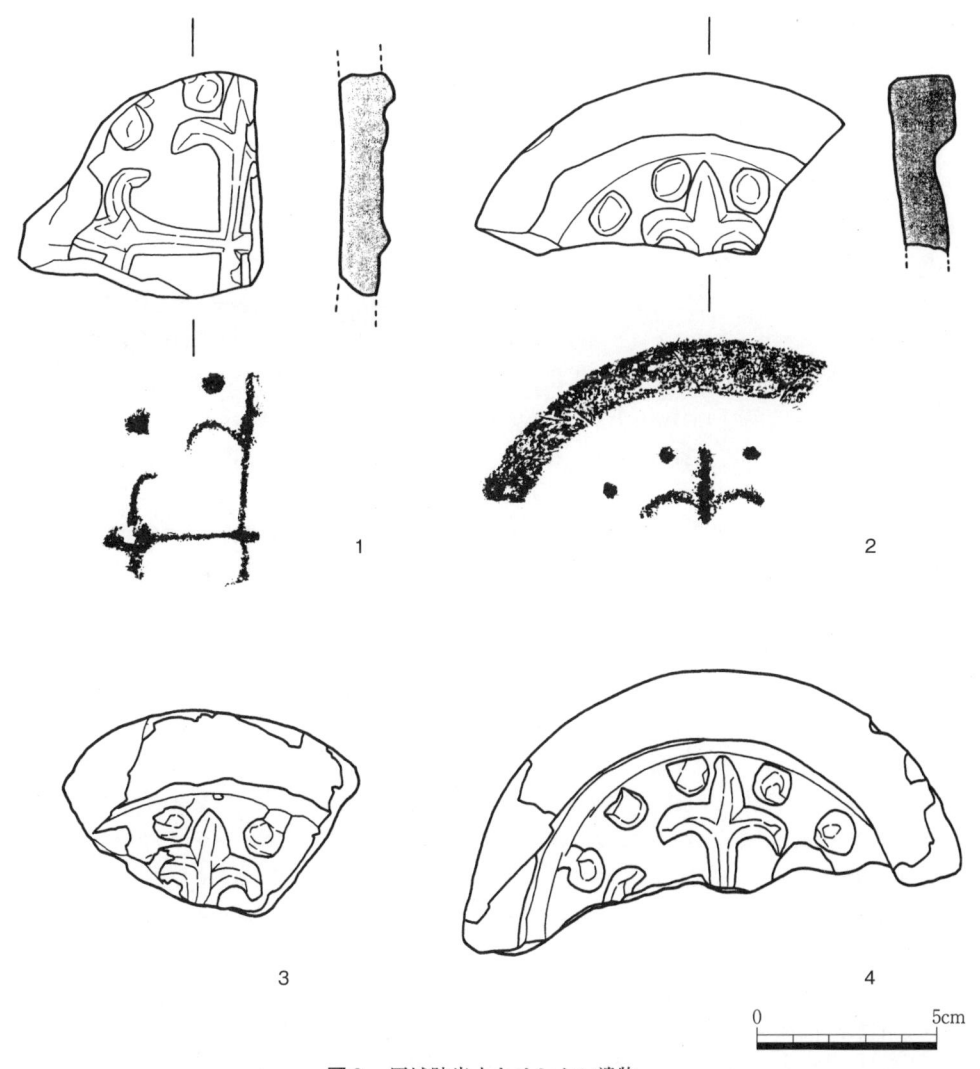

1　2

3　4

0　5cm

図8　原城跡出土キリシタン遺物

【コラム】

天草のキリシタン遺物

平田 豊弘

　永禄9年(1566)、天草にもキリスト教が伝えられ、天草コレジヨの設置など西洋文化が華開いた。寛永14年(1637)の島原・天草の乱後も、厳しい迫害のなか潜伏キリシタンとして信仰は受け継がれ、明治になり再び復活する。天草のキリシタン史を伝える資料は島内に多く現存するが、ここでは天草切支丹館収蔵資料をとりあげる。

▶天草四郎時貞関係資料◀

　昭和39年(1964)1月、天草四郎時貞関係資料として、綸子地著色聖体秘蹟図指物 一旒、奥村権丞書状(寛永15年3月18日)鍋島大膳宛 一通、鍋島藩老職連署所許可状(寛文11年〈1671〉8月18日)鍋島正佐衛門宛 一通、原城攻略図(寛文8年正月20日伝々端書)一鋪の4点が国の重要文化財に指定された。その後、数奇な運命を経て綸子地著色聖体秘蹟図指物、いわゆる天草四郎陣中旗は、本渡市(現天草市)へ寄贈されている。

　さて、陣中旗には、中央部にカリス(聖杯)、その上にラテンクルス(十字架)を付けたオスチア(聖体)とパン(聖餅)、その両わき下に羽をつけた天使が合唱礼拝している姿が描かれている。旗の上部の「LOVVAD o SEİA O SĂNCTİSSİM o SACRAMENTO」(いとも尊き聖体秘蹟ほめ尊まれ給え)は中世のポルトガル語。旗は縦横108cmの方形で、卍くずしに菊花紋を配した白綸子の布を中央で縦に2枚で縫い合わせる。布地は中国からの輸入品。血痕による斑点や刀槍による損傷があるほか退色により淡い黄金色を呈する。

　絵柄は墨で輪郭を描き、油彩で西洋画の技法を用いて淡黄・緑・橙・朱・茶褐色などに彩られている。特に聖杯や天使には巧みな陰影法を用いており、作者が西洋画を習熟していたことを示している。作者については現在二説がある。一つは「山田右衛門作」説で、原城内の一揆軍には山田右衛門作という画家がおり、陣中旗は彼の作品との考えである。いま一つは、「有馬セミナリオ・長崎コレジヨ関係者」説で、陣中旗の旗地や絵具入手の可能性、類例遺物と図柄が礼拝用である点から、旗はセミナリオまたはコレジヨの美術工房の熟練した画家が描き祭事用として作成し使用されていたが、厳しい迫害で信者が隠し持つことになり、一揆にともなう籠城にあわせ原城内に持ち込まれたとの考えである。作者を断定できる史料はないが、後者が有力と思われる。なお、東洋画において紙や絹布に絵を描くときは、下地としてドウサを引き滲みを防ぐが、陣中旗は当初から下地処理がなされていない。このため、作者は速い筆使いで図柄を描き滲みを抑えているが、このことが陣中旗の描き方に粗雑さを感じる要因となっている(図1)。

▶細川忠利自筆書状と原城布陣絵図◀

　他に、天草切支丹館には天草四郎討ち取りの様子を記した細川忠利自筆書状、そのときの原城布陣絵図がある。細川忠利自筆書状は寛永15年(1638)3月22日付、縦18.2cm横237.2cm。一揆の後、熊本に帰国した忠利が、江戸留守居役に送った書状である。原城攻めで、細川勢が2月27日に本丸へ乗り込んだこと、柵を築いて待機したこと、翌日に天草四郎の家に火をかけ四郎の首を討ち取り、四ツ(午前10時)過ぎまで戦ったこと、本丸の奥まで進みキリシタンを殺した事などが詳細に記されている。なお、分かり易く説明するために、簡単な図が書き添えられており、戦いの様子を知ることができる。

天草のキリシタン遺物

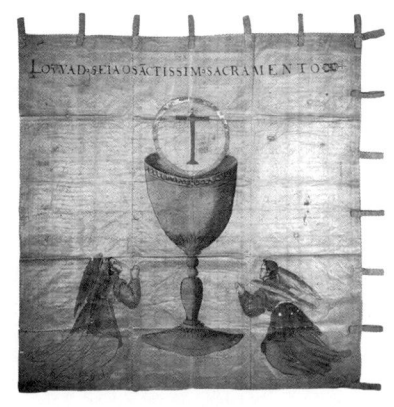

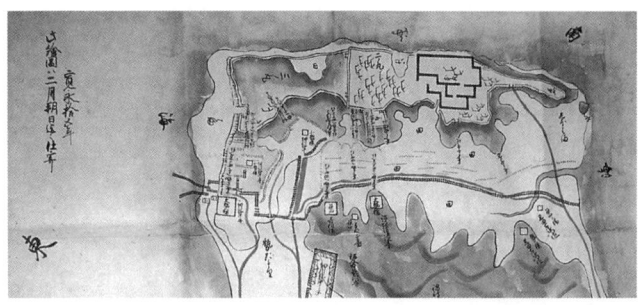

←図1　天草四郎陣中旗（図はいずれも天草切支丹館蔵）
↑図2　原城布陣絵図・部分
→図3　メダリオン（表）

原城布陣絵図は、縦127.4cm 横91.6cmで8枚の紙を貼り合わせる。他の細川家文書などから細川藩御用絵師の矢野三郎兵衛が描いたと推測される。記録によると三郎兵衛は島原・天草一揆に従軍し、数多くの戦況絵図を描いたことが知られているが、遺品は多くない。この絵図は一揆も大詰めを迎えた寛永15年2月の幕府軍の配置、原城の様子や地形などを描いたものである。簡略な絵図で、屏風絵や掛け軸などに描かれる観賞用の作品とは性格を異にするが、御用絵師の一面を伝える資料としてまた歴史資料として大変貴重である（図2）。

▶メダリオン◀

メダリオンは若干の異物が混入する青銅製で、縦8.6cm 横7.1cm。上部には、ロザリオに吊るすための直径4mm×6mmの穴があり、中央部の両端にも3mm程の突出があり楕円形を呈する。図柄は、表に「ラ・スタトルタにおける聖イグナチオ」が描かれている。表面の左下部の祈りを捧げている神父が聖イグナチオ・デ・ロヨラで、マントや背景となっている教会の屋根まで詳細に表されている。右上部が十字架を担ぐ主イエス・キリストで、衣や十字架の文様も良く表現されている。また、中央部に横たわる渦巻く雲も、深い輪郭で立体感がある。外周部にはラテン語で、EGO VOBIS ROMA PROPITIUS ERO（私は、あなた方と共にローマにある）と記してある。VOBISのBISの部分は、鋳造過程での潰れでやや不明瞭である。

裏は「無原罪の聖母」で、中央部に光を放つ中に合掌して祈りを捧げる聖母マリアが描かれている。周辺装飾の、星や紐の捩れも明瞭に表されている。外周部には、TOTA PULCHRA ES AMICA MEA ET MACULA NON EST IN TE（罪の穢れなき潔らかなる人は、祝福されよう）と記してある。天草には天正19年（1591）から慶長2年（1597）までは宣教師を養成する神学校（コレジヨ）が設置され、グーテンベルク印刷機をはじめとしてさまざまな西洋文化が伝来している。この資料は図柄や鉛同位体比測定の結果（下表）などから、江戸時代初期（慶長～寛永年間）にヨーロッパのメダリオンを基に天草で鋳造された貴重な資料で、印刷に携わった関係者の製作と推定される。近年まで、河浦町崎津のキリシタン信者の所有であった。

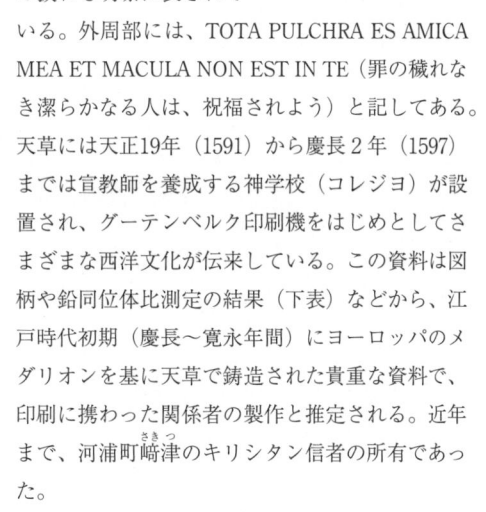

天草の西海岸沿いの高浜村・大江村・崎津村・今富村は交通の不便さや乱のコースから離れていることもあり、島原・天草の乱へ参加していない。このため、乱後に天領となり宗門改めが実施されるが、潜伏キリシタンとして信仰を継承し遺物が保存されたのである（図3）。

表　鉛同位体比測定（2008年、別府大学　平尾良光）（mass%）

銅 Cu	スズ Sn	鉛 Pb	亜鉛 Zn	鉄 Fe	ヒ素 As	金 Au	銀 Ag
0.3	65.0	34.0	0.0	0.2	0.4	—	—

キリシタン考古学の可能性

今 野 春 樹

はじめに

　近年、九州・近畿地域を中心にキリシタン遺物・遺跡の調査と発見が相次いでいる。そして事例の増加に比例して16世紀後半～17世紀前葉に日本で繁栄したキリシタン文化の様相が明らかになりつつある。しかし、発見された遺物がはたしてキリスト教関連遺物であるか否かの判断について、類例の増加につれて不明瞭な場面に出会うことが多くなってきた。ここではキリシタン文化・キリシタン遺物とは何かという原点について考えたうえで、今後のキリシタン考古学の可能性についていくつかの提唱を行いたい。

1　キリシタン文化・遺物とは

　ポルトガルをはじめとする西欧諸国との交易によってもたらされた品物は「南蛮品」「南蛮物」と称せられ珍重された。キリスト教やその遺物もこの交易の流れに乗ってもたらされ、広義的にはキリスト教文化も南蛮文化の一部を形成すると考えることができる。しかし西洋文化の根幹にキリスト教が存在することを考えると逆の関係も成立することになる。この関係が日本における南蛮文化とキリスト教文化の境界に不明瞭さを生じる原因となっている。
　純粋にキリシタン遺物を考古学的見地から検証するには、南蛮文化とキリスト教文化との間に境界線を設ける必要が出てくる。筆者はその境界線を遺物がキリスト教の信仰に直接的にかかわるか否かによると設定してみたい。さらに判断基準を公正化するために次の四つの観点から検証を行うことを組み入れたい。それは①キリスト教学（史）的観点、②歴史学的観点、③美術史的観点、④考古学的観点からの多角的検証である（今野2006a）。
　キリスト教学（史）的観点ではキリスト教の歴史を含めてキリスト教教義、信仰の形態に沿ったものであるかを検証する。歴史学的観点では文献資料中においてキリスト教の存在や活動の実態があるか否かを検証する。例えば日本で16世紀後半～17世紀前葉にキリスト教が布教され、信仰されていたという事実である。美術史的観点ではモチーフとしてキリスト教の事象が使用されているか、また日本の文化的系統に属さないものであるかを検証する。考

古学的観点では考古学的手法によって採集された遺物の帰属年代を層位学的に明らかにし、さらに形式分類や編年などの作業を通じて論理的に検証する。

以上の四つの観点で検証し、積極的に該当するものをキリシタン遺物として認知してはいかがであろうか。

2 遺物の可能性

以上の四つの観点を踏まえて、遺物の可能性について考えるための事例をあげてみたい。

図1はいずれも「ロザリオの聖母子」と題した遺物である。1-1は禁教解除後に描き換えられたものであるが、生月島（長崎県平戸市）の「お掛け絵」である。1-2は神戸市立博物館（上）と仙台市博物館（下）所蔵の「メダイ」である。両者は幼子イエスを抱いた聖母マリアを中心にして外周にロザリオが配されている点で共通している。

「ロザリオの聖母子」は聖ドミニコが聖母マリアからロザリオを授けられたという話に基づくモチーフであり、それが「お掛け絵」と「メダイ」にも映されている。こうしたキリスト教の事柄に基づくモチーフが遺物に映されている事例は他の遺物にもあり、遺物に何らかの図像が見られる時、こうしたケースを踏まえておけば、図像の解明に役立つのではないだろうか。

図2-1は筆者が日本国内に伝世もしくは発掘調査によって採集されたメダイについて平

1-1 生月島の「お掛け絵」　　1-2 「ロザリオの聖母」

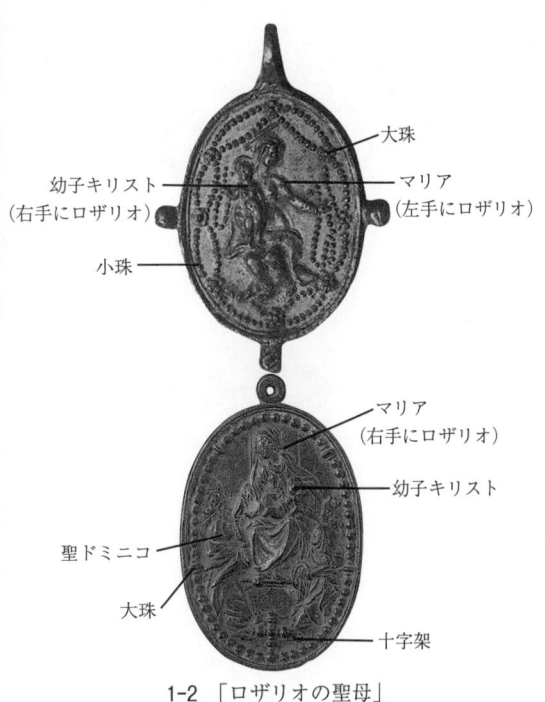

図1 ロザリオの聖母子

2-1 メダイの分類

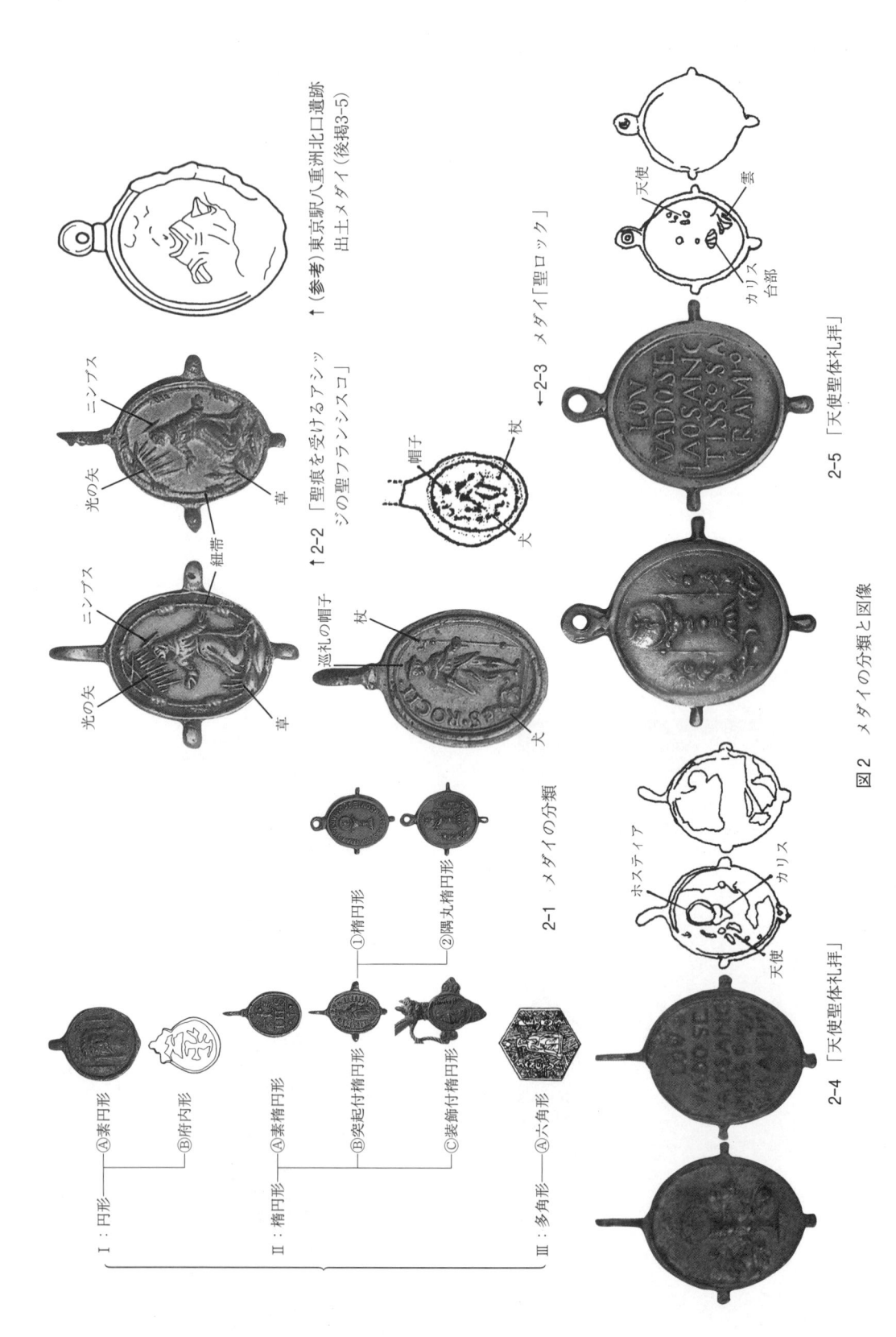

2-2「聖痕を受けるアシジの聖フランシスコ」

2-3 メダイ「聖ロック」

2-4「天使聖体礼拝」

2-5「天使聖体礼拝」

図2 メダイの分類と図像

面形を基に分類したものである。形状的には8種類に分類することができる（今野2006b）。第一段階としては平面形を素直に読み取ってⅠ：円形、Ⅱ：楕円形、Ⅲ：多角形に分類した。Ⅲ：多角形は三つ以上の角を持つメダイであり、類例は少ない。

　第二段階としてⅠ：円形は鈕のみが付くⒶ素円形と、主に大友屋敷跡で出土する鈕が非常に大きい特徴を有するⒷ府内形に分けることができる。Ⅱ：楕円形は鈕のみが付くⒶ素楕円形、鈕の他に左右と下部に突起が付き、メダイ全体で十字架状に見えるⒷ突起付楕円形、メダイ外周に装飾の付くⒸ装飾付楕円形に分類できる。さらにⒷ突起付楕円形は平面形が楕円形の①楕円形と隅丸形の②隅丸楕円形に分けることができるが、②の分類に該当するのは表裏面に天使聖体礼拝図と銘文を鋳出したメダイのみであることから、特別に独立して分類を設定した。

　この分類に表裏面に映される図像内容を加味すれば、腐食などによって判別できないメダイの図像を明らかにすることができる。このさい図像の参考となるのが、キリスト教に関する事柄やキリスト教美術の事例である。図2-2の右に参考として掲げたものは、東京駅八重洲北口遺跡出土メダイの実測図（後掲図3-5）である。表面は「無原罪の聖母」であるが、裏面は腐食のため判別できない。しかし、神戸市立博物館所蔵メダイ「聖痕を受けるアッシジの聖フランシスコ」（図2-2）と比較すると、図像が最も類似している。

　聖フランシスコ（1181～1226年）はアッシジに生まれ、フランシスコ修道会を創設し、1228年に列聖された。画題となった出来事は1224年のこととされる。アペニン山脈のモンテ・ラ・ヴェルナ山で祈っていた時、彼の体に十字架につけられたキリストの五つの傷に対応する傷跡（聖痕）が現れた。十字架上のキリストは両手両足に釘を打たれ、脇腹を槍で突かれて五つの傷を受けた。これは聖人の信仰が完全に達したことの表れであり、神が確認と栄光を与えたのだとされている。メダイでは左上から天使が聖フランシスコに聖痕を刻み付けるために放った「光の矢」とニンブス（頭光）を冠し、聖痕を受ける修道服姿の聖フランシスコが描かれている。

　江戸へのキリスト教布教は、1599年にフランシスコ会宣教師ゼロニモ・デ・ゼズスが徳川家康から江戸における会堂建設の許可を得てから、同会によって最初になされた。こうした経緯を考慮すると、フランシスコ会所属の宣教師が同会創始者の聖フランシスコを主題としたメダイを配布した可能性が高いのであろう。

　図2-3の拓本は勝山町遺跡（長崎市）出土のメダイであるが、図像は不明と報告されている。写真は神戸市立博物館所蔵「聖ロック」のメダイであり、平面形と図像の様子を対比すると両者が同じ図像であることがわかる。伝説では、14世紀に北イタリアで伝染病が流行った時、ローマへの巡礼途中であった聖ロック（フランス人）は各地で超自然的な力を得て多くの病人を治療した。彼自身がピアチェンツァで病んだ時、彼の飼い犬が彼の足をなめて治したという。

　図2-4・5の実測図2点は原城跡（南島原市）出土のメダイであるが、腐食のため一部分

しか図像が明らかでない。ともに平面形はⅡ-Ⓑ突起付楕円形のうちの②隅丸楕円形に分類される。前述のように、この形状のメダイの図像は表面には「天使聖体礼拝」もしくは「聖体」を、裏面には銘文を記したものしか存在しない。図像の特徴は中央部にキリストの聖なる血を入れてあるカリス（聖杯）の上方中央に十字架上のキリストが描かれた聖別されたホスティア（聖体）が配され、それを左右から天使が讃仰している。そして裏面もしくはカリスとホスティアの周囲には銘文がポルトガル語で「LOVVADO SE IA OSANC TISS(IMO) CREM(ENTO)」（秘蹟をほめたたえられよかし）と記されている。そこでそれぞれ平面形が同じ隅丸楕円形の東京国立博物館（2-4）と神戸市立博物館所蔵のメダイ（2-5）と比較し、わずかに残る図像と紐の向きを併せ考えると写真のメダイと同形であることがわかる。

以上では、一部の遺物について検証したが、十字架・ロザリオや、未発見ではあるが祭具類などについても、キリスト教学（史）的観点、歴史学的観点、美術史的観点、考古学的観点からの多角的検証を行うことによってより深く解明・理解ができるのであろう。

3　研究対象地域拡大の可能性

これまでにキリシタン関連遺跡の調査や遺物出土、もしくは存在が確認された事例は西日本地域が中心であり、東京駅八重洲北口遺跡でのキリシタン墓の調査事例が最も東である。東京以北の地域においても宣教師報告文などから布教が行われていたことは推測できるが、これまで考古学的観点から検証する機会はなかった。

2000年から翌年にかけて調査が行われた東京都千代田区東京駅八重洲北口遺跡（東京駅八重洲北口遺跡調査会2003）は江戸城東部の外堀の内側に位置し（図3-1）、キリシタン墓は1期（1590～1605年）の生活面上において、土坑墓6基、木棺墓4基が検出された（図3-2）。土坑墓の平面形は隅丸長方形を呈し、この中に伸展位で直接遺体が納められ、S1349とS1351号の人骨には繊維状の付着物がみとめられた（図3-3）。木棺墓の木棺は高槻城（大阪府高槻市）や大友屋敷跡（大分市）で出土した木棺と大きさもほぼ同じ長方形を呈し、やはり伸展位で納められている（図3-4）。出土遺物は少なく、土坑墓のS1404号からは表面に「無原罪の聖母」が鋳出されたメダイ1点（図3-5）、ガラス製ロザリオ珠49粒、木製ロザリオ珠2粒が出土し、またS1380号の木棺には十字架が墨書されているのが確認されている（図3-6）。

発掘調査は行われていないものの、福島県腰浜町の中学校東方の畑で1964・65年に10点のメダイが発見されている（長島1982）。発見者の報告によると発見場所は江戸時代には非人部落が存在した場所とされ（図4-1）、発見されたメダイも後の火災によって焼失してしまい、現在では写真（図4-2）のみでしか、確認できない。発見地の由来や発見の経緯などを慎重に検証する必要はあるが、写真を見た限りでは、16世紀後半～17世紀前葉のメダイであることは確実なようである。

以上のような遺物の発見以外に、実際に布教に携わった宣教師達の報告文中にも東日本各地に存在したキリシタンの動向が記録されている。

17世紀初頭に関東から北陸地域を布教したイエズス会宣教師ベント・フェルナンデスの報告文には上野沼田（群馬県）には数人の新しい信者がおり、13日間滞在して数人に洗礼を授け、加賀金沢（石川県）では豊臣秀吉に追放された高山右近の影響で多くのキリシタンが存在し、ここで藩主前田常利の従兄弟にあたる人物に洗礼を授けたことが記されている（結城1997）。また東北から北海道地域を布教したイエズス会宣教師ジェロニモ・デ・アンジェリスとディオゴ・カルワーリュはそれぞれ津軽と松前で多くのキリシタンに会い、津軽のキリシタンが京・大坂から流刑された人々であり、松前は金の採掘鉱夫たちであったと報告文に記している（H・チースリク1962）。

　このようにキリシタンに関連する資料（遺物）は関東地域に限らず、東北・北海道地域や東日本各地に多く眠っている可能性が高く、これらを丹念に調べることにより、日本におけるキリスト教浸透の様子が明らかになるのではないだろうか。

　この遺物や報告文などの文献を手掛かりとして、埋もれているキリスト教の歴史や存在を明らかにする手法は国外においても活用することができる。キリスト教は大航海時代という大きな時流に乗って日本へ上陸した。ヨーロッパか

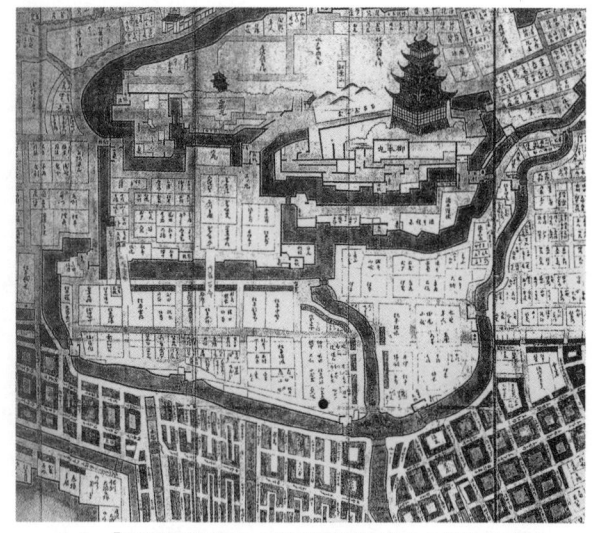

3-1　『武州豊嶋郡江戸庄図』（部分）寛永9年（1629）頃　中央下の黒丸が遺跡、右手が北

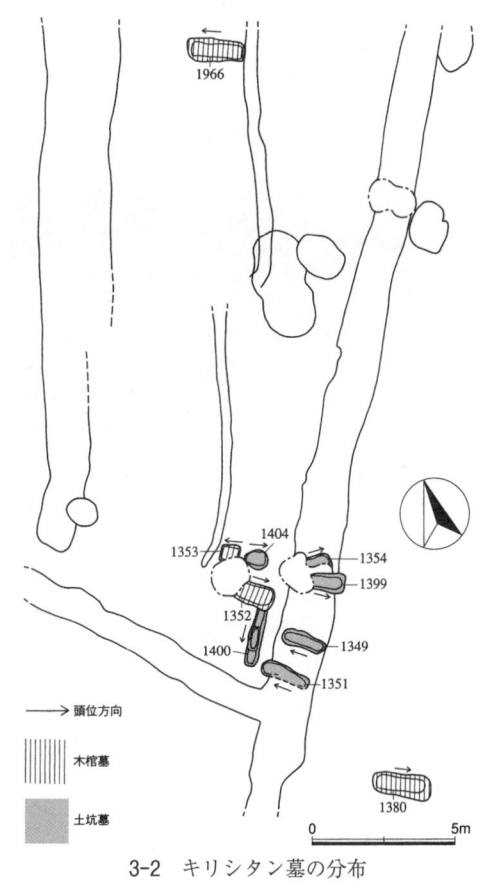

3-2　キリシタン墓の分布

図3　東京駅八重洲北口遺跡のキリシタン墓（1）

3-3　S1351(左)とS1349(右)

3-4　S1352

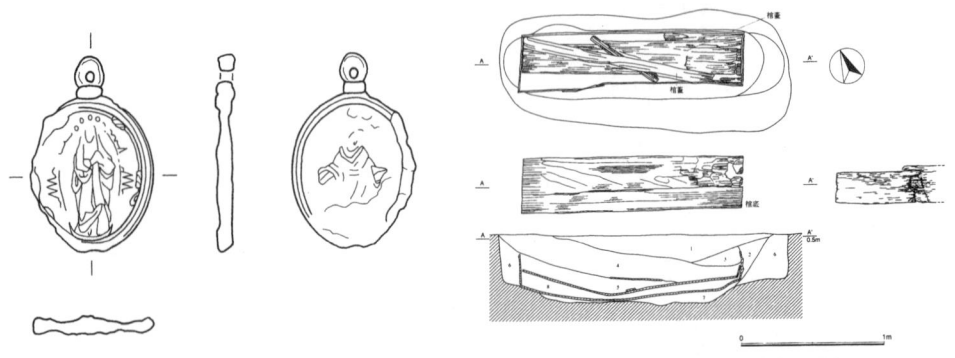

3-5　S1404 出土メダイ　　　　3-6　S1380 木棺・墨書十字架

図3　東京駅八重洲北口遺跡のキリシタン墓（2）

4-1 遺跡付近図

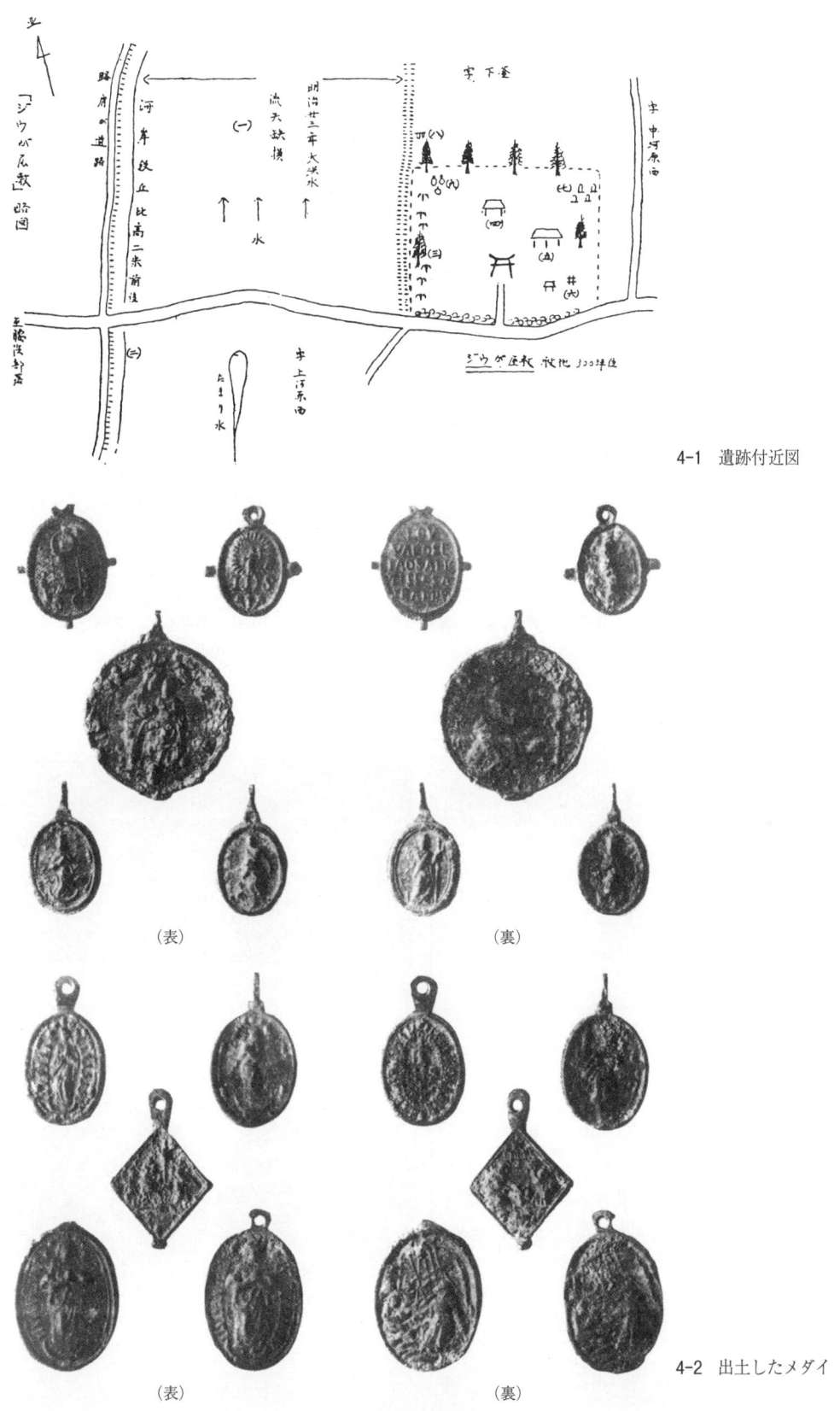

4-2 出土したメダイ

図4 福島県腰浜町のメダイ

5-1 肥前産の染付け碗（ポルトガル時代の砦出土）

5-4 黒沙遺跡入口

5-2 st. Pual 聖堂

5-5 黒沙遺跡（柵から）

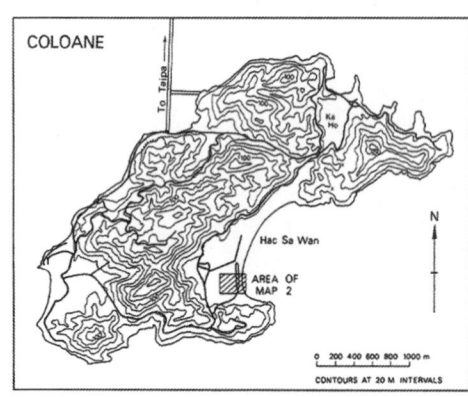

5-6 調査地点（J）

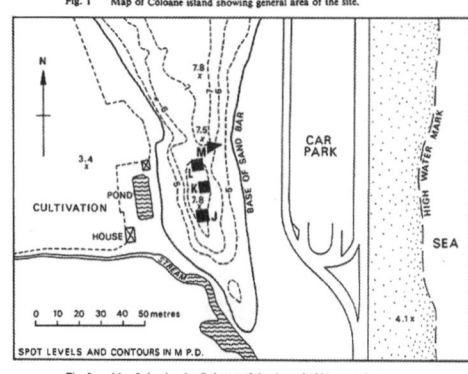

5-3 黒沙遺跡

5-7 出土したメダイ

図5 マカオのキリスト教遺跡と遺物

ら日本にいたる途上にも、世界各地に貿易拠点が置かれ、そこには必ずキリスト教が伝えられた。すでに航海ルートやキリスト教の伝道ルートは文献史学の分野で明らかにされている。しかしメダイなどの遺物を探し、研究することによって文字記録として残っていない地域のキリスト教の存在や布教の状態を考える手立てにはならないだろうか。

　ここでマカオの事例をあげておきたい。アジア地域に進出したポルトガル人は16世紀初め、マカオに東南アジアや中国・日本を対象とした貿易拠点を建設した。16世紀中葉にはイエズス会もマカオに進出して東・東南アジア方面の布教拠点とした。

　現在、マカオ博物館が建つ場所は、ポルトガル統治時代の要塞跡であり、博物館建設に伴う発掘調査では17世紀前半に生産年代が求められる肥前産の染付け碗などが出土している（図5-1）。また博物館の西側にはセント・ポール聖堂跡があり（図5-2）、日本で殉教したキリシタンの遺骨が埋葬されている。このようにマカオは江戸時代の日本と非常に深いつながりを持っている数少ない土地である。

　マカオの南にあるコロアネ島の東、黒沙湾に面する黒沙遺跡（図5-2〜6）では1985年2基の墓が調査された。墓の年代は出土した銭貨から清代のものと推測され、そのうち1基からはメダイが出土した（図5-7）。表面にはヴェールを被った聖母マリア、裏面にはニンブス（頭光）を冠した聖人らしき人物の姿が鋳出されている。メダイの年代は新しいもの、日本とは事情が異なり、断絶することなく現在にいたるまで絶えず信仰が続く世界を見たような気がした。

まとめ

　以上、国内と海外の事例をあげてこれからのキリシタン考古学の可能性について述べてきた。まとめるとその可能性としては遺物種類の拡大と調査研究の対象とする地域の拡大が見込まれる。「遺物種類の拡大」はこれまでの研究対象が墓誌・メダイ・十字架・ロザリオ・長崎で多く出土する花十字瓦であったのに対し、伝世品として多く残るキリスト教祭祀に関連する祭具なども範疇に加える必要があり、研究が進展しつつあるメダイや十字架などについても形式分類や製造方法・素材の同定などを積極的に進めていく必要がある。

　「調査研究の対象とする地域の拡大」ではこれまで九州と近畿地域がキリシタン関連遺跡・遺物研究の中心地域であったが、東京駅八重洲北口遺跡や福島県腰浜町のメダイ発見の事例、各宣教師報告文中に見られる東北・北海道地域でのキリシタン存在の可能性を考慮すると、東日本地域においても九州・近畿地域に匹敵するほど密度が濃厚なキリシタン遺跡・遺物が存在することが想像され、今後注目していく必要性がある。またキリシタン文化が外来文化であることから海外の事例についても考えなければならない。今回はマカオの事例をあげたが、ポルトガルなど西欧諸国の貿易拠点とキリスト教の布教拠点は同じ場所に存在する。これは大航海時代における交易地域の拡大に伴って、キリスト教の布教地域も拡大した事情があるからである。したがってマカオばかりでなく、貿易拠点の建設されたインドのゴ

ア、マレーのマラッカ、フィリピンのマニラなどにもキリスト教の姿は存在する。それらの地域においても、日本で確認されているメダイや十字架などと同様の遺物がみとめられ、それらを比較検討することは非常に興味深く、キリスト教史における日本のキリシタン史の位置づけを考える上で参考にしなければならいものである。

　この二つ拡大を支える柱がキリスト教学（史）的観点、歴史学的観点、美術史的観点、考古学的観点の四つの観点からの検証であるということができる。冷静に科学的に対処することが重要である。

〔引用・参考文献〕
今野春樹（2004a）「キリシタン考古学の展開」『博望』4
今野春樹（2004b）「キリシタンの葬制」『キリシタン文化研究会会報』123号
今野春樹（2006a）「キリシタン遺物の諸相」『キリシタン文化研究会会報』128号
今野春樹（2006b）「布教期におけるメダイの研究」『物質文化』82
西南学院大学博物館（2007）『納戸の奥のキリシタン』
東京駅八重洲北口遺跡調査会（2003）『東京駅八重洲北口遺跡』
長島正夫（1982）「福島市腰浜出土のメダイ」『福島考古』23号
William Meacham（1985）'Hac Sa Wan, Macau' *Journal of hong kong archaeological society*, Vol. 11
結城了悟（1997）『ベント・フェルナンデス　日本人　1579—1633伝記・書簡』ポルトガル大航海時代記念委員会マカオ部会
H・チースリク編／岡本良知訳（1962）『北方探検記』吉川弘文館

〔掲載図版一覧〕
1-1　生月島の「お掛け絵」（平戸市生月町博物館・島の館所蔵）
1-2　「ロザリオの聖母子」（上：神戸市立博物館所蔵、下：仙台市博物館所蔵）
2-1　メダイの分類（今野2006aより転載）
2-2　「聖痕を受けるアシッジの聖フランシスコ」（神戸市立博物館所蔵）
2-3　メダイ「聖ロック」（メダイ：神戸市立博物館所蔵／拓本：長崎市教育委員会所蔵）
2-4　「天使聖体礼拝」（写真：東京国立博物館所蔵〈Image: TNM Image Archives, Source: http://TnmArchives.jp/〉、実測図：南島原市教育委員会所蔵）
2-5　同上（写真：神戸市立博物館所蔵、実測図：同上）
3-1　『武州豊嶋郡江戸庄図』部分（東京都立中央図書館東京誌料文庫所蔵〔A13-1〕、東京駅八重洲北口遺跡調査会2003より転載）
3-2　キリシタン墓の分布（1）（千代田区教育委員会提供）
3-3　S1351とS1349（同上）
3-4　S1352（同上）
3-5　S1404出土メダイ（同上）
3-6　S1380木簡・墨書十字架（同上）
4-1　遺跡付近図（長島1982より転載）
4-2　福島県腰浜町のメダイ（同上）
5-1　肥前産の染付け碗（ポルトガル時代の砦出土）（筆者撮影、マカオ博物館所蔵）
5-2　st. Pual 聖堂（筆者撮影）
5-3　黒沙遺跡（Meacham 1985より転載）
5-4　黒沙遺跡入口（筆者撮影）
5-5　黒沙遺跡（柵から）（筆者撮影）
5-6　調査地点（筆者撮影）
5-7　出土したメダイ（マカオ博物館所蔵）

【コラム】

キリシタン生活を支えたメダル

デ・ルカ・レンゾ

　キリシタン時代の信者たちの生活については、全体的なイメージがとれるほど情報がない。現代に残る史料の多くは殉教の場面などについてであり、一般生活を示す史料が未だに乏しい。ロザリオ、メダル、祈禱書は毎日の生活に用いられたと思われるが、その中で現存しやすかったのはメダル類だけである。そこで、残されたメダルが不完全でありながらキリシタンの日常的な姿を現しうる資料として注目される。

　筆者が勤務する日本二十六聖人記念館にあるメダル類の多くはヨーロッパで製作されたが、ここでキリシタン時代の日本と関連のある主な物だけを紹介したい。

▶丹生コレクション◀

　当記念館で確定できる日本関連の最も古いメダル（表の#1）は、フランシスコ・ザビエルが福者であった時（1619～1621）に彫造され、1968年、大分県丹生で発掘されたものである。小型で一部が破損し、かなり錆びている。表は聖イグナチオ、裏は服の胸元を開けて天を仰ぐザビエル、その縁にはB.〔福者〕Franciscus Xaveriと刻んである。丹生で発掘された当記念館蔵のメダルは表#1～6である。

▶崎津コレクション◀

　熊本県崎津で発掘された物で、白蝶貝に精密に彫刻されたメダル（#7）がある。恐らく外国製の金属メダルを元にした手作業によるものである。同じ場所で発掘された当記念館蔵のメダル類は表#7～12である。

▶無原罪の聖母と聖イグナチオの日本製メダル◀

　岩手県で発掘され、日本製と思われる、表に無原罪の聖母裏にラ・ストルタでの聖イグナチオを現す8×6cm楕円形のブロンズメダルがある（#13）。輪郭が不精密、金属が不整に鋳られていることから外国製メダルから型を取って作られたと思われる。天草でも同様のメダルが発掘されたことから、キリシタンの間で流通していたと考えられる。

▶当記念館所蔵の外国製メダル◀

　当記念館に、日本のキリシタンが用いなかった物ではあるが、作製年とテーマから日本キリシタンの信仰生活の参考になりうる物として、#14～32のメダルがある。

　聖母マリアのメダルも流通していたと思われるが、聖フランシスコ・ザビエルの姿を表すメダル数の多さと多様性が彼に対する信者の深い信仰を物語っている。メダルの図像には主に3つのテーマがある。①燃える心のザビエル、②宣教するザビエル、③上川で亡くなるザビエル。それ以外に、列福・列聖を記念するメダルもある。その1つ（#30）は、ザビエルが十字架の前で祈りながら左手で側に跪く人の頭上に水を注ぎ、裏には、祈る聖イグナチオの姿が刻まれている。このようなメダル類は世界の教会の祈りに支えられる具体的な伝道活動というイエズス会の宣教理念を象徴的に表している。その他、1622年3月12日、ザビエルの列聖の時に発行された銀の記念メダイがあ

図　日本製のメダル（#13）

表 日本二十六聖人記念館所蔵のメダル類

#	展示品名	製作地	サイズ	推定作年	備考
1	福者イグナチオと福者ザビエル	?	2.5×1.5cm	c.1620	メダル
2	聖母子と聖人	ポルトガル	2×1.5cm	1600	メダル
3	サルバトル・ムンディ聖母	ポルトガル	2×1cm	1600	メダル
4	御聖体・文章	ポルトガル	2.3×1.7cm	1600	メダル4点
5	無原罪の聖母とアシージの聖フランシスコ	ポルトガル	2×1.5cm	1600	メダル
6	IHSと無原罪の聖母	ポルトガル	2×1.2cm	1600	メダル
7	福者イグナチオ・ロヨラ	崎津	5+1.5×4.5cm	1600	白蝶具
8	IHSと無原罪の聖母メダイ	ポルトガル	1.5×1.2cm	*	*
9	無原罪の聖母とア.の聖フランシスコ	ポルトガル	1.4×1.15cm	1600	真鍮
10	聖母と聖ミカエル メダル	崎津	2.9×2.2cm	1600	鉄
11	メダル御聖体と聖イグナチオ	ポルトガル	1.6×1.3cm	1600	真鍮
12	十字架と聖母(白蝶貝)小メダル	崎津	3.5×2.8cm	1600	2点
13	無原罪の聖母ラ・ストルタでの聖イグナチオ	日本	8×6cm	1600	大メダル
14	聖ペトロ	スペイン	10.2×7.2cm	1500	大メダル
15	無原罪の聖母	スペイン	10.3×7.3cm	1500	大メダル
16	ペトロを先足するイエスイ-ノチェンシオⅨ	ローマ	3cm	1591	ブロンズ
17	無原罪の聖母ラ・ストルタでの聖イグナチオ	日本	8×6cm	1600	大メダル
18	聖アロイシオ-聖ヨハネ・ネポムセノ	*	2.3×.21cm	1600	ブロンズ
19	聖フ・ザビエル死聖アロイシオ＆聖スタニスラオ	*	3.8cm	1600	ブロンズ
20	聖フ・ザビエル死聖イグナチオ	*	3cm	1600	様々9点
21	聖ヨセフ	セビリア	4.5×4+2cm	1600	銀ガラスペイント
22	洗礼者聖ヨハネ聖母	セビリア	5×4.6cm	1600	銀ガラスペイント
23	聖ドミニコ	スペイン	10.2×7.2cm	1600	大メダル
24	無原罪の聖母	スペイン	2.6cm	c.1620	エナメル塗料銀
25	聖イグナチオと聖フ・ザビエル列聖-聖テレシアフィリッポイシドロ	*	2.3cm	1622	銀
26	サルバトル・ムンディ-聖母	*	2.6×2.1cm	1700	*
27	1700年到来記念	ローマ	2cm	1700	ブロンズ
28	聖フランシスコボルジア-聖イグナチオ	*	3.4cm	1700	ブロンズ
29	聖フ・ザビエル	スペイン	40×32cm	1700	大メダル
30	聖フ・ザビエル洗礼授け-聖イグナチオ	ローマ	3.3cm	*	ブロンズ
31	聖フ・ザビエル聖イグナチオ	*	5.2×4.4cm	*	飾縁
32	聖フ・ザビエル巡礼者-聖イグナチオ	*	5×4.9cm	*	八角形3点

る。表にはイグナチオとザビエルがイエス (IHS) の名を表す文字を見上げて立っている。リストに載せなかったが、当館にはザビエル列聖の300周年 (1922) の記念メダル、二十六聖人列聖記念 (1862) メダルもある。

研究と発掘により新たに知られるメダル類を通して信者たちの日常的な生活に近づきたい。

南蛮貿易と金属材料

魯 禔玹・西田京平・平尾良光

はじめに

　15世紀～17世紀半の時代はヨーロッパ人の新大陸への進出が盛んになった大航海時代である。最初に日本へヨーロッパ人がきたのは1543年にポルトガル船が種子島に漂着した時である。当時、ヨーロッパではザビエルを代表とするイエズス会が東方へのキリスト教の布教に力を入れていたが、ポルトガル船が漂着したことを契機に日本への進出を決心し、ザビエルが日本に来ることになった（H. チースリク：1995）。

　ポルトガル船が漂着した頃の日本は戦国時代であった。日本にとってポルトガルなどの西洋との交易は先進文物や鉄砲を含む技術を手に入れる良い手段で、戦争での勝利や権力の増大などに寄与することにもなった。日本全国に広まった火縄銃は戦国時代の戦争に必要不可欠な兵器となり、大名はこれらの入手に力を注いだ（石原結實：2000）。

　日本が西洋諸国との交易を望んでいることを知ったイエズス会は、交易とキリスト教を一体化した。キリスト教の日本伝来はキリスト教の伝播だけではなく、美術や音楽、医学など文化全般にかけて強い影響を与えた。それ故、日本においてキリスト教の伝来が持つ意味は大変重要である。

　日本のキリスト教史あるいは南蛮貿易などに関する研究はさまざまな分野から行われており、発掘成果の蓄積から考古学的な研究もかなり進められている。特に、記録に書かれている内容の一部がこれらの研究で確認でき、南蛮貿易とキリスト教の日本伝来の様相がより明らかになってきた。それに加えて科学的な方法を応用した研究も進んでおり、既存の研究に対してより高い客観性を付与している（今野春樹：2006）。

　本研究ではキリスト教製品のメダイや十字架、そして鉄砲玉を対象として、科学的な方法を応用し、材料の性質や製作技術、生産地などを明らかにしようとした。キリスト教と関連がある製品の材料産地を推定することで、当時の南蛮貿易とキリスト教の関係、様子などがより理解できると期待する。

1 研究対象

　本研究の対象として、日本から出土したキリスト教品（メダイ、十字架など）と鉄砲玉を用いた。鉄砲玉は西洋との南蛮貿易が始まる契機となった火縄銃と関連していることから、キリスト教と南蛮貿易を研究するさいに重要な意味を持つ。

　本研究では大分市の中世大友府内町跡から出土したキリスト教品と熊本県和水町田中城跡から出土した鉄砲玉を中心に、化学組成と材料の産地を推定することにした。中世大友府内町跡から出土したキリスト教品としてメダイがあるが、これらのメダイは他のメダイと比較して形態が独特で府内型メダイとも呼ばれている。また、製作技術から考えると、日本で製作された可能性が高い（大分県教育庁文化財センター：2005）。中世大友府内町跡出土のメダイと共に北九州市黒崎城跡から出土したメダイや長崎市出土のメダイ・十字架・聖骨箱なども分析したが、北九州市出土のメダイの場合、鋳型が出土していることから、日本で製作された可能性が考えられ、長崎市出土の製品は形態からみると、交易品としてヨーロッパから持ち込まれたとみられている。一方、田中城跡出土の鉄砲玉は豊臣秀吉側が和仁氏の居城を攻撃した時に使用したと考えられている。ほとんどが白色の錆に包まれており、中には何かに当たった痕跡あるいは変形したと見られる資料もある。田中城跡出土の鉄砲玉はその質量によって1匁玉～8匁玉までの種類がある（三加和町教育委員会：1997）。

　以上の資料、キリスト教品30点（大分市・長崎市・北九州市出土）、鉄砲玉56点に関して化学組成の測定および材料産地の推定を行った。

2 研究方法

(1) 化学組成

　文化財資料に関して化学組成を調べることは資料を構成している材料を知ることができるだけでなく、当時の製作技術水準も推定できる。化学組成を調べるさいには蛍光X線分析法を応用するが、これは資料を破壊せずに測定できるため、考古学分野への応用はかなり進んでいる。蛍光X線分析法は資料を構成する原子にX線を当て、電子が移動する時に発生するエネルギーと数を測ることから資料に含まれている元素の種類と量を確認する方法である。

　これまでの研究から、16世紀後半の日本では金属として、金・銀・銅・スズ・鉛・ヒ素・亜鉛・水銀・鉄およびそれらの合金が利用されていたことがわかっている。特に、銅と亜鉛の合金である真鍮はこの頃、日本で利用され始めたが、その生産・鋳造まで日本で行われたかどうかはまだわからない（平尾良光：1999）。

　本研究資料に関する蛍光X線分析は別府大学に設置されている堀場製作所製蛍光X線分析装置 MESA-500S（EDS、照射径10mmφ）およびセイコーインスツルメンツ（社）製ポータブル蛍光X線分析装置 SEA200（EDS、照射径2mmφ）で行った。得られた蛍光X線測定結果はFP法で化学組成を計算した。

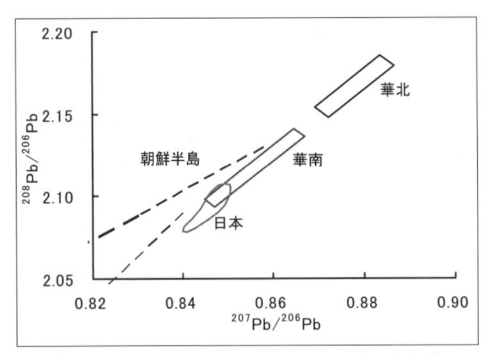

図1　設定されている材料産地の領域（1）
($^{207}Pb/^{206}Pb$-$^{208}Pb/^{206}Pb$)

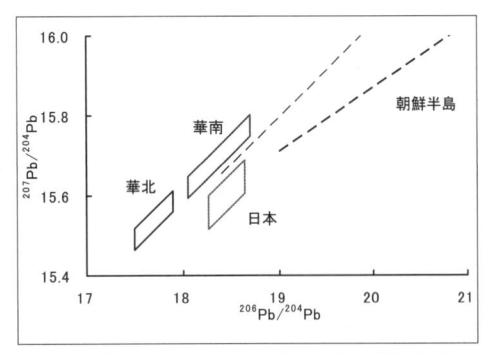

図2　設定されている材料の産地の領域（2）
($^{206}Pb/^{204}Pb$-$^{207}Pb/^{204}Pb$)

（2）　鉛同位体比法

　文化財資料の材料産地の研究には鉛同位体比測定法を応用した。鉛の同位体比は各鉛鉱山によって異なることから、文化財資料に含まれている鉛の同位体比を測定することでその産地を推定することができる。先行研究から、東アジアにおける産地は次のように推定されている。すなわち、図1の $^{207}Pb/^{206}Pb$-$^{208}Pb/^{206}Pb$ を軸とした図、および図2の $^{206}Pb/^{204}Pb$-$^{207}Pb/^{204}Pb$ を軸とした図の両方において、中国の華北・華南、朝鮮半島、日本の領域に含まれれば、それら領域の材料が利用されている可能性を示す（馬淵久夫：1993）。

　しかし、設定された産地の領域にはいくつかの限界がある。

　1）設定された領域は厳密ではない。この領域に含まれれば産地が決まり、外れればその産地ではないというわけではない。領域から外れていても、一つの領域に近い場合にはその領域である可能性は十分にある。また、ある領域に含まれても、その産地の材料と類似した値であることを示しているだけである。

　2）この領域設定は日本の紀元前2世紀～後3世紀にかけての資料で得られたため、他の時代に関しては未知である。時代が変わり、新しい鉱山が開発された場合には、今までとは異なる領域の材料が現れる可能性があり、新しい領域の資料として考察に含めなければならない。

　3）異なった産地の材料が同じ鉛同位体比を示す可能性は常にある。そのため、鉛同位体比測定の結果を判断する時は注意する必要がある。また、本研究の資料は16世紀のもので、紀元前2世紀～後3世紀の資料から設定された領域に当てはめることにはかなり無理があるかもしれない。しかし、これまでの研究からみると、実際にはそれほど矛盾はないと思われる。

　資料に関する鉛同位体比分析は別府大学に設置されている質量分析計（サーモフィッシャーサイエンティフィック社の表面電離型質量分析計MAT262）で行った。鉛同位体比法に関する詳しい説明は平尾：1999などを参照されたい。

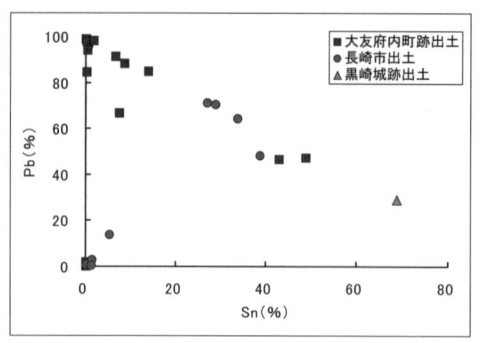

図3　キリスト教品の化学組成(％)　　　　　図4　鉄砲玉の化学組成(％)

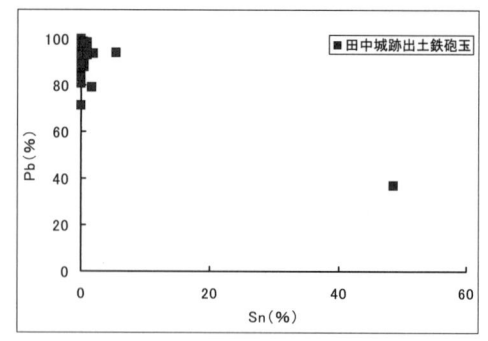

3　測定結果

(1)　化学組成

　中世大友府内町跡・長崎市・黒崎城跡から出土したキリスト教品の化学組成結果を表1（章末、表は以下同）と図3にまとめた。図3の横軸はスズ、縦軸は鉛の含有率を示している。中世大友府内町跡から出土したメダイはほとんどが鉛製であり、いくつかは純銅製、鉛とスズあるいは銅と鉛とスズの合金であった。それに対して長崎市から出土したメダイ・十字架・聖骨箱の中に鉛製はなく、純銅製か真鍮、あるいは鉛とスズの合金であった。この時代に日本で真鍮の製作が行われていたかどうかに関してはまだわからないが、これまでの研究からみると、亜鉛の精錬および真鍮の製作は行っていなかったとみられている。その中で、長崎市出土の資料からいくつかの真鍮製品が確認されたのが注目される。黒崎城跡出土のメダイは鉛とスズの合金であった。

　一方、田中城跡出土の鉄砲玉の化学組成結果は図4にまとめた。資料の鉄砲玉はほとんどが純鉛製であることが明らかになった。ただし、1点だけが鉛とスズの合金であった。鉄砲玉はほとんどが純鉛製であったため、化学組成の値は表としてまとめなかった。

　鉛は安価なうえ、低温で溶けるので加工しやすく、また手に入れやすいなどの利点から、当時、大量の需要があった鉄砲玉には鉛が主材料として利用されたことが容易に考えられる。

(2)　鉛同位体比測定

　キリスト教品の鉛同位体比測定の結果、得られた値を表2に示し、図5と図6に示した。中世大友府内町跡から出土したメダイは半分以上が設定された領域から離れたところに集中した。これはいわゆる未知の産地の材料であった。そこで、この未知の産地の領域をN領域と仮称した。また、いくつかの資料が中国の華南領域と朝鮮半島領域に分布した。N領域の鉛がどこの産の鉛であるかはまだわからないが、メダイを含むキリスト教品は宣教師によって日本へもたらされたことを考えると、N領域は宣教師とヨーロッパの商人が利用した海路と関連がある可能性が考えられる。

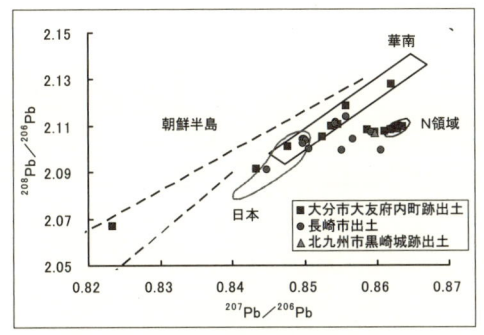

図5　キリスト教品の鉛同位体比（1）
($^{207}Pb/^{206}Pb$-$^{208}Pb/^{206}Pb$)

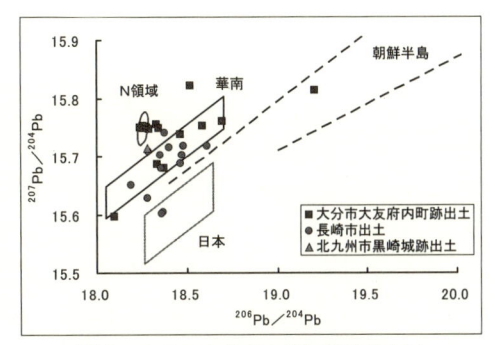

図6　キリスト教品の鉛同位体比（2）
($^{206}Pb/^{204}Pb$-$^{207}Pb/^{204}Pb$)

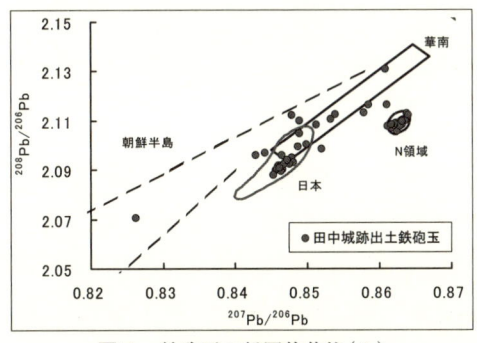

図7　鉄砲玉の鉛同位体比（1）
($^{207}Pb/^{206}Pb$-$^{208}Pb/^{206}Pb$)

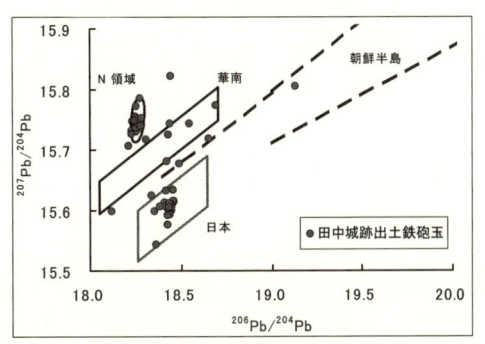

図8　鉄砲玉の鉛同位体比（2）
($^{206}Pb/^{204}Pb$-$^{207}Pb/^{204}Pb$)

　一方、長崎市出土のメダイ・十字架・聖骨箱は中世大友府内町跡出土の場合とは異なって、N領域の材料はなく、ほとんどが華南領域かその付近に分布した。いくつかの資料は日本領域に分布するが、その領域は中国西南部出土の銅鼓が分布する領域とも近接する。これらの資料に関してはその産地を判断するのは難しいが、長崎市出土のキリスト教品は細工が精巧で、今まで測定されたキリスト教品の中には日本産材料を利用したとみられる資料はまだ見つかっていない。このことから中国西南部あるいはヨーロッパの材料を利用して製作されたと考えるほうが矛盾が少ない。

　北九州市の黒崎城跡から出土したメダイはN領域と華南領域の間に分布した。特に、このメダイは長崎市出土の資料1点と重なって分布するが、その産地を推定するのは難しい。可能性としてはN領域の範囲がより広がって黒崎城跡出土のメダイがその中に分布してしまうか、N領域の材料と他の産地という二つ以上の材料を混ぜたかが考えられる。

　つづいて、田中城跡出土の鉄砲玉に関する鉛同位体比の測定結果を表3で示し、図7と図8とした。田中城跡出土の鉄砲玉は日本材料が約半分をなしており、残りの半分にはN領域の材料、そして華南材料と朝鮮半島材料が確認できた。キリスト教品からは日本材料が1点も確認できなかったが、鉄砲玉からはかなりの率で確認された。またN領域の材料は鉄砲玉からも多く確認されたが、どちらも南蛮貿易と関連のある資料である点が注目される。

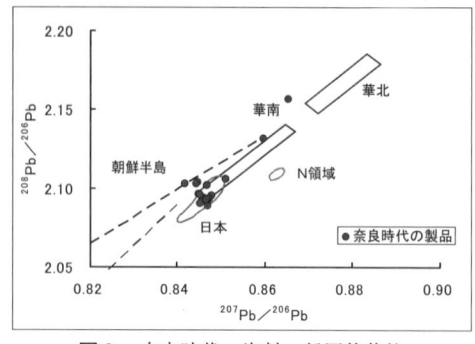

図9　奈良時代の資料の鉛同位体比
($^{207}Pb/^{206}Pb$-$^{208}Pb/^{206}Pb$)

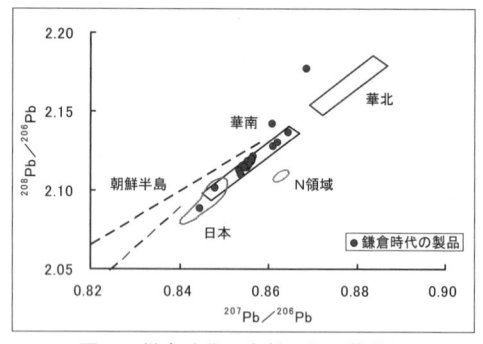

図10　鎌倉時代の資料の鉛同位体比
($^{207}Pb/^{206}Pb$-$^{208}Pb/^{206}Pb$)

4　N領域資料の産地

　以上、16世紀頃からはじまった西洋との南蛮貿易の影響を受けたキリスト教品と鉄砲玉の化学組成と材料の産地を調べてみた。キリスト教品からは中国華南の材料あるいは未知の材料であるN領域の材料が検出されたケースがほとんどだったのに対して、鉄砲玉は日本産材料とN領域の材料が半分以上をなしていた。かなりの数の資料がN領域という狭い範囲に集まって分布することは、少なくとも、どこかに特定の鉛鉱山があり、その材料がよく利用されていたことを示唆する。

　N領域がどこであるかはまだわからないが、16世紀以前の資料からは確認できなかった材料であることは確実である（図9と図10）。N領域の産地については中国、朝鮮半島、日本といった東アジアで新たな鉱山が開発された可能性と、東アジアではない可能性がある。もし、東アジアの新たな鉱山の材料であれば、16世紀以後の時代にも使われていてもおかしくないが、それ以後の時代の資料に関しての分析結果をみると、N領域の材料は確認されていない。

　現状からみると、N領域の材料はキリスト教が日本に入って、鎖国が成立するまでの時期の資料にしか確認できない。このことから、N領域の材料はキリスト教が日本に入ってきた時期の南蛮貿易と何らかの関係がある可能性が高い。具体的に2006年の研究発表の時点では、その産地がどこなのかはまだ明らかにしえなかった。2007年の研究で、ヨーロッパ人を介した南蛮貿易によってヨーロッパもしくはその拠点となったインドや東南アジアなどの地域の材料の可能性を指摘した（魯禔玹・後藤晃一・平尾良光：2008）。

　N領域の材料の産地を明らかにするための努力は続いているが、最近の研究によると、東南アジアの資料にN領域の材料が確認されはじめている。今回、その成果を踏まえ、次の平尾・飯沼論文で文献研究とのコラボレーションによって、N領域の解明を行っている。N領域の鉛研究の新しい展開となるはずである。

おわりに

　文化財資料に用いられた金属材料についての化学組成や材料産地の推定は製作技術レベルや人の移動に関する情報まで与えてくれる。本研究では化学組成から当時の製作技術の一面を、鉛同位体比測定から材料の産地を把握し、交流の一面を覗くことができた。

　日本で製作された可能性がある中世大友府内町跡出土のメダイと黒崎城跡出土のメダイはほとんどが純鉛製か、鉛とスズの合金であった。日本製作とはみられない長崎市出土のメダイ、十字架などには鉛とスズの合金もあったが、純銅製もしくは真鍮製がより多かった。田中城跡出土の鉄砲玉はほとんどが純鉛製であった。金属の製作技術からみると、鉛は溶ける温度が低く、より簡単にものを作ることができる。鉛にスズを加えると、溶ける温度がさらに低くなると共に、純鉛製品より強度が高くなる。それに対して、真鍮は亜鉛を単独に精錬することが難しかったため、日本では近世になってから作り出せるようになった。戦国時代から真鍮製品が徐々に増えてくるが、長崎市出土の真鍮製キリスト教品が日本で製作されたかどうかは不明である。

　一方、キリスト教品の材料について日本産材料は確認できず、中国華南か、N領域の材料がほとんどであった。田中城跡出土の鉄砲玉は日本産材料とN領域の材料がほとんどで、中国華南産材料と朝鮮半島産材料は少ししか確認できなかった。キリスト教品が日本で製作されたかどうかはまだわからないが、大友府内町跡出土のメダイは独特な形態を成しており、製作状態があまり精巧でないこと、黒崎城跡出土のメダイはその鋳型が出土していることから、日本でキリスト教品の製作が行われた可能性は十分にある。ただし、材料としては日本産材料ではなく、中国華南かN領域の材料を主として利用したとみられる。その時代には日本産材料を手に入れることは難しくないのに外国産材料を利用したことについて、そこに信仰的な意味を見いだせるのかどうかは、今後の課題になるであろう。鉄砲玉の場合、日本産材料が多く確認されたが、戦国時代には鉄砲玉に利用する鉛の供給が間に合わなかった可能性はある。鉛は値段が安く、国内で生産をする費用よりも外国から輸入するほうが安かったのかもしれない。あるいは鉄砲玉からは日本、中国、朝鮮半島、N領域の材料がすべて確認されたことから、当時の鉛材料の需要が多く、それを十分に供給するためには外国産材料も手に入れなければならなかったことを示唆しているのかもしれない。

　南蛮貿易に関する研究はさまざまな分野から進んでいるが、科学的な研究はそれほど多くはない。戦国時代の国内状況や南蛮貿易のことについて書かれている古文書や記録を基に、このような科学的な研究が行われると、これまでわからなかったことをより正確に理解することができ、また、記録の内容を客観的に証明することもできる。今後も南蛮貿易により日本へ持ち込まれた製品あるいはその影響を受けた製品に関して研究を進め、当時の様子をより理解できることを望む。

〔参考・引用文献〕

H. チースリク（1995）『キリシタン史考』聖母文庫。

石原結實（2000）『日本を変えた！種子島の鉄砲とザビエルの十字架』青萠堂。

今野春樹（2006）「キリシタン遺物の諸相——新発見の可能性に備えて——」『キリシタン文化研究会会報』128号、キリシタン文化研究会。

平尾良光（1999）『古代青銅の流通と鋳造』鶴山堂、40～41頁。

大分県教育庁文化財センター（2005）『豊後府内2』大分県教育庁埋蔵文化財センター。

三加和町教育委員会（1997）『三加和町文化財調査報告第11・12集　田中城跡Ⅵ・Ⅶ』。

馬淵久夫（1993）「青銅器の鉛同位体比の解釈について——北九州市および韓国南部出土青銅器を例として——」『古文化談叢第30集（下）』九州古文化研究会、1143～1154頁。

魯禔玹・後藤晃一・平尾良光（2008）「日本の中世キリスト教関連遺物に関する自然科学的な研究」『考古学と自然科学』第57号、日本文化財科学会誌、21～35頁。

大分県教育庁文化財センター（2006）『豊後府内4』大分県教育庁埋蔵文化財センター、205～212頁。

大分県教育庁文化財センター（2007）『豊後府内7』大分県教育庁埋蔵文化財センター、324～331頁。

大分県教育庁文化財センター（2008）『豊後府内8』大分県教育庁埋蔵文化財センター、291～298頁。

魯禔玹・平尾良光（2007）「長崎市の遺跡から出土したキリシタン遺物に関する鉛同位体比調査」長崎県教育委員会へ報告済み。

魯禔玹・上野淳也・平尾良光（2007）「福岡県北九州市黒崎城跡から出土したメダイの自然科学的研究」『黒崎城跡3』財団法人北九州市芸術文化振興財団　埋蔵文化財調査室、303～309頁。

西田京平・平尾良光（2007）「熊本県玉名郡和水町（旧三加和町）田中城跡から出土した鉄砲玉の鉛同位体比」三加和町教育委員会へ報告済み。

表1 キリスト教品に関する化学組成(%)

番号	出土	資料名	Fe	Cu	Sn	Pb	As	備考	測定番号
1	中世大友府内町跡13次	ベロニカメダイ	0.5	1.1	13.9	84.5	<0.1		BP1021
2	中世大友府内町跡43次	メダイ	0.8	1.2	0.3	98.0	<0.1		BP1029
3	中世大友府内町跡43次	メダイ	5.0	94.0	0.2	0.1	0.4		BP1030
4	中世大友府内町跡43次	メダイ	0.9	1.2	0.3	98.0	<0.1		BP1031
5	中世大友府内町跡12次	府内型メダイ	1.9	1.3	49.2	47.0	0.6		BP1020
6	中世大友府内町跡12次	府内型メダイ	0.1	0.1	0.7	96.9	0.1		BP1240
7	中世大友府内町跡12次	府内型メダイ	1.7	96.6	0.1	1.7	0.1		BP1241
8	中世大友府内町跡12次	府内型メダイ	0.2	0.2	6.6	91.0	0.1		BP1242
9	中世大友府内町跡12次	府内型メダイ	0.7	<0.1	0.5	96.0	0.1		BP1243
10	中世大友府内町跡12次	府内型メダイ	1.5	<0.1	0.5	93.9	0.1		BP1019
11	中世大友府内町跡12次	府内型メダイ	2.0	1.2	8.7	88.1	<0.1		BP1244
12	中世大友府内町跡13次	府内型メダイ	0.1	1.1	0.2	98.7	<0.1		BP1022
13	中世大友府内町跡13次	府内型メダイ	0.8	1.3	0.4	97.6	<0.1		BP1023
14	中世大友府内町跡18次	府内型メダイ	2.5	18.6	7.4	66.4	5.1		BP1024
15	中世大友府内町跡20次	府内型メダイ	0.1	0.1	1.9	97.9	0.1		BP1246
16	中世大友府内町跡21次	府内型メダイ	0.7	1.1	43.2	46.5	8.6		BP1025
17	中世大友府内町跡28次	府内型メダイ	1.0	0.8	0.3	84.4	13.5		BP1026
18	長崎市磨屋町遺跡	十字架	0.4	99.4	<0.1	0.2	0.1		BP1249
19	磨屋町遺跡	十字架	0.4	99.1	0.2	0.3	<0.1		BP1250
20	勝山町遺跡	十字架	1.3	82.0	1.5	2.6	0.1	Zn12.5	BP1251
21	興善町遺跡(八尾町)	十字架	1.5	0.5	33.8	64.2	0.1		BP1252
22	万才町遺跡(高島邸)	十字架	1.8	0.1	27.2	70.9	0.1		BP1253
23	勝山町遺跡	メダイ	1.6	0.1	29.0	70.2	0.1		BP1254
24	築町遺跡	メダイ	<0.1	99.2	<0.1	0.3	0.2		BP1255
25	万才町遺跡(高島邸)	メダイ	1.1	75.9	5.3	13.7	0.2	Zn 3.7	BP1256
26	万才町遺跡(平戸町)	メダイ	9.3	0.4	38.8	48.1	0.1	Zn 3.1	BP1257
27	万才町遺跡(ミゼリコルディア跡)	聖ペテロメダイ	0.3	50.7	0.1	0.1	<0.1	Zn27.7	BP1258
28	築町遺跡	聖骨箱	0.8	92.1	<0.1	0.7	3.7		BP1259, 60
29	興善町遺跡(新興善小跡)	聖骨箱	0.9	76.9	1.4	0.4	1.3	Zn19.1	BP1261
30	北九州市黒崎城跡	メダイ	1.5	0.2	69.0	29.0	<0.1		BP1063

表2　キリスト教品の鉛同位体比値

番号	出土	資料名	206/204	207/204	208/204	207/206	208/206	測定番号
1 [*9]	中世大友府内町跡13次	ベロニカメダイ	18.515	15.822	39.077	0.8546	2.1106	BP1021
2 [*11]	中世大友府内町跡43次	メダイ	18.274	15.751	38.528	0.8619	2.1083	BP1029
3 [*11]	中世大友府内町跡43次	メダイ	18.369	15.680	38.757	0.8536	2.1099	BP1030
4 [*11]	中世大友府内町跡43次	メダイ	18.094	15.597	38.500	0.8620	2.1278	BP1031
5 [*9]	中世大友府内町跡12次	府内型メダイ	18.584	15.752	39.042	0.8476	2.1009	BP1020
6 [*10]	中世大友府内町跡12次	府内型メダイ	19.208	15.814	39.700	0.8233	2.0669	BP1240
7 [*10]	中世大友府内町跡12次	府内型メダイ	18.331	15.687	38.834	0.8558	2.1185	BP1241
8 [*10]	中世大友府内町跡12次	府内型メダイ	18.252	15.751	38.497	0.8630	2.1092	BP1242
9 [*10]	中世大友府内町跡12次	府内型メダイ	18.288	15.748	38.545	0.8611	2.1076	BP1243
10 [*10]	中世大友府内町跡12次	府内型メダイ	18.260	15.752	38.518	0.8626	2.1094	BP1019
11 [*10]	中世大友府内町跡12次	府内型メダイ	18.252	15.749	38.487	0.8628	2.1086	BP1244
12 [*9]	中世大友府内町跡13次	府内型メダイ	18.327	15.756	38.619	0.8597	2.1072	BP1022
13 [*9]	中世大友府内町跡13次	府内型メダイ	18.254	15.753	38.516	0.8630	2.1100	BP1023
14 [*9]	中世大友府内町跡18次	府内型メダイ	18.462	15.739	38.870	0.8525	2.1053	BP1024
15 [*10]	中世大友府内町跡20次	府内型メダイ	18.238	15.750	38.477	0.8636	2.1097	BP1246
16 [*9]	中世大友府内町跡21次	府内型メダイ	18.342	15.750	38.668	0.8587	2.1082	BP1025
17 [*9]	中世大友府内町跡28次	府内型メダイ	18.690	15.761	39.087	0.8433	2.0913	BP1026
18 [*12]	長崎市磨屋町遺跡	十字架	18.365	15.604	38.643	0.8497	2.1042	BP1249
19 [*12]	磨屋町遺跡	十字架	18.357	15.602	38.628	0.8499	2.1043	BP1250
20 [*12]	勝山町遺跡	十字架	18.277	15.628	38.370	0.8551	2.0994	BP1251
21 [*12]	興善町遺跡(八尾町)	十字架	18.479	15.718	38.804	0.8506	2.0999	BP1252
22 [*12]	万才町遺跡(高島邸)	十字架	18.374	15.741	38.667	0.8567	2.1044	BP1253
23 [*12]	勝山町遺跡	メダイ	18.283	15.709	38.528	0.8592	2.1073	BP1254
24 [*12]	築町遺跡	メダイ	18.355	15.680	38.759	0.8543	2.1117	BP1255
25 [*12]	万才町遺跡(高島邸)	メダイ	18.397	15.715	38.835	0.8542	2.1109	BP1256
26 [*12]	万才町遺跡(平戸町)	メダイ	18.608	15.719	38.913	0.8448	2.0912	BP1257
27 [*12]	万才町遺跡(ミゼリコルディア跡)	聖ペテロメダイ	18.188	15.651	38.185	0.8605	2.0995	BP1258
28-1 [*12]	築町遺跡	聖骨箱	18.349	15.703	38.790	0.8558	2.1140	BP1259
28-2 [*12]	築町遺跡	聖骨箱	18.470	15.702	38.852	0.8502	2.1035	BP1260
29 [*12]	興善町遺跡(新興善小跡)	聖骨箱	18.462	15.688	38.817	0.8497	2.1025	BP1261
30 [*13]	北九州市黒崎城跡	メダイ	18.279	15.715	38.512	0.8597	2.1069	BP1063
	誤　　差		±0.010	±0.010	±0.030	±0.0003	±0.0006	

表3 田中城跡出土の鉄砲玉の鉛同位体比値*14

番号	出土	資料名	206/204	207/204	208/204	207/206	208/206	測定番号
1	田中城跡	鉄砲玉	18.247	15.750	38.497	0.8632	2.1097	BPA5006
2	田中城跡	鉄砲玉	18.447	15.600	38.551	0.8457	2.0899	BPA5007
3	田中城跡	鉄砲玉	18.244	15.745	38.478	0.8630	2.1091	BPA5008
4	田中城跡	鉄砲玉	19.130	15.805	39.607	0.8262	2.0704	BPA5009
5	田中城跡	鉄砲玉	18.451	15.609	38.578	0.8460	2.0908	BPA5010
6	田中城跡	鉄砲玉	18.485	15.614	38.598	0.8459	2.0911	BPA5011
7	田中城跡	鉄砲玉	18.407	15.607	38.559	0.8479	2.0948	BPA5012
8	田中城跡	鉄砲玉	18.455	15.614	38.596	0.8461	2.0913	BPA5013
9	田中城跡	鉄砲玉	18.487	15.676	39.050	0.8479	2.1123	BPA5014
10	田中城跡	鉄砲玉	18.436	15.742	38.948	0.8539	2.1126	BPA5015
11	田中城跡	鉄砲玉	18.274	15.785	38.607	0.8638	2.1127	BPA5016
12	田中城跡	鉄砲玉	18.420	15.680	38.833	0.8512	2.1082	BPA5017
13	田中城跡	鉄砲玉	18.274	15.735	38.672	0.8611	2.1162	BPA5018
14	田中城跡	鉄砲玉	18.254	15.751	38.504	0.8629	2.1093	BPA5019
15	田中城跡	鉄砲玉	18.249	15.755	38.507	0.8633	2.1102	BPA5020
16	田中城跡	鉄砲玉	18.409	15.613	38.530	0.8481	2.0930	BPA5021
17	田中城跡	鉄砲玉	18.458	15.615	38.600	0.8459	2.0912	BPA5022
18	田中城跡	鉄砲玉	18.233	15.747	38.472	0.8637	2.1100	BPA5023
19	田中城跡	鉄砲玉	18.241	15.745	38.477	0.8632	2.1094	BPA5024
20	田中城跡	鉄砲玉	18.458	15.615	38.599	0.8460	2.0912	BPA5025
21	田中城跡	鉄砲玉	18.243	15.746	38.483	0.8631	2.1094	BPA5026
22	田中城跡	鉄砲玉	18.428	15.601	38.514	0.8466	2.0899	BPA5027
23	田中城跡	鉄砲玉	18.456	15.615	38.603	0.8461	2.0917	BPA5028
24	田中城跡	鉄砲玉	18.226	15.732	38.427	0.8632	2.1083	BPA5029
25	田中城跡	鉄砲玉	18.413	15.606	38.528	0.8475	2.0924	BPA5030
26	田中城跡	鉄砲玉	18.212	15.707	38.352	0.8624	2.1059	BPA5031
27	田中城跡	鉄砲玉	18.429	15.725	38.896	0.8532	2.1106	BPA5032
28	田中城跡	鉄砲玉	18.438	15.593	38.532	0.8457	2.0898	BPA5033
29	田中城跡	鉄砲玉	18.426	15.576	38.469	0.8453	2.0878	BPA5034
30	田中城跡	鉄砲玉	18.362	15.543	38.368	0.8464	2.0895	BPA5035
31	田中城跡	鉄砲玉	18.254	15.730	38.464	0.8617	2.1072	BPA5036
32	田中城跡	鉄砲玉	18.261	15.746	38.511	0.8623	2.1089	BPA5037
33	田中城跡	鉄砲玉	18.227	15.727	38.415	0.8628	2.1076	BPA5038
34	田中城跡	鉄砲玉	18.254	15.737	38.479	0.8621	2.1080	BPA5039
35	田中城跡	鉄砲玉	18.418	15.632	38.665	0.8487	2.0993	BPA5040
36	田中城跡	鉄砲玉	18.685	15.773	38.074	0.8442	2.0969	BPA5041
37	田中城跡	鉄砲玉	18.447	15.610	38.575	0.8462	2.0911	BPA5042
38	田中城跡	鉄砲玉	18.448	15.605	38.565	0.8459	2.0905	BPA5043
39	田中城跡	鉄砲玉	18.435	15.611	38.573	0.8468	2.0923	BPA5044
40	田中城跡	鉄砲玉	18.544	15.743	39.128	0.8489	2.1100	BPA5045
41	田中城跡	鉄砲玉	18.251	15.753	38.510	0.8631	2.1100	BPA5046
42	田中城跡	鉄砲玉	18.453	15.634	38.638	0.8472	2.0939	BPA5047
43	田中城跡	鉄砲玉	18.262	15.744	38.510	0.8621	2.1088	BPA5048
44	田中城跡	鉄砲玉	18.649	15.718	39.084	0.8429	2.0958	BPA5049
45	田中城跡	鉄砲玉	18.444	15.821	38.977	0.8578	2.1133	BPA5050
46	田中城跡	鉄砲玉	18.118	15.598	38.606	0.8609	2.1308	BPA5051
47	田中城跡	鉄砲玉	18.306	15.716	38.743	0.8585	2.1164	BPA5052
48	田中城跡	鉄砲玉	18.244	15.748	38.487	0.8632	2.1096	BPA5053
49	田中城跡	鉄砲玉	18.436	15.605	38.639	0.8465	2.0959	BPA5054
50	田中城跡	鉄砲玉	18.353	15.598	38.545	0.8499	2.1002	BPA5055
51	田中城跡	鉄砲玉	18.254	15.772	38.557	0.8640	2.1122	BPA5056
52	田中城跡	鉄砲玉	18.382	15.606	38.689	0.8490	2.1047	BPA5057
53	田中城跡	鉄砲玉	18.338	15.624	38.478	0.8520	2.0982	BPA5058
54	田中城跡	鉄砲玉	18.276	15.739	38.518	0.8612	2.1076	BPA5059
55	田中城跡	鉄砲玉	18.280	15.752	38.542	0.8617	2.1084	BPA5060
56	田中城跡	鉄砲玉	18.426	15.591	38.525	0.8462	2.0908	BPA5061
誤差			±0.010	±0.010	±0.030	±0.0003	±0.0006	

【コラム】

石見銀山と灰吹法

仲野 義文

▶銀の島◀

　日本にキリスト教を伝えたフランシスコ・ザビエルは、1552年、インドのゴアにいるロドリゲス神父に宛てた書簡で「カスチリア人は、この島々をプラタレアス群島（銀の島）と呼んでいる」と記し、日本がスペイン人のいう「銀の島」であることを述べている。また、ポルトガル人の地図作家ドラードが1568年に作った「日本図」にも「RASMINASDAPRATA」（銀鉱山王国群）との表記があり、当時ヨーロッパ人は日本を「銀の島」と認識していたのである。事実、17世紀初め日本から外国に輸出された銀は年間200ｔにも及んだと推定されている。当時日本は南アメリカと並んで世界有数の産銀国だったのであるが、このきっかけをつくったのがほかならぬ石見銀山である。

▶石見銀山の開発◀

　石見銀山は、島根県の中央部にある大田市大森町にある。『銀山旧記』によると、大永6年（1526）大内義興が石見国守護のとき、博多商人神屋寿禎（かみやじゅてい）が出雲国鷺（さぎ）銅山へ銅を買い付けに行く途中、日本海の沖より南方の山が光るのを見つけ銀山を発見したと伝える。「山が光る」という説話は別として、この神屋寿禎なる人物は、博多の豪商神屋家の一族である。「神屋家由緒」によれば、初代永富（ながとみ）、2代目主計（かずえ）につづく3代目として寿禎の名前が見える。このうち2代目の主計は、天文7年（1538）、大内氏が派遣した第18次の遣明船において総船頭を勤めていることが、天竜寺妙智院の策彦周良（さくげんしゅうりょう）が著した「入明記」（『初渡集』）に見える。つまり、大内と神屋は日明貿易を通じて深く繋がった人たちだったのであり、先の『銀山旧記』が、大内と神屋との関係を示唆的に触れるのはこのような背景があったからにほかならない。

　ところで15世紀以降、隣国明王朝では「銀経済の時代」を迎え、国内での銀需要が急激に高まっていた。対外貿易を通じ海外事情にも明るい神屋は、このような大陸での銀需要を背景に銀山開発に乗り出していったものといえるであろう。

▶灰吹法の伝播◀

　さて、石見銀山の開発初期には「鏈（くさり）を博多へ積」あるいは「鏈を鉛に吹立博多へ輸送」（「銀山当用覚書」）とあるように、鉱石（鏈）もしくは銀鉛合金の状態で博多へと輸送したという。やがて山元での製錬の必要性が高まり、そこで寿禎は博多より2人の技術者を招き、銀山に灰吹法という銀の製錬技術を導入することとなる。前述『銀山旧記』によると「此年寿亭博多より宗丹・桂寿と云うものを伴い来り、八月五日相談し鏈（銀と石と相雑ものを鏈と云）を吹熔し、銀を成す事を仕出せり、是銀山銀吹の始り也」とあり、天文2年（1533）8月、宗丹と桂寿（慶寿）という技術者が銀山に招かれたことが見える。ただ、石見銀山に灰吹法が導入されたことを示す史料は、現在のところ江戸時代に編纂された『銀山旧記』のこの記述しか見えない。当然その真偽が問題となるが、『李朝実録』には1539年に柳緒宗という朝鮮の地方役人が「倭人と交通して、多く鉛鉄を買い、吹錬して銀を作り、倭人をしてその術を伝習せしむ」という理由で処罰されたことが見える。この事件と、寿禎による灰吹法の導入時期が近いことから、石見銀山の灰吹法は朝鮮半島の技術が伝えられたものといえよう。

▶灰吹法とは◀

　灰吹法は、一般に金銀の製錬（精錬）に用いら

れる方法で、金銀と鉛が他の金属に比べて合金に成りやすい性質、すなわち親和力を利用したものである。その原理は、すでに紀元前6世紀に編まれたヘブライ語の詩集に見られると言い、古代ローマの博物学者プリニウスも『博物志』のなかで灰吹法に触れており、その起源は地中海地域や西アジアに求められる。また、中国では唐代の錬金術書に、日本でも近年奈良県飛鳥池遺跡から7世紀後半に灰吹法が行われたことが報告されている（村上隆『金銀銅の日本史』）。したがって、灰吹法は日本でも古代から存在するが、ただ石見銀山の灰吹法は、このような古代からの系譜を引くものとは違い、大陸の先端技術として移入されたものであり、わが国の鉱業史上の1つの画期であったといえる。

灰吹法は銀の製錬では最終工程である。まず地面を掘って炉を拵え、その中に木炭を入れて加熱し、その中に銀鉱石ともに鉛を加えて熔錬する。やがて鉱石に含まれる銀は鉛と結びついて合金となり、炉の底へと溜まる。この合金を「貴鉛」と言い、これを銀と鉛に分離するのが灰吹法である。灰吹は、初期には動物の骨を焼いて作った灰を鉄鍋に詰めて炉となし、その上に「貴鉛」を置いて木炭で加熱した。温度の上昇にともなって融点の低い鉛は先に熔けはじめ、と同時に鞴（ふいご）から送られる酸素と結びついて鉛は酸化鉛となる。金属鉛に対して酸化鉛は比重と表面張力が小さいため灰に濡れやすくなり、熔けて酸化された鉛は次々と灰に染み込んでいく。一方、銀は容易に酸化されないため表面張力も大きく、灰に染み込まずに炉の中央の窪みへと留まり、灰吹銀が出来あがる、というものである。

この方法は、程なく石見から国内の各鉱山に伝えられたようで、『生野銀山旧記』にも「石州より金掘・下財・金吹を語らい来」とあり、天文12年（1542）の生野銀山の開発が、石見から来た技術

図 「灰吹致ス図」（石見銀山絵巻）

者によって行われたことが述べられている。金銀山開発の波はたちまち国内に広がり、日本はかつてないシルバーラッシュを迎えることとなったのである。

▶石見銀の流出◀

灰吹法の導入をきっかけに石見銀山の銀生産は増大し、これらの銀はすぐさま朝鮮へと輸出されるようになった。灰吹法が伝播した9年後には「倭国の銀を造ること、未だ十年に及ばざるに、我国に流布し、已に賤物となる」（中宗37年）と日本銀のことが記述されるようになるほか、朝鮮や中国からも銀を求めて日本へと向かう海商が現れるようになった。『李朝実録』には「日本国の銀子多く産する故に、上国（中国）の人交通往来販貿して、あるいは漂風によりて来泊し、我国（朝鮮）海辺において賊をなす」（1553年）とあり、銀貿易のため日本へ赴く途中に朝鮮へと漂着し、海賊行為を行っていた様子が記されている。また、かかる日本銀の情報は、アジア進出したポルトガルにも伝わり、種子島へ漂着するきっかけをなしたという。その意味で石見銀山の開発は、16世紀の海域アジアをめぐる動きを考える際の重要なファクターといえるであろう。

大航海時代における東アジア世界と日本の鉛流通の意義
——鉛同位体比をもちいた分析科学と歴史学のコラボレーション——

平尾良光・飯沼賢司

はじめに

（1） 自然科学的な方法と歴史学的手法のコラボレーション

　近年、考古学や文献史学・美術史などの分野へ自然科学的な方法を応用することに違和感がなくなってきた。各種資料の化学組成、^{14}C を用いた年代測定、材料の産地推定、環境や食性の研究などの分野があり、ひとつひとつをあげてゆくときりがないほどである[1]。これらの中で、鉛同位体比を利用した材料産地の研究が歴史学・考古学の分野において、新しい知見をもたらすようになり、従来の分野の中だけではわからなかった事実を説明でき、それなりの評価が得られるようになってきている。

　本稿で用いる分析法の根幹となる鉛同位体比は一般的な岩石の中で図1で示されるように比が左下のＰ点から時間の経過と共に、矢印にそってケベック、ブロークンヒルの鉛鉱山の

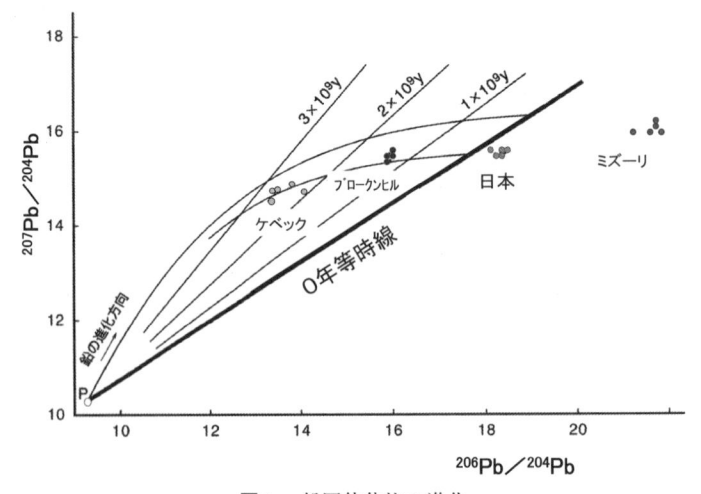

図1　鉛同位体比の進化

鉛同位体比は左下のＰ点から右上方向へ進化する。カナダのケベック州の鉛鉱山が27億年、オーストラリアのブロークンヒル鉛鉱山が13億年前に形成されたと、鉛同位体比の違いから判別された。

方向へと変化する(2)。この分析法は基本的に鉛鉱山ごとにその値は異なるという事実から出発している。この産地による違いを考古学や歴史学などの資料に応用し、資料に含まれる鉛の同位体比からそれら資料の産地を明らかにし、また、資料相互の同一性を検討しようという考え方（鉛同位体比法）が1960年代に登場した。まず、この方法はアメリカで考古学的な資料に応用された。その結果、古代地中海世界における材料の交易などを理解する上で、注目すべき結果が得られた(3)。日本でも1976年ころから、山崎一雄が室蘭工業大学の室住正世と共同し、同大学の質量分析計を使用し分析を開始した。1977年3月には東京国立文化財研究所に質量分析計が導入され、馬渕久夫らよって、この分野の本格的研究が開始された。1980年代〜90年代に馬渕、平尾らの手で鏡や銅鐸などの資料の分析が行われ、比較できるデータの蓄積が進み、材料と考古学的様式などの問題に検討課題を提供した。

このように、目の前にある金属遺物の産地推定が可能になったことで、材料の移動という歴史研究にとって重要な要素に画期的な視点を与えことになった。しかし、比較を可能とする体系的データが蓄積されるまでにはかなりの時間を要し、最初の10数年は、その結果が必ずしも歴史や考古学の研究と適合するとは限らず、長い間、新たな議論を巻き起こし、共同研究として歴史研究を展開させる十分な起爆剤となるまでにはいたっていなかった。さらに、特にその素材が主に文字のない時代の考古遺物であったため、この分野と文献史学との接点は極めて希薄であった。

ところが、近年、歴史時代の発掘が盛んになるとともに、金属遺物の分析も日本の古代や中世さらに近世の時代におよぶことになった。2003年、20年余にわたって鉛同位体比の分析を行ってきた東京国立文化財研究所は、平尾の退職とともに分析を中止し、平尾が移った新たな職場、別府大学文学部がこの分析の一拠点となった。2005年、別府大学文化財学科と同研究所では、質量分析計が稼働を開始し、東京国立文化財研究所以来の分析の蓄積を踏まえた新しい研究段階に入った。

この時期から大分県では大友氏の中世大友府内町跡などの歴史時代の遺跡発掘が進み、九州を中心に戦国時代のキリシタン遺物としての銅製や鉛製のメダイ（メダル）などの金属資料が別府大学文化財研究所に持ち込まれた。別府大学文化財研究所でも毎年の研究成果を問う「文化財セミナー」のテーマとして、鉛同位体比の分析成果と歴史時代の考古学を中心とする研究成果の共同的検討が設定されるようになり、2006年には「メダイにみる国際交流」、2007年には「経筒が語る中世の世界」がテーマとなった。

2008年の『経筒が語る中世の世界』は文化財研究所の企画した「ヒトとモノと環境が語る」のシリーズの1弾として出版されることになった。この中で、青銅製経筒の分析結果と歴史学との材料をめぐる本格的共同研究が行われた。質量分析計が出した1150年ころを境に青銅製経筒が日本産材料から中国華南産材料に変わるという事実、鎌倉大仏が中国銅銭と近い値を示すという事実を受け、文献歴史学はこれまでの日本の銅生産の常識を洗い直すことに迫られた。それは、飯沼の「銭は銅材料となるのか」という論文である。ここでの文献史料の

再検討で、次のようなことが明らかにされた。①日本では9世紀後半から10世紀に銅の生産が急激に落ち込んだ。これは皇朝十二銭を廃絶させる要因となった。②この銅生産の停滞は、利用しやすい酸化銅の鉱脈を確保できず、精錬の難しい硫化銅の利用技術がまだ未熟であったためである。ひとえに銅鉱石の精錬技術と採掘技術の限界によると考えられる。③この銅生産の停滞期（11世紀～14世紀）に輸入されたのが中国の宋銭であった。史料を再検討すると、宋銭は確かに材料として利用されている。当初、材料として輸入され、結果として日本の貨幣となったと考えるべきである。④この材料の顔をもった銭の普及は多くの民衆が勧進——すなわち浄財が金銅仏や梵鐘の材料となる——というかたちで仏の功徳に預かれるようにする役割をもった。

　このように、中国銭が材料として移入されたことを分析科学と歴史学のコラボレーションで明らかにした。ここでは、分析科学の歴史学への応用という段階から研究が共同制作の段階に移ったことを強く意識している。今回の研究はこのような新たな共同研究のスタイルをさらに一歩すすめるものとして、メダイや鉄砲玉の分析に端を発した東アジア世界における鉛の流通の問題を分析科学と歴史学の手法とを合わせて議論を積み重ねつつ、一つの論文に仕立てる作業を試みた。一つの領域で共同執筆を行うことは一般的にあるが、理化学と人文科学という全く異なる領域の融合研究による共同執筆は前例がないだろう。問題も多々あるが、研究の新たなる挑戦としてこれを決断した。このような研究手法を今後、われわれは「分析歴史学」と称することにしたい。

（2）鉛同位体比による産地推定の基礎

　物資の生産・流通・消費という流れを解明することはどの時代においても、考古学や歴史学においてひとつの重要な研究項目である。その場合、時代と地域は重要な問題である。例えば青銅器が日本へ流入した頃、すなわち、今から約2000年前の日本を考えるときには青銅材料の産地として日本・朝鮮半島・中国の鉛鉱山の同位体比がわかっていれば東アジア世界の青銅の移動を推定するのに十分であったろう。しかし現代を考えると、鉛は日韓中のみならず、南米・北米など全世界から日本へ流入するため、それらの国々の鉛同位体比がわからないと産地推定にはならない。

　また、鉱山といっても現代の鉱山と昔の鉱山とでは概念が異なる。昔、約100kg／年の鉛が産出できれば、当時とすれば立派な鉱山であったろう。現代では数百万tの埋蔵量と数千t／年の生産量がなければ鉱山とはいえない。そして、古代では地表に鉱脈が現れていないと鉱山を確認し・採掘できなかったと考えられる。その適例は奈良時代の和同開珎であろう。このコインは関東地方の秩父で銅鉱山が見つかり、この銅が朝廷に献上されたことを記念して作られたといわれる。その秩父には現代の地質学の概念からすれば銅鉱山と呼べるものは見あたらないという。それでも歴史的には鉱山があったのである。当時は銅も数100kgが生産されれば、立派な鉱山であったろう。埋蔵量が涸渇すれば、あるいは採取位置が深す

ぎて、採掘し難くなれば、また次を探せば良い。そのような鉱山のすべてを日本国内で探し、鉛同位体比を測定しておかないと産地推定にならないとすれば、その採掘現場探索という作業は非常に困難である。これが朝鮮半島や中国ではその政治的な制約と地理的な広さを考えると、まさに不可能に近い。

それ故、産地推定という研究では鉱山の全貌がわかるまで何もわからない、何もいえないというのであれば時間がいくらあっても研究にはならない。そこで鉛の産地が近いならば類似した同位体比を示す可能性が高いことから、遺物相互の関連性に注目した。本研究では日本の弥生時代青銅器を考える上で、中国と朝鮮半島で作られた銅鏡を利用し[4]、その分布から図2と図3が推定された[5]。図ではA、A'が中国華北産材料領域、B、B'が華南産材料領域、C、C'が日本産材料領域、D、D'が朝鮮半島産材料領域である。

この基本図は本来、弥生時代青銅器を判別するために推定された。時代が下れば新しい鉱山の開発があり、流通様式が変わるので、時代ごとにそして製品ごとにこのような判別図を作る必要がある。それはまた大変な労力である。しかし、幸いにも弥生時代青銅器に関して得られたこれらの図が、古墳時代から江戸時代までの資料を判別するためにもある程度利用できることがわかってきた。それ故、不完全であることを考慮すれば、後の時代の資料に関しても判断のよりどころとなり得るので、参考図として応用してみた。

今回はその中でも、中世戦国時代の資料に関してまとめてみた。そのきっかけは東大寺南大門の仁王像に打ち込まれた鉛玉であった[6]。東大寺南大門の仁王像は鎌倉時代に運慶・快慶らによって製作され、国宝に指定されている。この御像の解体修理が1989年から1993年まで行われ、その過程で阿形像左上膊（あぎょうじょうはく）から1個の鉛玉が発見された。また以前の調査で足下に4個が落ちていたとされ、全部で5個の鉛玉が発見されている。このうち、3個に関して

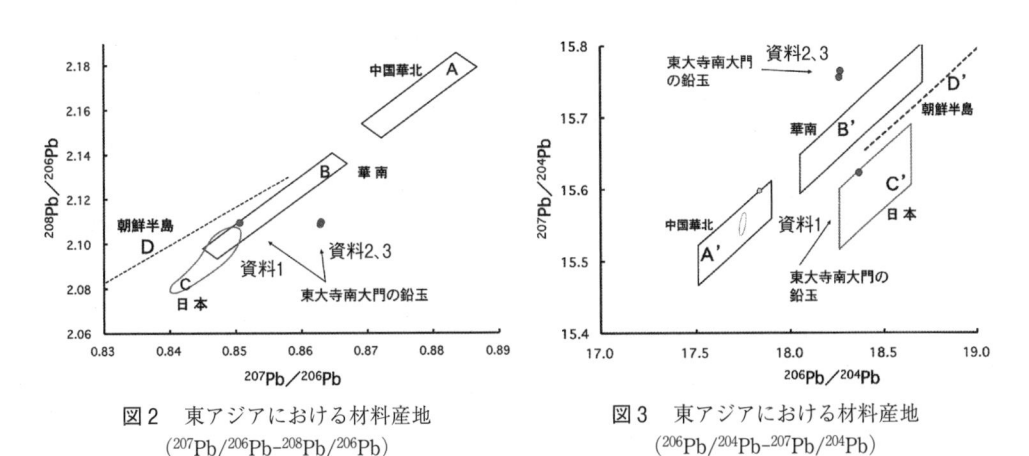

図2 東アジアにおける材料産地
($^{207}Pb/^{206}Pb$–$^{208}Pb/^{206}Pb$)

図3 東アジアにおける材料産地
($^{206}Pb/^{204}Pb$–$^{207}Pb/^{204}Pb$)

A、A'：中国華北／B、B'：華南／C、C'：日本／D、D'：朝鮮半島
領域は弥生時代～古墳時代にかけての銅鏡の測定から推定された材料産地。これらの各領域に含まれればその産地が決まるのではなく、それぞれの地域の資料はこの領域に含まれる可能性があるという意味である。
東大寺南大門から発見された3個の鉛玉は1個が日本産材料領域付近に、後の2個が今までにはなかった領域に位置した。

鉛同位体比を測定した。

その結果、これら鉛玉の同位体比は図2と図3で示される所に位置した。1個はこれまでに蓄積した同位体比分布図から日本産材料領域内に位置したが、残りの2個はほとんど同じ同位体比値を示し、今までに見たこともない場所に位置した。1993年当時、それほど多くの資料測定が進んでいなかった。特に、当時は弥生時代～古墳時代の資料に重点を置いて測定を進めていたので、その他の時代の資料に関してはほとんど未知であった。そのため、図中の資料1には日本産材料が利用されている可能性があると判明したが、資料2と3に関しては全くわからなかった。鉛玉の経歴に関してある人は江戸時代～明治時代にかけて東大寺付近は荒廃していたので、猟師が猪を撃った鉛玉の可能性、あるいは大正時代の暴動のさいに発射された鉛玉という可能性、また織田信長の時代に松永勢と三好勢が東大寺付近で対峙した戦闘で大仏殿が炎上したが、そのさいに発射された鉄砲玉の可能性などを指摘している。ただし何の証拠もない。鉛同位体比の図からは「未知の材料」という判断しかできなかった。この鉛玉の産地は長い間、何となく気になっていたが、ほうっておかれたのである。その十数年後、この問題は急展開した。

1　戦国時代の鉛含有資料から見た東アジア世界

(1)　大分市の中世大友府内町跡出土鉛含有資料と未知のN領域の発見

　大分県の県庁所在地大分市には戦国時代の大名でキリスト教に帰依した大友宗麟の本拠地があった（図4）。大友宗麟は1587年（天正15）に島津軍との戦いに敗れ、府内の館は破壊され、ほとんどは地下に葬られた。現在発掘が進み、当時の様相を示す遺物・遺構が出土している。この発掘現場から出土した遺物の中に青銅や鉛製の資料も含まれていた。これらの中にキリスト教に関連した資料も含まれていたので、鉛同位体比を測定し、弥生時代資料で得られた判別図を参考として、これら資料の材料産地を判断してみようとした。

　大友氏に関連した資料の測定を始める時に、平尾は材料産地を次のように考えた。すなわち、豊後国（大分県）を支配していた大友宗麟は南蛮貿易も手がけて戦国時代に九州に覇をなしていた大名である。そのためには多額の資金が必要である。大分県にはそれほど大きな平野があるわけではなく、地形的に山が海に迫っている故、資金としては山から採掘した金・銀・銅などの鉱山資源が注目される。

図4　原城・田中城・大友氏遺跡の位置

鉛もそこに含まれるであろう。大分県と宮崎県の境には祖母・傾山系が連なり、宮崎県側で土呂久鉱山、大分県側で尾平鉱山が有名である。ここから鉱山資源を得たとすれば、国内での利用にも、海外貿易にも利用できる。これら鉱山の鉛同位体比は測定されているので、それと比較すれば割合単純に産地はわかるであろうと考えた。

中世大友府内町跡から出土した遺物の中にキリスト教関係の資料として鉛製のメダイと呼ばれるペンダントヘッドあるいはメダルや、鉛ガラス製の玉が含まれていた（写真1と写真2）。メダイはヨーロッパから伝えられたときには青銅あるいは真鍮製であったはずであるが、日本で多くの信者に配るために数が必要となり、日本で鉛製のものが鋳造されたといわれている。青銅や真鍮は鋳造温度（約1000℃）が高く、技術的に難しいが、鉛は融点（327℃）

写真1　キリスト教関係品メダイ（メダル）
キリスト教ヴェロニカタイプのメダイ（鉛-錫合金製）と府内型のメダイ（鉛製）。
中世大友府内町跡から出土。

写真2　鉛製鉄砲玉と鉛ガラス製の玉
ガラスの玉はロザリオの玉の一部と推定される。大分市の中世大友府内町跡から出土。
※写真はすべて大分県埋蔵文化財センター所蔵

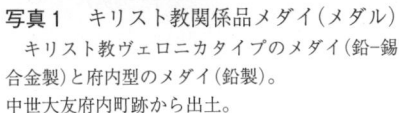

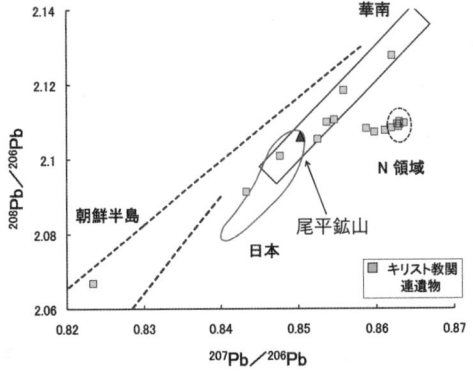

図5　中世大友府内町跡から出土したキリスト教関係資料の鉛同位体比分布（A式図）
日本で製作された思われる青銅・鉛製品に日本産材料が利用されていなかった。また、N領域という未知の産地の鉛が含まれていた。

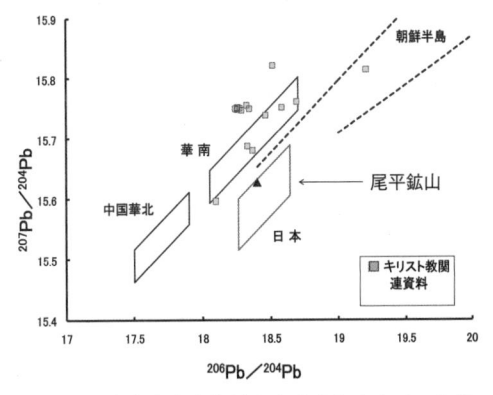

図6　中世大友府内町跡から出土したキリスト教関係資料の鉛同位体比分布（B式図）
図5のA式図では日本領域に見かけ上含まれる資料も図6でははっきりと華南産材料であることが示された。

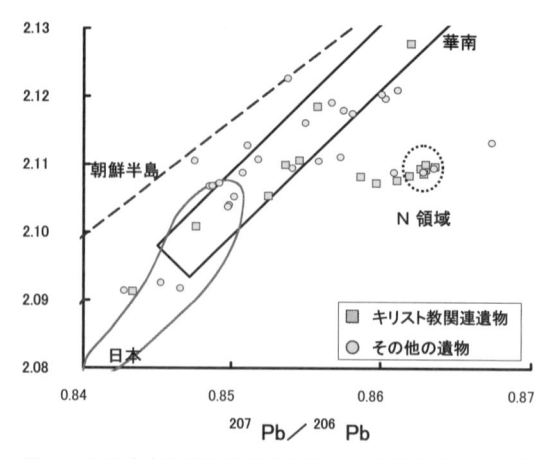

図7 中世大友府内町跡出土青銅および鉛製品の同位体比分布（A式図）
中世大友府内町跡から出土したキリスト教関係資料でない製品には日本産材料が利用されていた。またN領域材料も含まれていた。B式図を省略。

が低いので簡単に生産できる。そこでこれらキリスト教関係資料だけの鉛同位体比を測ってみると、図5と図6で示されるように日本産材料が全く含まれておらず、華南産材料と朝鮮半島産材料とで約半分、そして、これらの領域から大きくはずれた新領域に位置した資料が約半分見つかった[7]。このことは大きな驚きであった。われわれは、その新領域をN領域と命名した。日本で作ったはずの製品に、日本産とは考えられない未知の領域N領域の鉛材料が使われていたのである。

図中で示されるように、N領域という今までに見たこともないところに、しかも狭い領域にこれら資料が集中的に分布したので、かなりはっきりした未知の鉱山であると判断した。しかし、これだけではどこの産地かわからない。そこで、中世大友府内町跡から出土したその他の一般的な青銅器の鉛同位体比を測定して図7に示した。これら資料には日本産材料も含まれており、華南産材料も利用されていたが、N領域の材料が含まれていることも確かであった。もちろんこの基本図は弥生時代の資料分布から得られた図であるから、これに合わないからといって特別視はできない。しかし、今までに測定した日本・中国・朝鮮半島で出土した資料の材料を調べてもこの領域に含まれた資料はないのである。古い時代の鉱山としても、その後の江戸時代にも現れなかった鉱山である。大友氏が見つけた特殊鉱山であろうか。N領域とはどこの鉱山であろうか。

（2） N領域の鉄砲玉の再発見──田中城跡・東大寺南大門・原城跡の鉄砲玉──

こう考えているときに、熊本県北部の三加和町にある田中城跡（図4）という戦国時代の城跡から出土した鉛製鉄砲玉の同位体比分析を依頼された（写真3）。この鉄砲玉の鉛同位体比は図8で示されるように、日本産材料が主体であるけれどもN領域の材料もかなりの割合で含まれていた[8]。この城は、豊臣軍に攻められ、1587年（天正15）に落城したと伝えられている。最近になってこの地を公園化する整備事業が持ち上がり、これにともなう発掘によって鉄砲玉が確認されたのであった。

この機会に、過去に測定した鉄砲玉を調べてみると、東大寺南大門の仁王像に撃ち込まれていた鉛玉もまさにこのN領域の材料であることに気が付いたのである。類似した鉛同位体比を示したからといって、すべてが同一材料であると即断はできないが、類似した値を示したことは驚きであった。なぜならば、この一致は戦国時代の三好・松永軍の戦闘のさいに発

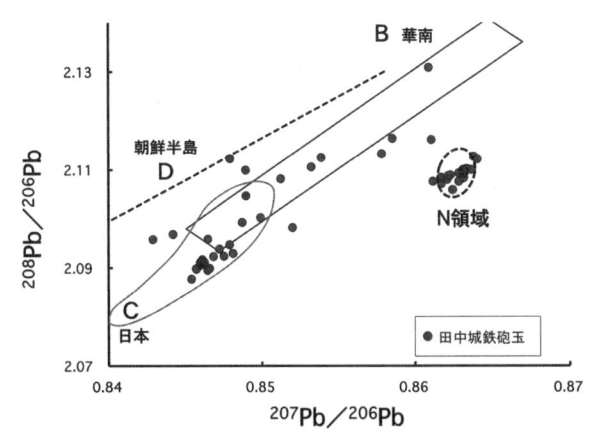

図8 熊本県田中城跡出土鉛玉の鉛同位体比分布
熊本県田中城址から出土した鉄砲玉は日本産材料と共に、N領域材料で作られていることがわかった。

写真3 鉛製弾丸（鉛製）
熊本県三加和町田中城跡から出土した鉄砲玉（三加和町教育委員会所蔵）。大きさによって1匁ずつかわる。ここでは1匁玉、5匁玉、8匁玉を示す。

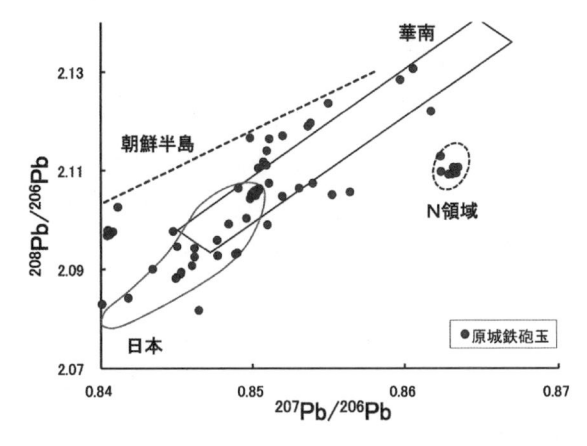

図9 長崎県原城跡から出土した鉛玉の同位体比
原城から出土した鉛玉にも日本産材料の鉛に加えてN領域の鉛が含まれていた。

射された弾丸が仁王像に残った可能性を強く示唆するからである。すなわち、中世大友府内町跡出土資料、田中城跡鉄砲玉、東大寺南大門の鉛玉の鉛同位体比が一致したことは、単なる偶然とは考え難く、南大門の鉛玉も戦国時代の鉄砲玉である可能性が高まったのである。

さらに別の研究で長崎県島原半島の原城跡（図4）から出土した鉛玉の分析を依頼された。この研究においてもこのN領域の値を示す資料が図9で示されるように見つかった。図9から判断すると、N領域に含まれる資料の数は決して少なくない。ある一定の比率として無視できない値である。これら原城跡・東大寺・大友府内の遺跡・田中城跡の資料に共通することは戦国時代末期から江戸時代初期という50～60年ほどの時期に集中している資料であることである。3つあるいは4つの独立した研究題目がたまたま重なったのであるが、これは単なる偶然であろうか。偶然とするにはあまりに偶然すぎる。

この他に、気をつけて調べてみると福井県の朝倉一乗谷の戦跡から出土した鉛玉や製品にはN領域そのものではなかったが、N領域に近い材料が利用されていることがわかった[9]。そうすると、N領域という鉛鉱山は大友領内で開かれた特別な鉱山などという小さな問題ではないようである。

もっと普遍的で誰にでもわかりやすい産地、しかも日本でも、朝鮮半島でも、中国でもない産地という可能性が出てくる。そのような場所はどこであろうか。時期から考えて、いわゆる「大航海時代」の南蛮貿易と関係して鉛材料が日本に持ち込まれたという可能性が考えられる。メダイなどのキリスト教関連資料にN領域を示す値が多いことから、キリスト教に関連が深い材料であろう。それならばヨーロッパの貿易船がヨーロッパから日本までの航路の途中で船に積み込み、日本へ持ち込んだのであろうか。ではそれはどこか。ここで暗礁に乗り上げた。スペイン・ポルトガルをはじめとするヨーロッパ諸国、喜望峰を回るアフリカ大陸の諸基地、ゴアなどのインドのどこか、マラッカ・パタニなどの東南アジアの寄港地からマカオなどの中国南部地域と調べる領域が広がりすぎたからである。

（3）韓国武寧王陵などの鉛ガラスから発見したN領域と東南アジア
　このように混迷している時期に、韓国の百済時代の武寧王陵（523年没）から出土したガラス玉12個の鉛同位体比を測定する機会を得た。これらのガラスはソーダガラスであるが、鉛を0.5%〜2%弱含んでいる。それ故、鉛濃度は低いけれども意図的に加えられた鉛と考えられる。これらガラス玉の鉛同位体比を測定してみると、すべてのガラス玉がN領域に位置した[10]。これらガラスは韓国の考古学者によれば東南アジアから南インド産のガラスと推定されている。そこで韓国の資料を再検討したところ、他にも慶州の皇南大塚（5世紀）や、慶尚南道の昌寧桂城（6世紀）から出土したガラスにもこの鉛同位体比が見つかったのである[11]。

図10　東南アジア地域の地図

　日本のキリスト教に関連した資料や鉛製鉄砲玉は青銅や鉛の製品であり、16〜17世紀の資料である。一方、韓国百済・新羅のガラス玉は5〜6世紀の資料である。1000年の時を超えて、同じ鉱山の鉛が利用されたのであろうか。あるいは鉛同位体比が偶然に一致したにすぎないのであろうか。今のところ、どちらの可能性もあり得る。偶然の一致であれば、それぞれの産地を探さなければならない。もし関連性があるとしたら、どう考えたらよいのであろうか。
　16〜17世紀にかけて、ヨーロッパの貿易船が東洋を目指して渡航

してくるさいに、当時の船の大きさや航海技術では水・食料・その他貿易品を最初の出港地ですべて積み込むのではなく、行く先々の寄港地で補給していた。それなら鉛材料や火薬も、途中の港で積み込んだ可能性は十分にある。日本では火縄銃が必要とされており、火薬と弾丸（鉛）は渇望されていた。日本でも鉛の生産はあったが、鉄砲玉として利用するために必要とされる鉛量が急激に伸びたため、生産が追いつかなかったとも考えられる。それ故、鉛材料を火薬と共に外国から購入できればそれに越したことはなかったろう。一方、ヨーロッパからの貿易船は火薬と鉛を一緒に売った方がより高く売れるため、喜んで持ち込んだであろう。何しろ貿易船の船底には船を安定させるために重しを必要としていた。それ故、行きの船には鉛、帰りには石を船底に積み込めば船は安定するし、儲かる。そうすると、ヨーロッパからの貿易船は日本へ向かう航路途中の寄港地で食料や水などの必需品の他に鉛・火薬・その他を調達し、日本へ持ってきて高額で売りつけたに違いない。

ではその鉛などを積み込んだ港はどこか。それはこれまでの研究ではわかっていない。しかし、鉛を生産できる技術を持っていた文化はどこにあったのか、韓国でのガラスビーズの形と色が東南アジア産のガラスビーズに類似しているという判断から、インドあるいは東南アジアをその原産国の可能性としてあげることができる。というのも、ガラス生産の技術はインドや東南アジアですでにこのころには発達していたと考えられるからである。

東南アジアの金属に関する技術レベルとして、昔はタイのバンチャン文化が紀元前3000年以前に青銅器を利用していたという報告があったが、現在では紀元前800～同400年と訂正されている。青銅器を製造し、青銅を生産する技術が紀元前にあったのならば、ガラスを作り、鉛を生産していたとしても矛盾はない。

ところで、韓国から発見された資料は5～6世紀である。日本で今問題として、とりあげている資料は16～17世紀である。一つの鉱山が1000年以上も稼働している可能性はあるのだろうか。これも次に問題としなければならないであろう[12]。

2　東南アジアの青銅製品やガラスとN領域

別の研究テーマで東南アジアのガラスビーズや青銅器を分析する機会があり、現地へ出かけて資料を採取し、鉛同位体比を測定した。発掘現場はカンボジア北西部のプンスナイという村で、紀元前1世紀～後5世紀の墓地であった。数十体の人骨が青銅製の腕輪やガラスビーズを伴って出土した[13]。

カンボジアでは紀元前5世紀頃から後7世紀頃まで（クメール王朝が出現する前までの約1000年以上の期間）の考古学的な編年や文化の流れなどがそれほど解明されていない。鉛同位体比は物資、特に金属製品の生産と流通、そして消費の問題を明らかにすることができるため、考古学的な資料に関するこの測定はその地域の文化がどこの文化と関連していたかを推定する場合、有意義であると考えられる。

そこで、プンスナイ遺跡から出土した青銅器とガラスの鉛同位体比を測定し、図11で示し

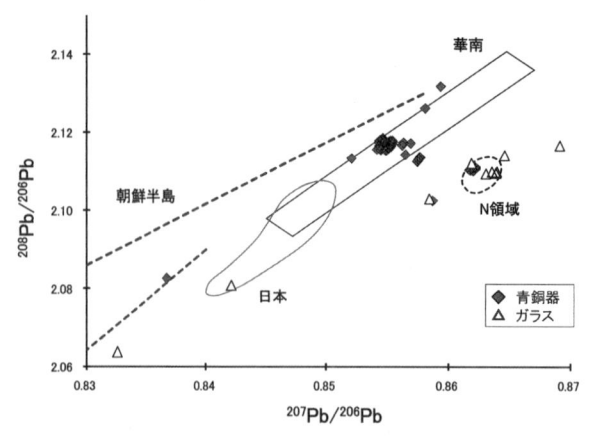

図11 カンボジア プンスナイ遺跡から出土した青銅器とガラスの鉛同位体比

カンボジア プンスナイ遺跡（−1〜5世紀）から出土した青銅器はそのほとんどが中国華南産材料と類似した同位体比を示した。また、ガラスビーズなどは青銅器と異なる系統の鉛材料を含んでいた。しかし、N領域の鉛を含む青銅材料で作った腕輪を一人が40本近くその両腕に着けていた。またガラス製品はその半数がN領域に分布した。

た。この図は出土青銅器のほとんどが中国華南産材料と類似していることを示している。すなわち、中国南方地域の影響が強かったのであろう。これは当然と考えられる。しかし、その中で紀元後1世紀と推定される一人の遺体が、前述のN領域の値を示す青銅材料（銅とスズの合金、鉛をほとんど含まない）で作られた腕輪を両手で40本ほど付けていた。腕輪の形態は見かけ上はそれぞれよく似ており、すべての腕輪が同じように作られている。これら約40本の中から任意に選んで測定した約10本の腕輪がすべてN領域に含まれたのである。すなわち、製造時期と場所が同じ腕輪を数多く手に入れ、運び、一人が装着して埋葬されたのである。そうすると、製作は40本だけで終わったのだろうか、他遺跡からも腕輪でN領域を示す鉛同位体比が発見されるのではないか、との期待を抱かせる。しかもそれが青銅だけではないのである。10個のガラスビーズを測定したところ、5個がN領域に含まれた。どこかに、N領域の材料を使って青銅とガラスビーズを作るところがあったと思わせる結果であった。

この地はメコン川流域の大平原地帯である故、鉱山は近くにないように思われる。青銅・ガラス材料あるいは製品がどこかの産地から送られてきたに相違ない。それがどこであるかは重要な問題である。それら青銅器とガラスの産地として可能性がある領域はメコン川流域から考えると北はラオス、西はミャンマーの山岳地帯からマレー半島一帯までであり、その範囲はおおよそ1000km四方に及ぶ。今のところ、鉱山がどこであるかは決められない。しかし、東南アジアがN領域の材料を供給した原産地である一つの可能性を強く示したのである。

これらをまとめると、次のような物語ができる。東南アジア地域では中国から青銅製品が紀元前8世紀頃までに伝わった。その後、青銅の生産技術も伝わり、また、ガラスの生産も始まり、東南アジア独自の文化を創り上げていった。紀元前後になって、これらの中でガラス玉は交易船に乗り、東南アジアから北上し、中国の海岸線を経て、朝鮮半島の百済・新羅へ伝播した。それならば、日本にも弥生時代に来ていてもおかしくはないが、まだ日本のガラスに関して、系統的には研究が進んでいない。今後の研究題材である。この時に人間も一緒に移動したとすれば、高床式倉庫などで、特徴付けられる南方の文化が日本へ到達してい

るのかも知れない。

　それ故に約1000年の空白はあるものの、これまでの鉛同位体比の分析からは、16～17世紀になってヨーロッパの貿易船が日本へ来航する時に、東南アジアのどこかの港で鉛、火薬、その他を積み込んで、日本を目指したと考えることができる。

3　文献史料が語る鉄砲玉の材料の出自

　鉛同位体比の分析から推定したように、大友遺跡出土のメダイ、東大寺南大門・田中城跡・原城跡から発見された鉄砲玉のN領域の鉛は南蛮貿易によって東南アジアからもたらされたのであろうか。ここでは歴史学の立場から検討を加えてみることにしたい。これまで、文献史学の立場から、戦国時代～近世初頭の鉛の生産と流通の問題を本格的に論じた研究はないといってよい。

　一方、鉄砲の伝来、戦術の変化、弾薬の問題は検討されてきた。とくに弾薬では火薬の材料となる硝石の輸入やその確保、独占については論じられ[14]、大友宗麟の硝石の独占政策は有名である。1567年（永禄10）10月17日、大友宗麟はマカオ司教ドン・ペルシオール・カイロの斡旋で硝石独占を計画した。その書簡は次のようなものである[15]。

　　吾かの山口王（毛利元就）に対して勝利を望むは、彼地にパードレ等を帰住せしめ、始め彼等が受けたるよりも大なる庇護を与へんが為なり。而して吾が希望を実現するに必要なるは、貴下の援助により硝石の当地輸入を一切禁止し、予が領国の防禦のためにカピタン・モール（葡船の司令官）をして、毎年良質の硝石二百斤を持来らしめんことなり。吾は之に対して百タイス（銀一貫目）又は貴下が指定せらるる金額を支払ふべし。此方法によれば、山口の暴君は領国を失ひ、吾が許に在る正統の領主（大内輝弘）其国に入ることを得べし。

　硝石は火薬の原料である。すでに、1567年（永禄10）段階で、この確保、独占は戦国大名の領国の維持・経営を左右したのである。さらに、各大名が領国の拡大、地域的統一、天下統一の道をさぐることが本格化する元亀・天正年間（1570～1592）に入ると、日本全国において、鉄砲の使用は飛躍的に高まった。

　大友宗麟の子息で国東の名族田原家を継いだ親家は1580年（天正8）7月1日、鞍懸城合戦（現豊後高田市河内）に参戦し、戦功をあげた安東宮内丞・有安帯刀允・丸山外記、そのほか郷内の一揆中に後に恩賞を与えることを約束し、当面の措置として、「塩硝十斤・玉百五十」を下賜した[16]。これは戦いにおいては、鉄砲戦術が前面に立ってきたことを示すものであろう。

　次に、戦国期の城に置かれた備品としての城置物に注目してみよう。大友家の重臣立花道雪は1575年（天正3）、男子がないため、娘闇千代に彼が所持する立花東西松尾白岳城の城督の職と城領、および城置物を譲り、これを大友宗家宗麟・義統父子から認めてもらっている。この城置物の中には、多くの刀や槍・具足・甲などとともに大鉄砲15張・小筒1張・「塩砂

千斤　壺二十」「鉛　千斤　十四包」「銀子　十貫目」「置米千斛」などが出てくる（立花文書）[17]。塩砂は焔硝のこととみられ、火薬の材料焔硝、鉄砲玉の材料となる鉛がそれぞれ千斤（375kg）も保管されていたことが注目される。鉄砲・焔硝・鉛は資金・米などの食料とともに城置きの必需備品となったのである。このような城置物の状況は関東の後北条氏でも同様であった。上野国の権現山城でも鉄砲・合薬（火薬）の他、多くの玉が保管されていた。それには「くろ金玉」と「玉」（鉛玉ヵ）の二種類があった[18]。

　この時期、南蛮貿易によって鉛を大量に手に入れたという具体的史料を見出すことはむずかしいが、国外からの鉛入手の確実な例としては、1580年の巡察師ヴァリニヤーノの有馬氏への鉛と硝石供給があげられる。この時期、有馬氏は隣国の佐賀の竜造寺隆信と交戦中であり、領国存亡の危機に直面していた。巡察師ヴァリニヤーノはキリシタンの保護者である有馬氏を宗教的な支援だけではなく、直接的な経済的・軍事的支援を行った。ロレンソ・メシアは1580年10月20日付の「年度報告」で次のように述べている[19]。

　　巡察師は有馬殿 Arimandono たちが全滅し、死んでしまわないように、可能な限り彼らを救援することを決心した。（中略）［有馬のキリスト教界が］滅亡という大きな危機にさらされていたので、巡察師は、貧者全員に施していた喜捨に加えて、食糧を大量に購入させた。その喜捨は貧者たちがカーサ（城、城主）に請い求めていたものである。また焼失した諸要塞も救うよう命じ、自分でできる範囲とそれら困窮の度合いに応じて、それらの要塞に食糧と金銭を支給した。さらに鉛と硝石を支給した。それらの事柄をこのように遂行するために、巡察師はナウ船とともに入念に準備をしていた。そして、これらの物資に約600クルザド近くを費やした。

　ここでは、ヴァリニヤーノの手配で、ナウ船（ポルトガル船）から鉛と硝石を提供させている。一方、鉄砲使用の高まりは国内の鉱山での鉛確保の方向にも向かった。三河の徳川家康は、1571年（元亀2）9月3日に高野山の仙昌院と小林三郎衛門尉に三河の鉛山の諸役を免除して採掘させ、銀・鉛が出たら大工職を与えると約束した[20]。また、北条氏は1583年（天正11）12月晦日、河津の代官と百姓中に「なまりすな（鉛砂）二駄、鉛師並びに松田兵衛大夫代申す如く、これをとりたるべきの旨、仰せ出だされる」（原漢文体）とあるように、鉛の確保を指示した[21]。

　しかし、国内での鉛の確保には大きな障害があった。当時、石見銀山を中心とする日本の銀はメキシコの銀と世界を二分するほどの生産をあげていた。その増産を支えた新たな精錬法は「鉛を化して銀となす」という灰吹き法と呼ばれるものであり、銀鉱石から銀を分離するために、鉛を用いた。日本で朝鮮半島から灰吹き法が入り、石見の現地で神谷寿禎が銀生産をはじめたのは1533年からのことで、1543年の鉄砲伝来の少し前であった。生野銀山も1542年に石見に商人が訪れ、鉱石を買って石見に運び精錬したといわれる。佐渡の鶴子銀山の発見も同じ1542年であり、1592年には石見の山師三人が訪れ最盛期を迎える[22]。鉄砲玉の鉛の需要が鰻登りにあがるのとほぼ平行して銀山の銀の生産は伸び、日本では国内で賄え

ないような多くの鉛を必要とする状況が生まれていたのである。

戦国時代から継続した日本の戦時体制は、秀吉の天下統一後も維持され、文禄・慶長の2度にわたる朝鮮出兵とむしろ拡大された。さらにその死後は、家康と豊臣家の奉行石田光成らの対立が緊張を高め、関ヶ原の合戦にいたった。関ヶ原後、徳川の幕藩体制が確立し、豊臣政権は大坂の一大名となったが、少なくとも諸大名の戦時体制は大阪冬の陣、夏の陣、島原の乱までは継続されたのである。家康の江戸城や加賀前田家の金沢城の鉛瓦は有名であるが、これらはいざというときに鉛玉として使用する戦時の象徴であったといわれる[23]。

4　17世紀初頭の輸入品としての鉛

（1）　オランダとイギリスの商人と鉛

ポルトガル船が来航する時代の記録は宣教師の書いた報告書、すなわち宗教的関心からまとめられたものが中心であり、商人の記録は公開されたものが少ない。そのため、後に紹介するセビーリャ・インディアス文書館所蔵史料を除けば、公開された商業や経済面の情報は少なく、この時期の輸入品の実像をつかまえることは極めて困難である[24]。しかし、17世紀初頭になると、オランダやイギリスが日本に商館を開き、その取引の記録を残しており、詳細にその様子がわかる。

加藤榮一の研究によれば、日本との貿易をめざすオランダの使節がはじめての家康との謁見のさいに鉛などを献上した記録がある。1609年（慶長14）7月1日、連合オランダ東インド会社の商船2艘が平戸に入港した。この両船の指揮官である上級商務員アブラハム・ファン・デン・ブルックとニコラス・パイクは、同年8月11日に使節として駿府に上り、家康に謁見し、オランダ連邦政府の執政マウリッツの親書と贈品を献上した。これはオランダ人の最初の参府であるが、このときの参府については日本側とオランダ側の記録が残されている[25]。

家康の政治外交顧問である金地院の以心崇伝の記した『異国日記』慶長14年7月11日条には次のように記されている[26]。

> 七月十一日頃、於御本丸、本上州被仰候ハ、ヲランダヨリ御書ヲ上候、彼国ノ文字ニテ分不見候、通事ニ仮名ニノベサセラレ候、以来船ヲ渡可申候間、湊ヲモ被下、往来仕候ニトノ義ニ候、印子ノ盃二、絲三百五十斤、ナマリ三千斤、象牙二本上候、此返書認下書上可申由也、

この記録によれば、家康に拝謁したオランダ国の使節は、印子すなわち純金の杯を2つと生糸350斤、鉛3000斤（1tほど）、象牙2本などを献上品として贈呈した。オランダ側の記録にも「上質の生糸2梱その容量およそ3ピコル半と鉛130本をパタニにて積んだ荷物の中から、また価格240グルテン余の黄金のコップ2個を献じて、次回来航の節に陛下に充分な満足の得られるべきことを以って、進物の不足を弁明するよう決議した」とある[27]。ここでは、オランダ使節は、鉛1t（棒鉛130本）をマレー半島の中部にあるパタニ港から積み込んで日本

に運んだことがわかっている。

　日本との交易を計画したイギリスは、オランダに少し遅れて、1613年（慶長18）にイギリス東インド会社の貿易船隊司令官ジョン・セリースを国王ジェームズ1世の使者として派遣した。セリースは日本滞在中、駿府と江戸を訪れ、大御所家康や将軍秀忠に謁見し、平戸に商館を開設した。しかし、イギリスはオランダの軍事経済的な圧迫に屈し、東アジア世界から撤退し、平戸商館も10年で閉鎖された。セリースは日本渡航記を残している。

　セリースの目的は、家康との貿易開始交渉もあるが、一方で、日本でどのような品物が売れるかという市場調査をし、平戸の商館長リチャード・コックスと打ち合わせをすることもあった。豊臣方と家康の対立の緊張が高まる中、8月、大坂で試しにセリースは火薬1樽（重さ48ポンド）、鉛1塊または棒鉛1本、棒錫2本、鋼鉄1塊、棒鋼1本などを売却した。また、平戸においては、棒鉛22本を商館に持ち込み、藩主松浦法印（入道鎮信）に売ったようである。

　セリースは滞在期間に日本の市場調査をし、1614年の報告に①「日本にて売れるべき需要品ならびにそれらのマス（1マスは6ペンスに当たる）にての相場」また②「日本に産する商品」のリストをあげている。①の日本で売れるものとして、彩色絵あるいは淫乱なるもの、あるいは海陸の戦争譚に関するもの（大きなるものほどよい）、水銀、朱、婦人顔料、銅板、小棒鉛、薄板鉛、細棒錫、鉄、鋼鉄、麝香、山帰来（サルトリイバラの根茎、薬）、シナ刺繍用金糸、粉砂糖、砂糖菓子、天鵞絨（白鳥の毛織物）、刺繍天鵞絨、琥珀織、繻子、生糸、撚らぬ絹、撚りたる絹、あらゆる種類のガラス盃、小球の琥珀、スペイン革、牛革、その他手袋用の皮革、シナ・カンダキン、シナ・カンガキン（黒色物）、蠟燭用の蠟、蜂蜜、胡椒、肉豆蔲（香味料）、バロス産またはボルネオ産の樟脳、ソロエル産のサンダース（白檀ヵ）、カランバク木、象牙、犀角、鹿角（鍍金せるもの）、明礬をあげる。

　②の日本からの輸出品として、麻、青色染料、白布赤色染料、米、硫黄、硝石、錦をあげ、そのあとで、「金と銀ははなはだ豊富。金はバーバリー barbary のデュカット duckett（ducatt）貨ほどに上質である。けれどもはなはだ高価ゆえ、それで利益はほとんど見られまい。銀は棒形になっている。予は見本としてその一本を貴下に送る。予の判断では、もし精錬しないでリアル貨に鋳造したら、インド諸島に流通するだろう」と書いている。

　セリースが注目した鉱山産物の日本向け商品としては、軍事緊張の高まる大坂で、火薬とともに試しに売却したものからみても、鉛・錫・鉄などの金属が重要であったこととがわかる。一方、日本の商品としては、硫黄・硝石はもちろん銀がもっとも注目されていたことがわかる。特に、戦国期、輸入品であった硝石はこの段階では輸出品に転じていることが注目される[28]。

（2）鉛はどこから来たのか
　それでは、イギリス船やオランダ船などはこれらの品物をどこで調達しようとしたのであ

ろうか。すでに、われわれは鉛同位体比分析によって、メダイや鉄砲玉の鉛材が中国や朝鮮だけではなくN領域、すなわち東南アジア地域から来たものが多かったことを明らかにした。セリースの記録では、イギリス船は、パタニとシャム（タイ）とバンダムが日本への物資調達地であるとしており、特に、パタニとシャムはシナのジャンク船に出会い安価な買い物ができ、関税も少なく、良い品物が手に入る場所であったと記す。それに続いて次のように記されている。「カピタン・コックスは去年三月、アダムス君を船長とし、一隻のジャンクを長崎からシャムに派遣することを命じた。それは6月か7月になれば、大需要のある前記の商品を積んでふたたび平戸へ帰るはずである。シャムへ行く船は大きいほどよかろう。それは木材が大きな嵩となるからである。パタニ行きは胡椒や、絹布を積み込むため小さな船でよろしい」と[29]。

　前節でも紹介したように、オランダの使節は、家康に献上した生糸や鉛をパタニで手に入れている[30]。イギリス商人もオランダ商人もマレー半島のパタニ港やシャムで日本への貿易物資を入手したといえる。

　パタニはかつてランカスカと呼ばれ、ヴェトナムの南端からシャム湾を横切り、マレー半

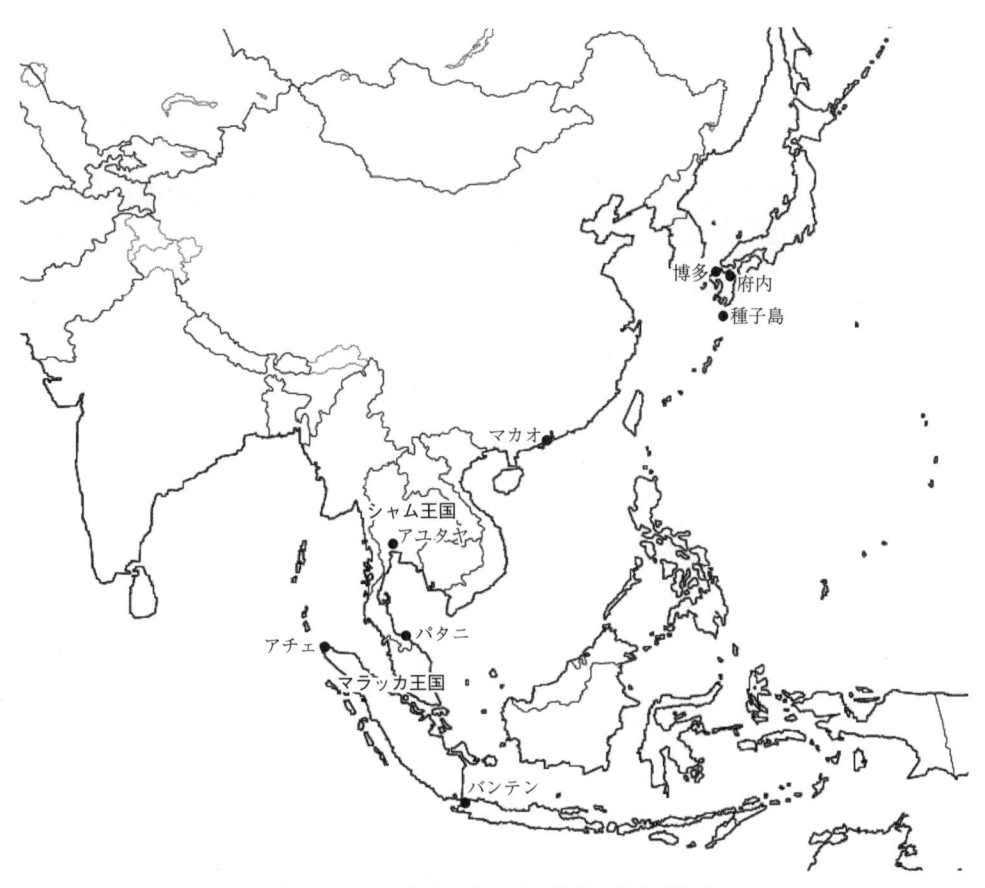

図12　16〜17世紀の東アジア世界と鉛交易拠点

島にいたるとき、その最短距離に位置した（図12）。そのため、アジアの船乗りが中国との貿易を行うときにもっとも重要な中継貿易港の一つであった。王国の確立期は14世紀半〜15世紀半で、パタニの最初の統治者は女性であり、その兄弟はペラ（マレー半島中西部の王国、マレーシアペラ州）と Lan Xang（ランシャン、ラオスの王国）の最初の支配者、ケダ（マレー半島の中北部の王国、マレーシアケダ州）の第二の治世者であった。パタニは、イスラム化したが、仏教国のアユタヤに朝貢し、マラッカ王国と対抗したという[31]。

「ペロ・ディエスの情報」によれば、1544年5月、「彼はパタニをシナ人のジャンクで出発し、シナの海岸にあるチンチェオ（漳州）に到着した。……そこから彼らは、日本の島へ行った」。また、彼は次のようにも述べている。「パタニに住むシナ人の所有する5隻のジャンクがその港（日本のある港）にいた時、そのジャンクには何人かのポルトガル人がいたが、そこへ100隻以上のシナ人のジャンクが互いにつなぎ合って襲って来た」[32]。

16世紀前半、ポルトガル人がここを訪れたとき、パタニには多くのジャンク船が出入りしており、パタニには中国人の居住区があった。ポルトガル人は、はじめ、自前の船ではなく、このジャンク船を利用し、中国・日本へと向かった。また、パタニではないが、シャム国のドドラ市（アユタヤ）で罪を犯した3人のポルトガル人が、ジャンク船に乗り、中国方面に逃亡し[33]、彼らはさらに日本にいたり、種子島で鉄砲を伝えることになったという説もある[34]。ポルトガル人はパタニやシャムのアユタヤからのジャンク船のルートを辿り、中国さらに日本に到達したのである。

マレー半島中部の都市国家パタニの地理的優位と他の王国との密接な関係は、中継貿易国家の生命線であった。王国間の兄弟関係とアユタヤとの朝貢関係がそれぞれの国家の物資をパタニに集積させる背景にあったと思われる。ペラはマレー語で銀の意味で、その国名は銀色に輝く錫の産地に由来するといわれる[35]。図13の「メコン河下流流域の鉛・亜鉛鉱床の分布図」によれば、ラオスの Lan Xang 王国の地域は鉛の産地である。また、アユタヤ王国の山岳地帯にも錫や鉛鉱山が存在した[36]。

アンソニー・リードは『大航海時代の東アジアⅠ』で次のように

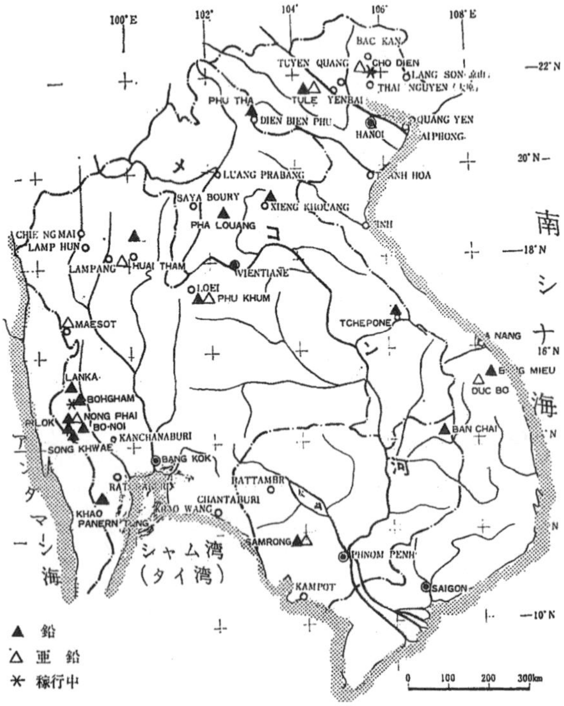

図13　メコン河下流流域の鉛・亜鉛鉱床の分布図

記す。大航海時代「東南アジアの鉛の原産地は、ヴェトナム北部とシャムにあったようだ。シャムの鉛はマラッカ、ビルマ、交趾シナ、そしてテナッセリムを経由してアチェ、そしておそらくバンテンにも輸出された。クロフォードが、彼の滞在していた時代（19世紀初め）に、鉱山は「野蛮なラワ族」によって、パク・プレクの近くで稼働しており、ラワ族（タイ北部の部族）は年間約2000ピルク（110トン）の鉛を生産している、と書くまで、どこでどのように鉛が生産されていたのか、その詳細はわからなかったのである」と[37]。

パタニを中心に見ると、ラオスの鉛はメコンを下り運ばれた可能性が高いし、タイの鉛は朝貢貿易で得られたと考えられる。しかし、ヴェトナム北部の鉛はシャムやパタニに集積されたとは考えられない。いずれにしても東南アジアは鉛の一大産地で流通地でもあった。リードも記すように、この時代、東南アジアでは、鉛や鉛と錫の合金の貨幣が広く流通し、イギリス人やオランダ人がそれを扱った。「バンテンのイギリス人は1608年には、20トン、1615年には50から60トン、1636年には100トンから150トン、というように、鉛の注文を次第に増やしていった」とある（『大航海時代の東アジアⅡ』）[38]。

16世紀後半～17世紀初頭に日本へもたらされた大量の鉛はかくして東南アジアのパタニやアユタヤの港でジャンク船やヨーロッパの船に積み込まれ日本に運ばれた。しかし、日本人も黙ってもたらされる貴重な東南アジアの産物を待っていたわけではなかった。日本人もポルトガル船、ジャンク船の航路を辿り、直接日本に物品を運ぶ道を選択した。これが朱印船貿易である。17世紀の初頭には、ヴェトナム、シャム、その影響下にあるマレー半島に日本人町ができた。

シャム向けの朱印船は、1604年（慶長9）～1636年（寛永13）までに少なくとも56隻に及んだ。シャムからの輸入品は、主に蘇芳・鹿皮・鮫皮・鉛・錫であったという。このことからも、鉛・錫などの鉱物資源がシャム方面からの輸入品であったことがわかる[39]。

16世紀後半～17世紀前半におよぶ南蛮貿易の輸出入品を整理した研究が岡美穂子によって最近出された。氏はポルトガル船・朱印船・オランダ船が運んだシャム産商品を表1のようにまとめている[40]。

この表から見ても、16世紀末から17世紀前半、ポルトガル船・朱印船・オランダ船がシャムから日本へ運んだ品目として一貫して確認できるのは、蘇木と鉛である。蘇木は、赤い染

表1　シャム産商品の推移

出　典	年　代	品　目
ポルトガル船取引商品覚書	推定1585～1600年	銀、マスケット銃、安息香、ウコン油（黄膏ヵ）、椰子油、蘇木、鉛、米
地方別朱印船輸出入品目	1603年～1633年	蘇木、鹿皮、鮫皮、水牛角、鉛、錫、竜脳、血竭、更紗、木綿縞、象牙、籐、珊瑚珠、沈香
オランダ船日本市場輸入暹羅商品数量表	1634年	鹿皮、鮫皮、蘇木、極上沈香、鉛、錫、カンボジア胡桃、黄膏、乾檳榔、太泥籐、象牙、黒砂糖、黒漆

料の原料として日本では高価であったが、シャムでは薪のように安価な木であり、大きな利益があげられた[41]。鉛もシャムを中心に東南アジアに流通しており、鉛の銭が使用されるほどであった[42]。一方で、ポルトガル船が中国から日本へ運んだ品目には鉛はないので、当時、東南アジア、とくにシャム方面の鉛が日本の輸入品としていかに重要な位置を占めていたかがわかる。

　これまで文献史料からみてきた東南アジアの鉛流通や日本との関係は、メダイや鉄砲玉の鉛同位体比の分析の結果と見事に一致するのである。南蛮貿易では、これまで日本から出て行く「銀」が注目の的であった。その銀の裏返しとして、銀の生産を支える鉛の不足と戦乱の必需品としての鉄砲の玉の需要が鉛輸入の背景にあったのである。銀のように華やかではないが、南蛮貿易は銀貿易の裏として鉛貿易の一側面があったといっても過言ではない。

むすびにかえて

　中世大友府内町跡で発掘されたメダイと呼ばれるキリシタン遺物などは鉛製のものがほとんどを占めていた。この鉛を別府大学の質量分析計によって同位体比分析した結果、これまで知られていないNという領域が検出された。その後、戦国末期の田中城跡や島原の乱の戦場となった原城跡出土の鉛製鉄砲玉の中に多くのN領域の値を示すものが確認され、それはかつて平尾が分析した東大寺南大門に打ち込まれた鉄砲玉の鉛同位体比とも一致した。この鉛は韓国武寧陵出土の鉛ガラスの鉛の値と一致し、東南アジアの鉛の可能性が推測された。一昨年から、カンボジアの調査でも現地の遺跡からこの値を示す鉛を含む銅製品が確認された。時代は1500年の隔たりはあるが、N領域の鉛は南蛮貿易によって東南アジアから輸入されたことが想定された。

　本研究は、このような分析科学の結果を歴史学とのコラボレーションによって、歴史的な事実の中に位置づけるための作業である。16世紀後半～17世紀前半の時代は、南蛮貿易の時代である。文献史料では、鉄砲の伝来、火薬の材料としての硝石などの輸入については研究が行われてきたが、鉛に関しては、国内でも生産されると思われてきたため、鉛の輸入についてはあまり注目されてこなかった。

　しかし、日本国内の発掘調査によって発見されたメダイや鉛玉から多くの東南アジア産の鉛の存在がクローズアップされた結果、鉛輸入の意味を歴史的な展開の中に位置づける作業が必須となった。ポルトガル船に関する輸入品についての史料は少なく鉛の輸入の実態を把握するのはむずかしいが、竜造寺の圧力で危機に瀕した有馬氏を救助するため、イエズス会がバックアップしてナウ船が火薬とともに鉛を大量に提供した事例は参考となろう。これが特殊な事例かは当初不明であったが、大友府内遺跡出土のメダイの存在を考えると、大友領にはかなりの東南アジア産の鉛が持ち込まれていると考えられし、戦国期の肥後田中城跡出土の鉛玉は輸入鉛が地方の領主にも渡っていたことを示している。また、昨年、発表された岡美穂子「近世初期の南蛮貿易の輸出入品について——セビーリャ・インド文書館所蔵史料

の分析から——」から、ポルトガル商人がシャムから鉛を運んでいることが明確となった。

　17世紀に入ると、ポルトガル船を駆逐してイギリス船、オランダ船が日本にやってくる。彼らは、マーケティングの結果、戦乱の中で日本が大量の鉛を必要としていることを察知し、家康にもプレゼントとして鉛を用意した。鉛輸入の背景には、鉄砲玉の需要もあるが、日本の鉛の需要が銀生産の増加に比例して高まったこともある。石見銀山・生野銀山・佐渡（鶴子）銀山などの銀山は灰吹法と呼ばれる精錬技術によって、大量の鉛を必要としたのである。

　それでは、この輸入鉛の産地はどこであったのだろうか。分析科学の検出したN領域は東南アジア産と推定された。文献においては、マレー半島のパタニやタイのアユタヤから積まれたことが明らかにされる。その産地はまだ明確にできないが、タイ北部・ラオスと考えられる。これが鉛同位体比分析で検出されたN領域と同定される。

　鉛同位体比分析は、考古学的な発掘で出土した遺物という「点」を人間の交流・物資の流通という「線」でつなげる可能性を示した。さらに、文献史学とのコラボレーション研究で日本出土の鉛は確実に東南アジアのタイ・ラオス方面に到達し、単なる移動の事実だけではなく、その背景や理由を説明できるようになった[43]。今回の共同研究において、化学組成や鉛同位体比を考古学さらに歴史学に応用する道が示された。これがいわゆる分析歴史学の可能性である。

　初めは場所も時代も異なる、いくつかの研究を進めてゆくうちに、紀元前後の東南アジアの遺跡と日本の戦国・近世初頭の遺跡が、1500年という時を超え、4000kmという空間を超えて繋がってきた。研究のつながりをどのように見つけるかはいくら探しても見つからない場合もあり、今回のようにいつの間にか繋がっている場合もある。これこそ偶然なのであろうか。否偶然ではない。真実を見極めたいという飽くなき探求心と常識への挑戦の心をもった研究者が連携すれば確実に新しい道が見えてくることを確信した。

（1）　兵藤政幸「年代測定学・地球科学」松浦秀治・上杉陽・藁科哲男編『考古学と自然科学4』同成社（東京）、1999年、15～161頁；炭素・酸素・窒素同位体：小池祐子「古人骨から知られる食生活」馬場悠男編『考古学と人類学』同成社（東京）、1998年、121～140頁；鉛同位体：馬淵久夫、富永健編『考古学のための化学10章』東京大学出版会（東京）、1981年、157～178頁；馬淵久夫、富永健編『続考古学のための化学10章』東京大学出版会（東京）、1981年、129～150頁など。

（2）　鉛同位体比の変化：一般の元素は地球が形成されて以来、その同位体比は変化しなかった。しかし、例外的ないくつかの元素は熱拡散による同位体分別、結合力の違い、放射壊変、また壊変物の付加などにより、同位体比が変化した。鉛（Pb）はその例外的な元素の一つである。その原因はウラン（^{238}U, ^{235}U）・トリウム（^{232}Th）が比較的長い半減期で自然に壊れて、鉛の^{206}Pb, ^{207}Pb, ^{208}Pbへ変化したからである。鉛の安定同位体には4種あるが、前述の3種の同位体量は地球の歴史と共に変化するという特徴を持っている。このため岩石中などに含まれるウラン・トリウムと鉛はその同位体量が徐々に変化した。この鉛が時代とともに地殻変動などで鉱山を形成すると、鉱山ごとに鉱山形成に関与した岩石中のU, Th, Pbの量比と年代の違いによって鉛の同位体比が異なってくる。

　詳しい数式の展開は他に譲る（平尾良光「鉛同位体比法の応用——歴史資料の産地推定——」*RADIOISOTOPES* 57, 2008, pp. 709-721）が、結果として時間的な変化とウラン・トリウムの量

比の違いは図1で表わされる。

　図中、P点は地球ができた時の鉛同位体比であり（M. Tatsumoto, R. J. Knight, C. J. Allegre: Time differences in the formation of meteorites as determined from the ratio of lead-207 to lead-206. *Science* 180, 1973, pp. 1279-1283）、2本の曲線は地球が生まれたときにできた岩石中においてウランと鉛の比が大きい場合 $|{}^{238}U/{}^{234}Pb=9.5$（上線）$|$ と小さい場合 $|8.2$（下線）$|$ に示される鉛同位体比の時間的な変化の曲線である。0年等時線というのはこの岩石（ウラン・トリウム・鉛を適当量含む）が地球の生まれたときからそのまま何の変化も受けずに45.6億年経った時に、その岩石内部で示される鉛同位体比である。その値（点）は岩石中のウラン濃度と鉛濃度との比の違いで、P点から伸びる一本の直線上に並ぶ。1×10^9年、2×10^9年、3×10^9年の直線は現在から換算して10億年、20億年、30億年前に到達していた同位体比の値が示す線（等時線）である。

　図1の中に世界の代表的な鉛鉱山の同位体比値を載せてみると、それらは明らかに異なった値を示した。これら鉛鉱山から採取された鉛が考古学的な資料に利用されたならば、その同位体比は鉛鉱山と一致する。故に考古学的資料に含まれる鉛の同位体比は産地の鉱山と同じ同位体比を示すはずである。なぜなら、鉛の同位体比は溶かしても、鋳造しても、銅と混ぜても、錆となっても変わらないからである。

　図1の鉛同位体比進化図では縦軸と横軸に${}^{207}Pb/{}^{204}Pb$ と ${}^{206}Pb/{}^{204}Pb$ を用いた。しかし、鉛には同位体が4種あり、3種は独立に増加する。それ故、独立した3つの同位体比（例えば、${}^{206}Pb/{}^{204}Pb$、${}^{207}Pb/{}^{204}Pb$、${}^{208}Pb/{}^{204}Pb$）を得ることができる。これら3つの比を1枚の図で正確に示すことはできない。図1では${}^{208}Pb$ の要素が含まれていない。この同位体の影響を表現するためにいくつかの方法があるが、ここでは${}^{208}Pb/{}^{206}Pb-{}^{207}Pb/{}^{206}Pb$ の図を利用した。図1で用いた ${}^{207}Pb/{}^{204}Pb-{}^{206}Pb/{}^{204}Pb$ の図と、${}^{208}Pb/{}^{206}Pb-{}^{207}Pb/{}^{206}Pb$ の図は相補的であり、両方が同一の傾向を示すときだけ、産地あるいは資料の類似性を示すことができる。同位体比変化の表現には両方の図を示すことが必須であるが、本稿では、紙面の都合上、両図を検討して結論が変わらない場合、どちらかの図を省略した場合もある。

（3）　Brill, R. H. and J. M. Wampler: Application of Science in Examination of Works of Arts, *Museum of Fine Arts*, Boston, 1965, pp. 155-165.
（4）　平尾良光編『古代青銅の流通と鋳造』鶴山堂（東京）、1999年。
（5）　東アジアにおける材料産地の推定：中国製の銅鏡はその裏側の文様から、前漢・後漢・三国などの各時代に製作されたことが考古学的に判別されている。これに中国・戦国時代のコインや幾つかの青銅器を加えると、前漢鏡は華北産の材料で作られている可能性が高い（平尾良光編『古代青銅の流通と鋳造』鶴山堂（東京）、1999年；馬淵久夫、平尾良光「東アジア鉛鉱石の同位体比──青銅器との関連を中心に──」『考古学雑誌』73、1987年、199～210頁）。このことは図2と図3のA、A'領域として表される。そして、後漢・三国時代鏡は華南産材料である可能性が高い。このことはB、B'領域として示される。華北と華南という領域は中国中原における、より北側の地域と、より南側の地域と推定されている。これは前漢時代には黄河流域に工業生産の中心が集中しており、後漢時代には揚子江流域にそれらが移ったといわれるからである。それ故、青銅生産に利用された鉛の産地は漠然と華北と華南では異なっていたと考えることができる。

　多鈕細文鏡という種類の銅鏡はそのスタイルから、また考古学的な発掘数が多いことから朝鮮半島で作られたと考えられている。そこで、この種の鏡が示す鉛同位体比領域を朝鮮半島産材料領域と仮定した。このことは図中でD、D'として特徴付けられる。これらが中国産材料とは異なった同位体比を示すからである。

　もう一つ日本はどうか。弥生時代に仿製鏡と呼ばれる鏡が日本で作られていたが、日本産材料であるという証明はされていない。そればかりかこの時代に日本で銅や鉛などの鉱山資源が生産されたという考古学的な証拠はまだない。そこで、日本産材料の鉛同位体比として現代日本の鉛鉱山が示す領域を利用した。そして和同開珎に利用された材料も含めて日本という産地を仮定した。図ではC、C'として示される領域である。

（6） 平尾良光、榎本淳子「鉛製弾丸の自然科学的調査、釘・鎹の化学的調査」文化庁編『東大寺南大門 国宝木造金剛力士立像修理報告書本文編』、1993年、142～156頁。
（7） 魯禔玹、後藤晃一、平尾良光「日本の中世キリスト教関連遺物に関する自然科学的な研究」『考古学と自然科学』57、2008年、21～35頁。
（8） 西田京平、平尾良光「熊本県玉名郡和水町田中城跡から出土した鉄砲玉の鉛同位体比」、熊本県玉名郡和水町教育委員会へ報告（2007年）。
（9） 馬淵久夫「鉛同位体比測定による火縄銃関係資料の原料産地推定」『朝倉氏遺跡資料館紀要』、1985年、17～19頁。
（10） 魯禔玹、金奎虎、平尾良光「武寧王陵から出土したガラスに関する鉛同位体比調査」『武寧王陵』国立公州博物館、2007年、126～131頁。
（11） 平尾良光編『古代青銅の流通と鋳造』鶴山堂（東京）、1999年。
（12） 鉱山の歴史的存続に関して：一つの鉱山が1000年以上、鉛を供給し続けたのかどうか、疑問が残るかもしれない。ひとつの例として、神岡鉱山は500年以上掘り続けられていることがわかっている。現代における鉛消費量は毎年全世界で約500万 t、日本だけで約30万 t、その中で日本産鉛の生産量は約5万 tといわれる。一方、紀元前後の時代にはどのくらいの消費量であったろうか。一つの可能性であるが、日本で弥生時代に青銅として1～2 t／年、利用されたと仮定できる。鉛量はこの5～10%とすると、100kg程度である。中国・朝鮮半島ではこの10～100倍の消費量があったとしても5 t～10t／年程度と現代とは比べものにならないほど少なかったに違いない。それならば、当時の一つの鉱山が5 t～10t／年程度の生産量であれば、1000年以上に亘って鉛生産を続けていたとしても、埋蔵量が涸渇することはなく生産できたと思われる。
（13） Shigeru Kakugawa, Sadaomi Hieda and Yoshimitsu Hirao: Chemical Analysis on Bronze Bracelets Unearthed from the Phum Snay Archaeological Site in Cambodia and the Identification of Their Production Area. *Preliminary Report for the Excavation in Phum Snay 2007*, International Research Center for Japanese Studies, 2007, pp. 60-65.
（14） 宇田川武久『鉄砲と戦国合戦』吉川弘文館、2002年。
（15） 村上直次郎訳注『異国往復書簡集』雄松堂、1975年。
（16） 安東文書／『大分県史料』10。
（17） 立花文書／『編年大友史料』。
（18） 天正16年と推定される子10月13日付権現山城物覚写、「諸州古文書」十二武州所収、『新編埼玉県史資料編』6 1448号文書。
（19） 『日本教会史』上（大航海時代叢書）、岩波書店、1973年。Archivnm Romannm Sosietai Lesu. Jap. Sin. 45-I. f. 19. 高橋祐史『イエズス会の世界戦略』講談社、2006年。
（20） 清水文書／『大日本史料』十編之六、837頁。
（21） 「武州文書」十八秩父郡所収秩父郡名主左膳所蔵文書、『新編埼玉県史資料編』6 中世2 1239号文書。
（22） 村井章介『海から見た戦国日本』筑摩書房、1997年。
（23） 現在残る鉛瓦の建物は、金沢城石川門と高岡市の瑞龍寺仏殿であるが、石川門は1788年（天明8）に築かれ、瑞龍寺の仏殿は1659年（万治2）に竣工したが、鉛瓦は江戸時代中期に葺かれたという。鉛瓦については、戦時に鉄砲玉にした、美しいから使用された、寒さに強く割れにくい、江戸初期に精錬のためにため込んだ鉛の使い道がなくなり瓦にした、などの諸説がある。
（24） セビーリャ・インディアス文書館所蔵史料はスペインのセビーリャにある。ポルトガル船のアジア貿易に関する報告書。スペイン語の写本で、その作成にはフィリピン総督府が関係していたといわれる。数少ないポルトガル船の貿易関係史料である。
（25） 加藤榮一『幕藩制国家の成立と対外関係』思文閣出版、1998年、401～402頁。
（26） 『異国日記』（金地院所蔵／『大日本史料』十二編之六、451頁）。

(27) Resolutie gertrocken ter breede raden op't cship den *Rooden Leeuw Met Pylen vergadert, did. Vergadert, did. firando, 7 julij 1609*(『大日本史料』十二編之六、和蘭國海牙文書館文書、463〜465頁所引).

(28) セリース、村川賢固訳、岩生成一校訂『セリース日本渡航記』（新異国叢書6）、雄松堂、1970年初版、1980年4版、2〜4頁、155頁、192頁、256〜259頁。

(29) 『セリース日本渡航記』、254頁。

(30) 加藤榮一『幕藩制国家の成立と対外関係』、401〜402頁。

(31) A. Teeuw and D. K. Wyatt *"Hikayat Patani" the Story of Patani* (Bibliotheca Indonesica 5), Koninklijik Instituut voor Taal, Land-en Volkenkunde, 1970.

(32) 岸野久『西欧人の日本発見』（吉川弘文館、1996年）引用1548、ガルシア・デ・エスカランテ・アルバラード著『ルイ・ロペス・ビリャロボス遠征報告』の内、セビーリャ・インディアス文書館所蔵。

(33) 岸野久『西欧人の日本発見』（吉川弘文館、1996年）引用、モルッカ総督アントーニオ・ガルバン著『諸国新旧発見記』。

(34) 洞富雄『鉄砲——伝来とその影響——』思文閣出版、1993年。

(35) ペラ州はマレー第一の錫の産地。州都のイボー市は錫鉱山で発達した町である。

(36) 沢田秀穂「バンコクエカフェ事務局通信　メコン河下流流域の鉱床資源⑥」（『地質ニュース』1971年8月号）。

(37) アンソニー・リード、平野秀秋・田中優子訳『大航海時代の東アジアⅠ』（新装版）、法政大学出版局、2002年、159頁。

(38) アンソニー・リード、平野秀秋・田中優子訳『大航海時代の東アジアⅡ』（新装版）、法政大学出版局、2002年、127頁。

(39) 岩生成一『朱印船貿易史の研究』弘文堂、1958年、永積洋子『朱印船』（日本歴史叢書）、吉川弘文館。

(40) 岡美穂子「近世初期の南蛮貿易の輸出入品について——セビーリャ・インド文書館所蔵史料の分析から——」（『東京大学史料編纂所研究紀要』第18号、2008年）。

(41) 『東アジア中世海道——海商・港・沈没船——』（国立歴史民俗博物館編、毎日新聞社、2005年）、117頁。

(42) アンソニー・リード、平野秀秋・田中優子訳『大航海時代の東アジアⅡ』（新装版）、125〜132頁。

(43) 2008年に四日市康博編『モノから見た海域アジア史——モンゴル〜宋元時代のアジアと日本の交流——』（九大アジア叢書、九州大学出版会）という本が出た。この本では、文献学と考古学の共同研究から海域アジア世界のモノの動きに注目している。特に、この本の第5章「〈貴金属から見た海域アジア交流〉銀と銅銭のアジア海道」で四日市氏は金属の動きから、アジア世界の人の交流を描き出そうという試みを行っている。

〔追記〕　東南アジア関係の文献について村井章介（東京大学）、利光正文（別府大学）などの諸氏から御教示をいただいた。記して感謝したい。

あとがき

　一昨年（2007）の7月、九州考古学会、大分県考古学会、別府大学文化財研究所の三者の合同企画で行われた「キリシタン大名の考古学」の成果とそれに先立って同年2月に開催された別府大学文化財研究所の文化財セミナー「メダイに見る国際交流」の成果を2年かけて上梓することができた。近年の発掘でこれまでベールに包まれていた戦国から近世初頭の都市や城の実像が見え始めている。殊に、九州では、大分の豊後府内の遺跡や大村氏の城館城下の遺跡、島原の原城跡などの調査が進み、いわゆるキリシタン大名やキリシタンにかかわる遺跡の発掘の成果が出て、研究は新しい段階に入り始めている。

　本書は、第Ⅰ部「宣教師の活動とキリシタン大名の町」、第Ⅱ部「キリシタン遺物は語る」の二部で構成される。第Ⅰ部は「中世大友府内町跡」をはじめとするキリシタン大名の遺跡の発掘成果とキリシタンの活動の足跡が網羅されている。坂本嘉弘「巡察師ヴァリニャーノの見た豊後「府内」」、上野淳也「豊後府内の成立過程」、田中裕介「豊後府内のキリスト教会墓地」（コラム）などは、近年の中世大友府内町跡の発掘調査成果と文献的検討の成果がまとめられている。また、大友氏と並ぶキリシタン大名の大村純忠の城下町については、大野安生「肥前大村の成立過程」を収録し、さらにコラムで、高山右近の高槻城（高橋公一）、小西行長の麦島城の発掘成果（鳥津亮二）を取り上げた。巻頭論文「キリシタン遺跡から見たキリシタン宣教」は、対外史料を読みこなしてきた五野井隆史氏が、このような九州、全国の考古学的成果を踏まえ、キリシタン研究の立場から、考古学的成果を文献と融合させることを目指した意欲作である。

　第Ⅱ部では、近年の発掘で、九州を中心に出土しているメダイや十字架やロザリオなどのいわゆる「キリシタン遺物」に注目した。後藤晃一「豊後府内出土のキリシタン遺物」で紹介されているように、「中世大友府内町跡」ではメダイなどの多くのキリシタン遺物の発見があり、この遺物が別府大学平尾良光研究室に持ち込まれ、組成分析や鉛同位体比分析が行われた。ここから、分析科学と考古学の本格的コラボレーションが始まった。2007年2月の別府大学文化財研究所の企画「メダイに見る国際交流」はまさにこの最初の成果報告であった。第Ⅱ部の後藤晃一、松本慎二論文、佐藤一郎、デ・ルカ・レンゾの諸氏のコラム、魯禔玹・西田京平・平尾良光「南蛮貿易と金属材料」はそのときの報告を基礎にしている。また、その年の夏の九州考古学会の大会で、今野春樹氏に参加していただき、全国的な視点からキリシタン遺物とはなにか論じていただき、今後の考古学の可能性への提言をいただいた。さらに、出版の段階で天草でキリシタン遺物に詳しい平田豊弘氏に加わっていただいた。このような成果を踏まえ、最後の「大航海時代における東アジア世界と日本の鉛流通の意義」で

は、平尾良光・飯沼賢司両氏によって、分析科学と文献歴史学の融合という立場から、この時代の日本への鉛流入の意味が解き明かされ、新しい歴史学としての分析歴史学の可能性が提起された。コラム「石見銀山と灰吹法」（仲野義文）は、この論を膨らませる観点から、鉛と銀、世界における日本の銀とその意味を考えるため、お願いしたものである。

　「キリシタン大名の考古学」というタイトルをつけているが、今回の内容は、考古学的成果を単に取りまとめるのではなく、領域を越えて、文献学や分析科学などの他領域の成果も融合し、新しい戦国城下論・キリシタン考古学論・流通論など、新たな研究手法を模索する意欲的なものになっていると確信する。多くの読者のご批評をいただければ幸いである。

　平成21年6月吉日

九州考古学会会長　木村幾多郎
大分県考古学会会長　清水宗昭
別府大学教授　飯沼賢司

執筆者紹介(掲載順, 2014年11月10日現在)

五野井隆史（ごのい・たかし）
　1941年生. 上智大学大学院文学研究科博士課程単位修了. 聖トマス大学教授.
　『日本キリスト教史』（吉川弘文館, 1990年）『徳川初期キリシタン史研究　補訂版』（吉川弘文館, 1992年）『日本キリシタン史の研究』（吉川弘文館, 2002年）『島原の乱とキリシタン』（吉川弘文館, 2014年）.

高橋　公一（たかはし・こういち）
　1962年生. 奈良大学文化財学科日本考古学. 高槻市教育委員会文化財課埋蔵文化財調査センター所長.
　『高槻城キリシタン墓地――高槻城三ノ丸跡北郭地区発掘調査報告書――』（高槻市教育委員会, 2001年）『史跡・闘鶏山古墳確認調査報告書』（高槻市教育委員会, 2009年）.

坂本　嘉弘（さかもと・よしひろ）
　1951年生. 別府大学文学部史学科（考古学）. 大分県教育庁埋蔵文化財センター嘱託.
　「豊後「府内」の都市構造と外国人の居住」（『中世の対外交流』高志書院, 2006年）「中世都市豊後府内の変遷」（『戦国大名大友氏と豊後府内』高志書院, 2008年）「大友宗麟の戦国都市豊後府内」（共著, 新泉社, 2008年）.

田中　裕介（たなか・ゆうすけ）
　1959年生. 岡山大学法文学部（考古学専攻）. 別府大学文学部.
　『大分県の前方後円墳』（編著, 大分県教育委員会, 1998年）「イエズス会豊後府内教会と附属墓地」（『戦国大名大友氏と豊後府内』高志書院, 2008年）『日本キリシタン墓碑総覧』（共著, 南島原市教育委員会, 2012年）.

大野　安生（おおの・やすお）
　1968年生. 岡山大学大学院文学研究科修士課程修了. 大村市総務部総務課市史編さん室.
　「黒丸遺跡沖田地区出土土器の検討」（『西海考古』4号, 2001年）「長崎県大村市三城城跡出土の石製品」（『日引』5号, 2004年）『三城城跡範囲確認調査報告書』（大村市教育委員会, 2005年）.

上野　淳也（うえの・じゅんや）
　1973年生. 別府大学大学院文学研究科博士後期課程単位取得退学. 博士（文学）. 別府大学文学部史学・文化財学科准教授.
　「大友氏館跡出土土師器の層位学的検討」（『大分県地方史』197号, 2006年）「戦国都市府内の成立過程――豊後「府中」・「府内」関連用語にみる大友氏在府論――」（『史学論叢』36号, 2006年）「「豊後波越窯跡」表面採集資料による考察」（『史学論叢』37号, 2007年）.

鳥津　亮二（とりづ・りょうじ）
　1977年生. 岡山大学大学院文学研究科歴史文化学専攻（修士）. 八代市立博物館未来の森ミュージアム学芸係長.
　「『日本感霊録』の再検討――古代寺院と霊験――」（『続日本紀研究』329号, 2000年）「律令国家の僧尼管理システム――寺院配住と師主――」（『九州史学』145号, 2006年）「小西行長発給文書と花押について」（『熊本史学』89・90・91合併号, 2008年）.

後藤　晃一（ごとう・こういち）
　1964年生. 広島大学文学部史学科考古学専攻卒業. 博士（文学）. 大分県立歴史博物館主幹研究員.
　「キリシタン遺物の考古学的研究――布教期におけるキリシタン遺物流入のプロセス――」（学位論文, 広島大学, 2011年）「キリシタン遺物の考古学的研究――布教期におけるキリシタン遺物（メダイ）の流入プロセス――」（『日本考古学』32号, 2011年）「豊後府内のキリシタン遺物」（『戦国大名大友氏と豊後府内』高志書院、2008年）.

佐藤　一郎（さとう・いちろう）
　1960年生. 同志社大学文学部（歴史考古学）. 福岡市役所.
　「中世前期の博多出土貿易陶磁の年代について」（『貿易陶磁研究』20, 2000年）「太閤町割以前――息ノ浜の発掘調査から――」（『福岡市博物館研究紀要』17号, 2007年）.

松本　慎二（まつもと・しんじ）
　1962年生．別府大学文学部史学科卒業．南島原市教育委員会文化財課長・世界遺産登録推進室室長．
　「原城――島原の乱と城破り――」（『城破りの考古学』吉川弘文館，2001年）「原城・日野江城の発掘調査概要」（服部英雄・千田嘉博・宮武正登編『原城と島原の乱』新人物往来社，2008年）「原城発掘が語る島原・天草一揆」（千田嘉博・矢田俊文編『都市と城館の中世』高志書院，2010年）．

平田　豊弘（ひらた・とよひろ）
　1957年生．駿河台大学大学院文化情報学研究科修士課程修了．天草市教育委員会教育部文化課世界遺産登録推進室主幹．
　「天草の近世仏教史」（『第23回熊本の美術展　仏教美術の新しい波』熊本県立美術館，2002年）『天草代官鈴木重成鈴木重辰関係史料集』（編著，イナガキ印刷，2003年）『栖本町誌』（編著，株式会社ぎょうせい，2006年）．

今野　春樹（いまの・はるき）
　1966年生．国学院大学文学研究科博士課程修了．歴史学博士．相模原市文化財保護課．
　「キリシタン考古学の展開」（『博望』4号，2004年）「キリシタンの葬制」（『キリシタン文化研究会会報』123号，2004年）「布教期におけるメダイの研究」（『物質文化』82号，2006年）．

De Luca, Renzo, sj（デ・ルカ・レンゾ）
　1963年生．九州大学大学院国史学科研究科修了．日本二十六聖人記念館館長．
　「博多とキリシタン」（大庭康時ほか編『中世都市・博多を掘る』海鳥社，2008年）「キリシタン時代の信徒中心の教会」（光延一郎編著『キリスト教信仰と現代社会――21世紀への挑戦――』サンパウロ，2008年）「二つの宣教時代――十六世紀と二〇世紀――」（『一〇〇年の記憶――イエズス会再来日から一世紀――』南窓社，2008年）．

魯　禔玹（の・じひょん）
　1980年生．別府大学大学院文学研究科博士後期課程修了．韓国国立中央博物館保存科学部学芸員．
　「日本の中世キリスト教関連遺物に関する自然科学的な研究」（共同執筆『考古学と自然科学』58号，2008年）「中世大友府内町跡出土金属製品に関する自然科学調査」（共同執筆『豊後府内8』大分県教育庁埋蔵文化財センター調査報告書第23集，2008年）「福岡県小郡市福童遺跡4から出土した銅戈に関する鉛同位体比調査」（共同執筆『福童遺跡銅戈埋納遺跡』小郡市文化財調査報告書第235集，2008年）．

西田　京平（にしだ・きょうへい）
　1984年生．別府大学大学院文学研究科博士後期課程満期退学．別府大学文化財研究所非常勤研究員．

平尾　良光（ひらお・よしみつ）
　1942年生．東京教育大学大学院理学研究科化学専攻博士課程修了．別府大学文学部客員教授．
　『文化財を探る科学の眼』全6巻（編，国土社，1998～2000年）『古代東アジアの青銅の流通』（編，鶴山堂，2001年）『経筒が語る中世の世界』別府大学文化財研究所企画シリーズ①（共編，思文閣出版，2008年）．

仲野　義文（なかの・よしふみ）
　1965年生．別府大学文学部史学科卒業．石見銀山資料館館長．
　『街道の日本史　出雲と石見銀山街道』（共著，吉川弘文館，2005年）『世界遺産石見銀山を歩く』（山と渓谷社，2007年）『銀山社会の解明――近世石見銀山の経営と社会――』（清文堂，2009年）．

飯沼　賢司（いいぬま・けんじ）
　1953年生．早稲田大学大学院文学研究科日本史専攻博士後期課程満期退学．別府大学教授．
　『大分県の歴史』（共著，山川出版社，1997年）『環境歴史学とはなにか』（山川出版社，2004年）『八幡神とはなにか』（角川書店，2004年）．

別府大学文化財研究所企画シリーズ②「ヒトとモノと環境が語る」
キリシタン大名の考古学

2009(平成21)年 7 月19日 発　行
2014(平成26)年11月10日 第 2 刷

編　者
別府大学文化財研究所
九州考古学会・大分県考古学会

発行者
田中　大

発行所
株式会社 思文閣出版
〒605-0089　京都市東山区元町355　電話 075(751)1781㈹
定価：本体3,800円(税別)

印刷・製本／図書同朋舎印刷
Ⓒ Printed in Japan, 2014　　ISBN978-4-7842-1472-3　C3021

◎既刊図書案内◎

別府大学文化財研究所企画シリーズ①「ヒトとモノと環境が語る」

経筒が語る中世の世界
小田富士雄／平尾良光／飯沼賢司 共編

Ⅰ 経筒が語るヒトの交流の世界
銭は銅材料となるのか——古代〜中世の銅生産・流通・信仰—— ……飯沼賢司
材料が語る中世——鉛同位体比測定から見た経筒—— ……平尾良光
九州出土経筒の鉛同位体比が語るもの ……石川ゆかり・平尾良光
経筒の制作と地域性——東京国立博物館所蔵の紀年銘を有する作品を中心に—— ……原田一敏
埋経と仏像 ……八尋和泉
経塚勧進僧の行動と連鎖の軌跡——同一名の追跡試論—— ……栗田勝弘

Ⅱ 九州地域出土の経筒が語る世界
九州における経塚・経筒研究——研究史と課題—— ……小田富士雄
肥後における経筒について ……島津義昭
熊本県人吉・球磨地方における経筒について ……和田好史・山本研央
肥前佐賀の経塚 ……田平徳栄
大宰府における経塚経営とその背景 ……山村信榮
筑後の経塚と経筒 ……小澤太郎
福岡県みやこ町出土の経筒鋳型 ……木村達美
福岡県みやこ町勝山松田出土の経筒 ……井上信隆
大分県宇佐市妙楽寺出土経筒 ……佐藤良二郎

▶B5判・236頁／定価5,040円　　ISBN978-4-7842-1409-9

塼仏の来た道──白鳳期仏教受容の様相── 後藤宗俊著

粘土を型押ししてつくられた小さな仏像である塼仏は、インドから中国を経て白鳳時代の奈良・飛鳥に招来されたが、日本では比較的限られた地域に受容され短命のうちに姿を消した。この塼仏が、当時の辺境・大分県宇佐市の虚空蔵寺跡でまとまって出土する。本書はこの「塼仏の来た道」を丹念にたどり、あわせてその途上に浮かび上がる玄奘・道昭・法蓮などの偉大な僧の信仰と人間像に迫る。虚空蔵寺跡の調査に携わった著者が分野を超えて学際的に探る。

▶A5判・320頁／定価5,985円　　ISBN978-4-7842-1433-4

九州の蘭学──越境と交流──
ヴォルフガング・ミヒェル／鳥井裕美子／川嶌眞人編

近世、西洋への唯一の窓口であった長崎および九州各地で、人々が在来の学術とは異質な西洋近代科学にどう向き合い、学び取って、世のため人のために役立てたのか、あるいは来日した西洋人が、知的交流や技術移転にどれほど貢献したのかを、最新の研究成果に基づき、彼らの業績と足跡を通して明らかにする。

▶四六判・372頁／定価2,625円　　ISBN978-4-7842-1410-5

戦国大名の外交と都市・流通──豊後大友氏と東アジア世界──
鹿毛敏夫著〔思文閣史学叢書〕

西日本の戦国大名のアジア外交の実態とそこに潜む意識構造について解明するとともに、政治・経済・文化的にアジア諸国と緊密な関係にあった西国大名による都市・流通政策の実態を明らかにする。
〔内容〕中世都市の構造と特質／大名権力の流通政策／大名権力の対外交渉

▶A5判・300頁／定価5,775円　　ISBN4-7842-1286-8

中世都市「府中」の展開 小川信著〔思文閣史学叢書〕

中世以来、古代国府の後身とも言うべき国々の中心となる領域は、国府（こう）と呼ばれるほか、しばしば府中と呼ばれる。さまざまな分野から研究が進んでいる古代国府と戦国以降の城下町にくらべ、両者の中間の時代にある中世府中は、意外にも見逃されていた一種のミッシングリンクであった。本書は、詳細な個別研究を集大成し、豊富な図版とともに、中世都市としての諸府中の全体像を明らかにする。

▶A5判・576頁／定価11,550円　　ISBN4-7842-1058-X

定価は税5％込